공식배분법의 입장에서 바라본 Pillar 1 비판

이 저서는 2022학년도 동아대학교 연구년 지원에 의하여 연구되었음

공식배분법의 입장에서 바라본
Pillar 1 비판

노 미 리 지음

경인문화사

머리말

이 책은 올해 2월에 나온 저자의 서울대학교 법학박사 학위논문인 "공식배분법의 입장에서 바라본 Pillar 1의 비판"을 수정·보완한 글입니다.

다국적 기업은 이전가격세제를 "세원 잠식 및 소득이전(Base Erosion and Profit Shifting, 이하 'BEPS'라고 한다)" 전략으로 활용하고 있습니다. "BEPS"란 다국적 기업이 국가 간 세법이 다른 점, 조세조약의 미비점 등을 이용하여 저세율 국가 또는 조세피난처로 소득을 이전함으로써 과세당국의 세수가 감소하거나 소멸하는 것을 의미합니다. BEPS 현상은 디지털 경제화되면서 두드러지게 나타나고 있는데, 이전가격세제는 다국적 기업이 과세대상을 최소화하는 과정에서 많이 활용됩니다. 이러한 문제점을 해결하기 위해, "Action Plan 1(디지털 경제의 조세문제)"의 후속 작업으로 Pillar 1과 Pillar 2가 제안되었습니다.

Pillar 1은 Action Plan 1의 핵심 축입니다. 이 글은 이전가격세제의 역사를 통해 독립기업원칙(arm's length principle)과 공식배분법(formulary apportionment method)이 어떠한 관계에 있는지 살펴본 후, Pillar 1의 성격과 내용을 분석하였습니다. 그리고, Pillar 1에 대한 분석을 통해 이전가격지침에 공식배분법을 전면으로 인정해야 하는 이유를 논증하고, Pillar 1을 대체할 Pillar 1보다 내용이 간단하고 명료한 공식배분법(3요소 공식)을 제시하는 것을 목표로 하였습니다.

이전가격 문제는 다국적 기업을 바라보는 시각과 관련이 있고, 다국적 기업을 바라보는 시각에는 '개별기업 접근법(separate entity approach)'과 '그룹 접근법(group approach)'이 있습니다. 현행 이전가격세제는 다국적 기업 그룹 내 기업 간 내부거래를 통해 조세를 회피하는 것을 막기 위하여 다국적 기업 그룹 내 각 기업을 독립 당사자로 보고 독립 당사자

간에 이루어졌을 거래를 기준으로 하여 이전가격을 산정합니다. 즉, 현행 이전가격세제는 '개별기업 접근법'에 이론적 근거를 두고 있는 '독립기업원칙'에 입각하여 설계되어 있습니다.

"Transfer Pricing Guidelines for Multinational Enterprises and Tax Administrations(이하 '이전가격지침'이라고 한다)"에서 정하고 있는 정상가격 산출방법으로는 다국적 기업 그룹의 BEPS 현상을 해결하기가 어렵습니다. 그리하여 독립기업원칙의 대안으로 '공식배분법'이 제시되고 있습니다. '공식배분법'은 다국적 기업 전체를 하나의 그룹으로 보는 '그룹접근법'에 입각한 방법으로, 전 세계에 있는 개별 기업의 특수관계 기업들의 사업을 연결하여 소득을 계산한 다음 일정한 수식에 따라서 다국적 기업이 활동하는 국가에 소득을 분배하는 방법을 말합니다.

디지털 경제에서는 동일한 장소와 시간이 아니더라도 생산요소의 유기적인 결합이 가능해지므로, 각 국가에 있는 기업들이 서로 다른 독립된 기업이라는 가정이 불가능해집니다. 그 결과 독립기업원칙의 적용이 어렵기 때문에 Pillar 1이 나온 것입니다. Pillar 1은 'Amount A', 'Amount B', '조세확실성'으로 구성되고, 다국적 기업 그룹의 소득을 Amount A, Amount B로 나누어서 과세권을 배분합니다. 특히 Amount A는 매출액 기준과 수익성 기준을 충족하는 Amount A의 적용대상그룹의 초과이익을 구한 후에 이를 과세연계점(nexus)이 형성된 개별 시장 소재국에 공식을 사용해서 배분합니다. Amount A의 산정방법은 공식배분법의 정의에 부합하고, 공식배분법의 구성 요소인 ① 과세단위, ② 과세대상소득, ③ 배분 요소와 배분 공식을 모두 갖추고 있습니다. 그러므로 Amount A는 공식배분법이라고 해석하는 것이 타당합니다.

한편, 종래 공식배분법의 입장에서 보면, Pillar 1은 Amount A의 적용 범위가 너무 주관적이고 자의적으로 설정되었다는 문제점이 있습니다. 단순히 매출액 기준과 수익성 기준으로 Amount A의 적용대상그룹을 한정하는 것은 이론상 형평에 맞지 않습니다. 모든 다국적 기업 그룹을

Amount A의 적용대상그룹으로 하는 것이 형평에 맞다고 할 것입니다. 이 외에도 Pillar 1에는 여러 가지 문제점이 있습니다. 2023년 10월 현재까지도 아직 Amount B에 관한 내용이 정해지지 않은 상황입니다. 이를 보더라도 Pillar 1보다 간단하고 명료한 공식배분법을 도입할 필요가 있습니다.

향후 변화하는 국제조세 체제에 공식배분법적인 내용이 많이 도입될 것이라 예상됩니다. 이 글이 한국의 공식배분법에 관한 연구에 도움이 되기를 기대하며, 저자의 은사이신 이창희 지도교수님과 심사위원이셨던 윤지현 교수님, 송옥렬 교수님, 김정홍 박사님, 김석환 교수님께 깊이 감사드립니다. 그리고 항상 저자에 대한 성원과 격려를 아끼지 않으신 부모님과 사랑하는 동생, 제부와도 이 책의 발간을 기념하고 싶습니다.

2023년 10월
노미리

목차

표 차례

그림 차례

약어 정리

APA (Advance Pricing Arrangement)	정상가격 산출방법 사전승인
BEFIT (Business in Europe : Framework for Income Taxation)	유럽 사업소득세 체계
BEPS (Base Erosion and Profit Shifting)	세원 잠식 및 이익이전
CCTB (Common Corporate Tax Base)	공통 법인세 과세표준
CCCTB (Common Consolidated Corporate Tax Base)	공통 연결 법인세 과세표준
CPM (Comparable Profits methods)	비교가능이익법
GloBE (Global Anti-Base Erosion)	글로벌 세원 잠식 방지 모델규칙
TNMM (Transactional Net Margin Method)	거래순이익률법
model UDITPA (Uniform Division of Income for Tax Purpose Act)	주 간 법인세 안분에 관한 모델 법률

제1장
서 론

제1절 연구의 목적, 대상과 한계

I. 연구의 목적

현행 이전가격세제는 다국적 기업 그룹[1] 내 기업 간 내부거래를 통해 조세를 회피하는 것을 막기 위하여 독립기업원칙, 곧 다국적 기업 그룹 내 각 기업을 독립 당사자로 보고 독립 당사자 간에 이루어졌을 거래를 기준으로 하여 이전가격을 산정한다. 그룹에 속하는 각 기업 또는 각 기업의 독립적 사업단위(고정사업장)를 하나하나 다른 기업으로 보는 '개별기업 접근법(separate entity approach)'이라고 말할 수 있다.

독립기업원칙이 이전가격세제의 지배적 규범으로 확고하게 자리를 잡았지만, 독립기업원칙은 정상가격 산출방법의 불확실성 등 여러 가지 문제점이 있다. 근본적으로는 1물 1가의 정상가격이라는 것이 과연 존재하느냐는 의문을 안고 있다. 이 때문에 국가와 납세의무자 사이에 끝없는 분쟁을 낳고, 국가와 국가 사이에 세수 싸움을 낳고 있다. 그러다 보니 OECD의 이전가격지침에서 정하고 있는 정상가격 산출방법을 살펴보면 다국적 기업 전체를 하나로 보고 계산한 소득을 여러 나라가 안분하는 '그룹 접근법(group approach)'이 이미 대거 들어와 있다. 이익분할법(Profit Split Method), '가격'이 아닌 '거래순이익'을 고려하는 거래순이익률법(Transactional Net Margin Method, 이하 'TNMM'이라고 한다)이 바로 그 예이다. 정상가격 산출방법은 표면상 독립기업원칙에 입각하고 있지

---

[1] 이 글에서 "다국적 기업 그룹"은 최종모기업이 소재하는 국가 외의 국가에 기업 또는 고정사업장을 가지고 있는 그룹을 말한다. 위 정의는 현재 국회 기획재정위원회에 계류 중인 「국제조세조정에 관한 법률 일부개정법률안」(정부)(의안번호 2117157) 제61조 제4호에서 정하고 있는 "다국적기업그룹"의 정의를 참조한 것이다.

만 실제로는 많은 부분이 공식배분법으로 이미 대체되었다고 볼 수 있다. '공식배분법(formulary apportionment method)2)'은 다국적 기업 전체를 하나의 그룹으로 보는 '그룹 접근법'에 입각한 방법으로, 전 세계에 있는 개별 기업의 특수관계 기업들의 사업을 연결하여 소득을 계산한 다음 일정한 수식에 따라서 다국적 기업이 활동하는 국가에 소득을 분배하는 방법을 말한다.3)

이 와중에 통신기술의 발전으로 인터넷을 기반으로 하는 디지털 경제가 급속하게 성장하였다. 그 결과 독립기업원칙의 문제점은 더욱 악화되었다. 다국적 기업은 이전가격세제를 "세원 잠식 및 소득이전(Base Erosion and Profit Shifting, 이하 'BEPS'라고 한다)" 전략으로 활용한다. 정상가격의 불확실성을 이용 내지 악용해서 이중 비과세 등 공격적인 조세회피가 벌어지는 것이다. 이에 OECD는 디지털 기업에 대한 이중 비과세 문제를 해소하기 위하여 2012년부터 추진하고 있는 BEPS 방지 프로젝트 중 Action Plan 1(디지털 경제4)의 조세문제)의 후속 작업으로 2020년 10월 "Tax Challenges Arising from Digitalisation-Report on Pillar One Blueprint(이하

---

2) "Formulary apportionment method"를 '공식배분법[이창희, 『국제조세법』(제2판), 박영사(2020), 481면]' 또는 '공식분배법[김석환, "공식분배법에 따른 이전가격 과세방식에 대한 소고", 「조세법연구」, 제14집 제2호, 한국세법학회(2008), 184면.; 임승순, 『조세법』(제20판), 박영사(2020), 1,202면]'이라고 번역하는데, 이 글에서는 전자의 방식에 따라 '공식배분법'으로 번역한다.

3) 김석환, 위의 글(각주 2), 184면.; Ilan Benshalom, The Quest to Tax Financial Income in a Global Economy: Emerging to an Allocation Phase, 28 Virginia Tax Review (2008), p. 195.

4) '디지털 경제'는 인터넷을 기반으로 이루어지는 모든 경제활동을 의미하며, 전자상거래가 디지털 경제의 대표적인 예이다[네이버 지식백과, available at https://terms.naver.com/entry.naver?docId=1201380&cid=40942&categoryId=32828). 디지털 경제는 이동성(mobility), 빅 데이터에 대한 의존성, 사용자 참여와 같은 네트워크 효과 등의 특징을 가지고 있다[OECD, Addressing the Tax Challenges of the Digital Economy, Action 1: 2015 Final Report, OECD/G20 Base Erosion and Profit Shifting Project (2015.10.), pp. 64-74].

'Pillar 1 청사진 보고서'라고 한다)"를 발간하였다. Pillar 1 청사진 보고서는 개별 시장 소재국에 배분되는 과세소득인 Amount A를 산정하기 위해서 'formulaic approach'를 사용한다고 표현하고 있다.[5] 그러면서도, 그 후에 발간한 2022년 OECD "Transfer Pricing Guidelines for Multinational Enterprises and Tax Administrations(이하 '이전가격지침'이라고 한다)"에서는 공식배분법(global formulary apportionment)을 인정하지 않는다는 입장을 밝힌 바 있다(이전가격지침[6] 1.15. 문단).

Action Plan 1의 주축이 되는 Pillar 1의 과세권 배분 방법은 독립기업원칙으로는 설명하기가 어렵다. 이전가격세제 하에서 정상가격 산출방법은 대개 2개국 간에 문제가 되는 경우가 많은데 Pillar 1의 과세권 배분 방법은 여러 국가의 과세권 배분과 관련이 있기 때문이다.[7] Pillar 1은 Amount A, Amount B로 단계를 나누어서 과세권을 배분한다. 특히 Amount A는 정상가격을 산출하는 것이 아니라, 매출액 기준과 수익성

---

5) OECD, Tax Challenges Arising from Digitalisation – Report on Pillar One Blueprint: Inclusive Framework on BEPS, OECD/G20 Base Erosion and Profit Shifting Project (2020.10.), p. 138, para. 573.; Pillar 1 청사진 보고서는 'formulary apportionment'란 표현을 한 번도 언급하지 않고 있다.

6) 2022년 1월에 발표된 이전가격지침이 가장 최근의 것이다[OECD, Transfer Pricing Guidelines for Multinational Enterprises and Tax Administrations (2022)]. "Transfer Pricing Guidelines for Multinational Enterprises and Tax Administrations"를 '이전가격 과세지침'이라고도 번역한 글오윤, "이전가격과세상 비교가능성에 관한 연구", 「조세법연구」, 제13집 제3호, 한국세법학회(2007), 307면.; 이경근·서덕원·김범준, 『국제조세의 이해와 실무』(개정2판), (주)영화조세통람 (2014), 43면 이하 외 다수도 많지만, 'OECD 이전가격지침'이 보다 널리 통용되는 것으로 보이므로 이 글에서는 'OECD 이전가격지침'으로 번역한다.

7) 국세청이 2016년부터 2020년까지 발간한 APA 연차보고서는 일방 APA, 쌍방 APA 건수만 집계하고 있다. 그리고 "다자간 APA"란 용어는 가장 최근인 2020년 APA 연차보고서에서 처음 등장하였다[국세청, 「2016 APA 연차보고서」(2017)부터 「2020 APA 연차보고서」(2021)까지]. 이러한 점에 비추어 볼 때 최근 5년간 체결된 APA 중에 다자간 APA는 없는 것으로 추측된다. APA의 의미는 이 글 제2장 제2절 III.항 참조.

기준을 충족하는 Amount A의 적용대상그룹[8])의 초과이익을 구한 후에 이를 과세연계점(nexus)이 형성된 개별 시장 소재국에 일정한 공식을 사용해서 과세권을 배분하는데, 이러한 Amount A의 산정방법은 공식배분법의 일종으로 볼 수 있다. Pillar 1 청사진 보고서와 이전가격지침에서 사용하는 문구에 비추어 보았을 때, OECD가 의도적으로 Pillar 1 청사진 보고서에서 'formulary apportionment'란 표현을 사용하지 않은 것으로 추측되나, OECD가 공식배분법에 관하여 어떠한 입장을 취하고 있는지 정확하게 알기는 어렵다. 하지만, 위에서 설명한 Amount A의 산정방법에 의하면 위 방식이 공식배분법에 가깝다는 점을 부인하기는 어렵다.

공식배분법은 이미 여러 국가에서 실제로 사용되고 있거나, 공식배분법에 관한 지침안이 제시된 상태이다. 세부적인 내용에는 차이가 있지만 매출액, 인건비, 고정자산 등 몇 가지 요소를 기준으로 그룹의 소득을 안분한다는 공통점이 있다. 그런데 현재 제정 작업 중에 있는 Pillar 1의 내용을 구체화한 "Pillar 1 Draft Model Rules(이하 'Pillar 1 모델규정 초안'이라고 한다)"와 Pillar 2의 내용을 구체화한 Pillar 2 모델법안인 "Global Anti-Base Erosion Rules (Pillar Two)(이하 'GloBE 모델규정'이라고 한다)"의 안분방식은 기존의 공식배분법과 아주 다르다. 그룹 접근법을 따르고 있으나, 특히 Pillar 1 모델규정 초안의 경우 그 내용이 너무 복잡하여 이를 시행하더라도 BEPS 현상은 해결하지 못하고 실패한 채 국제조세 체제의 복잡성만 초래할 것이라는 지적이 많다.

Pillar 1의 공식은 어디에서 나온 것인가? BEPS라는 현상을 해결하기 위해서, 나아가 한결 근본적으로는 독립기업원칙의 문제점을 해결하기 위해서 그룹 접근법 내지 공식배분법을 쓴다면, 왜 기존의 공식배분법과 전혀 다른 방법을 쓰는가? 이 논문은 근본적으로 이 문제의식에서 비롯한다. 요는 BEPS 현상을 방지하기 위해서는 Pillar 1보다 내용이 간단하고

---

8) 이 글 제4장 제2절 III. 3. 나. (2)항 참조.

명료한 공식배분법(3요소 공식)을 도입해야 한다는 것이다. 한결 근본적으로 이전가격세제의 일반원칙을 독립기업원칙 또는 개별기업 접근법에서 그룹 접근법으로 바꾸는 것이 낫다는 주장이다. 애초 독립기업원칙 자체가 안고 있는 문제점에 더해서 디지털 경제에 와서는 동일한 장소와 시간이 아니더라도 생산요소의 유기적인 결합이 가능해짐에 따라, 각 국가에 있는 기업들이 서로 다른 독립된 기업이라는 가정이 어려운 경우가 발생한다. 이러한 문제점을 해결하기 위해서 공식배분법을 도입해야 한다. 그룹 접근법으로, 전 세계에 있는 개별 기업의 특수관계 기업들의 사업을 연결하여 소득을 계산한 다음 일정한 수식에 따라서 다국적 기업이 활동하는 국가에 소득을 분배하는 공식배분법이 BEPS 현상을 방지하는데 더 적합하다.

글로벌 금융위기 이후 EU, 미국 등에서는 공식배분법에 관한 연구가 매우 활발하게 이루어졌고, 그 결과 EU, 미국이 제안한 내용이 Pillar 1에 많이 반영되었다. 반면 한국에서는 공식배분법에 관한 연구가 거의 없는 실정인데,[9] 향후 변화하는 국제조세 체제에 공식배분법적인 내용이 많이 도입될 것이라 예상되어 이 주제를 연구하게 되었다.

이러한 배경하에서 이 글의 주된 흐름은 다음과 같다.

1) 이전가격세제의 역사를 통해 독립기업원칙과 공식배분법이 서로 어떤 관계에 있는가를 살펴본다. 독립기업원칙과 공식배분법의 이론적 근거는 개별기업 접근법과 그룹 접근법이다. 개별기업 접근법에 입각한

---

[9] 전자상거래와 관련하여 국제적인 세수 배분에 관하여 연구한 글로 이창희 외 5인, "세정정보화 및 전자상거래 세제제원방안", 「정책연구」, 99-05, 정보통신정책연구원(1999)이 있고, 공식배분법에 관하여 연구한 글로 김석환, 앞의 글(각주 2).; 노미리, "Cross-border 기업구조조정에 있어서 이월결손금의 활용-EU합병지침, CCTB/CCCTB 지침안의 내용으로-", 「조세학술논집」, 제37집 제2호, 한국국제조세협회(2021)가 있다. 그리고 관세와 관련하여 공식배분법을 연구한 글로 신태욱, "공식분배법을 활용한 관세평가 제4방법 적용의 개선방안", 「관세학회지」, 제18권 제2호, 한국관세학회(2017)가 있다.

독립기업원칙이 지닌 문제점을 분석하고, 그 대안으로 여러 국가에서 실제로 사용되고 있는 공식배분법을 살펴본다.

2) BEPS 방지 프로젝트의 Action Plan 1의 주축이 되는 Pillar 1의 성격과 내용을 분석한다. 공식배분법의 일종을 과세권 배분 방법으로 사용하는 Pillar 1의 구성 요소인 Amount A의 구조를 상세하게 분석한다.

3) 이전가격지침에 공식배분법을 인정해야 하는 이유를 분석하고, Pillar 1의 복잡한 매출귀속기준과 이중과세제거방법의 난해성 등 Pillar 1의 문제점을 분석한 후 이 글 나름의 공식배분법 모델을 제시한다.

Ⅱ. 연구의 대상

이 글의 연구 대상은 공식배분법이다. 이 글의 연구 범위는 정상가격원칙을 중심으로 하는 현행 이전가격세제, 공식배분법, Action Plan 1 중에서 공식배분법적인 성격을 지닌 Pillar 1으로 한정한다.

이전가격세제는 사실상 "OECD Model Tax Convention on Income and on Capital(이하 'OECD 모델조세조약'이라고 한다)" 제9조와 OECD 이전가격지침을 따르고 있다. 한편 개발도상국에서는 "United Nations Model Double Tax Convention between Developed and Developing Countries(이하 'UN 모델조세조약'이라고 한다)"와 "United Nations Practical Manual on Transfer Pricing for Developing Countries(이하 'UN 이전가격지침'이라고 한다)"의 내용을 토대로 하여 정상가격을 산출한다. 이 글에서는 OECD 모델조세조약과 OECD 이전가격지침, 또한 필요한 범위 안에서 UN 모델조세조약과 UN 이전가격지침을 연구대상으로 하며, 우리나라 「국제조세조정에 관한 법률」(이하 '국제조세조정법'이라고 한다)의 내용을 함께 비교·분석한다.

분석 대상으로 하는 이전가격지침의 범위는 1979년 OECD가 발간한

"Transfer Pricing and Multinational Enterprises(이전가격세제와 다국적 기업)"라는 제목의 보고서(이하 '1979년 이전가격지침'이라고 한다)부터 2022년 이전가격지침까지로 한다. 1979년 이전가격지침이 제정된 후 이전가격지침은 1995년, 2010년에 크게 개정되었다. 이 글에서는 2022년 이전가격지침의 내용을 인용하는 것을 원칙으로 하되, 필요에 따라서 그 이전의 이전가격지침의 내용을 인용한다.[10] 그리고 OECD 모델조세조약은 1995년부터 2017년까지의 모델조세조약을 분석 대상으로 하고, UN 이전가격지침은 2021년 이전가격지침을, UN 모델조세조약은 2017년, 2021년의 모델조세조약을 각 분석 대상으로 한다.

공식배분법과 관련하여서는 공식배분법을 시행하고 있는 국가인 미국, 중국 등의 입법례와 공식배분법 지침안을 제정한 EU의 입법례를 중점적으로 검토한다. 이를 통해서 각 국가마다 선택하는 배분 요소의 특징을 분석한다.

다음으로 Action Plan은 공식배분법과 관련이 있는 Action Plan 1을 주된 연구 대상으로 한다. 이전가격세제에 관한 내용이 Action Plan 8-10에 포함되어 있지만, Action Plan 8-10은 개별기업 접근법을 취하고 있는 정상가격원칙을 보완한 것이다. 그러므로 이 글에서는 Action Plan 8-10에 관한 내용 중 필요한 부분만 언급하고 Action Plan 8-10을 주된 논의대상으로 하지 않는다.

III. 연구의 한계

이 글에서 다루지 않는 내용은 다음과 같다. 우선 첫째로, Pillar 1 청사진 보고서에서는 formulaic approach란 표현을 사용하면서, 이전가격지

---

10) 이 글에서는 2022년 이전가격지침의 내용을 인용할 때는 해당 연도를 표시하지 않는 것을 원칙으로 한다.

침에서는 왜 formulary apportionment를 인정하지 않는다고 한 것인지, 그 경위에 대해서는 별도로 상세하게 다루지 않았다.

둘째, 이 글은 이전가격지침에 공식배분법을 전면으로 인정하고, 바람직한 공식배분법을 제시하는 것을 목표로 한다. 그러므로 현행 이전가격세제에서 확고하게 자리 잡은 정상가격원칙에서 공식배분법으로 넘어가는 중간 과정은 다루지 않는다. 다만, 현재 추진 중인 Pillar 1이 공식배분법과 정상가격원칙의 병존을 상정하고 있으므로 Pillar 1의 내용을 통해 간접적으로나마 공식배분법과 정상가격원칙이 어떠한 형태로 병존하는지 미루어 짐작할 수 있다.[11]

셋째, Amount A의 적용대상그룹은 매출액 기준과 수익성 기준을 충족한 그룹에만 적용된다. 향후 Amount A의 적용대상그룹이 모든 다국적 기업 그룹으로 확대될 가능성이 있으나, 이 글에서는 공개된 Pillar 1 모델규정 초안에서 규정하고 있는 내용을 기준으로 하여 Amount A는 일정 규모 이상의 다국적 기업 그룹에 적용된다는 전제하에 논의를 전개하였다.

넷째, 3요소 공식의 과세연계점 형성 기준과 관련하여, 시장 소재국에 존재하는 3요소가 각 요소별로 초과해야 하는 일정 기준 요건과 각 요소가 전체 자산, 급여, 매출액에서 어느 정도 비중을 차지해야 하는지에 관하여 구체적인 수치는 언급하지 않는다.[12] 어느 정도가 적절한 기준 요건이고 비율인지에 관하여는 추가적인 연구가 필요하다.

다섯째, 3요소 공식을 채택하였을 때 세수 배분의 변동에 관한 시뮬레이션은 하지 못하였다.

---

11) 이 글 제4장 제2절 III. 3.항 참조.
12) 이 글 제5장 제3절 참조.

제2절 논의의 전개 순서

이미 제1장 제1절에서 이 글에서 연구하고자 하는 주요 내용을 개관
하였다. 제1장 제2절 논의의 전개 순서에서는 앞에서 개관한 내용을 좀
더 상세하게 설명한다.

제2장 제1절에서는 이 글의 논의를 전개하게 된 배경이라고 할 수 있
는 다국적 기업의 BEPS 전략과 BEPS 전략의 일환으로 사용되는 이전가
격세제를 살펴본다. 이전가격세제의 역사를 통해 독립기업원칙과 공식
배분법이 어떠한 관계에 있는가를 살펴본다. 독립기업원칙과 공식배분
법의 이론적 근거인 개별기업 접근법과 그룹 접근법의 견해 대립을 논
한다. 제2절에서는 위 견해 대립을 토대로 독립기업원칙의 의미 변화와
정상가격 산출방법의 이용 현황과 문제점에 관하여 논증한다.

제3장에서는 독립기업원칙의 대안으로 제시되는 공식배분법에 관한
내용을 다룬다. 공식배분법에 관한 OECD의 입장과 공식배분법이 잔존
하고 있는 사례(입법례)를 검토한다. 공식배분법의 입법례는 국내적 공
식배분법(미국, 호주, 캐나다, 중국)과 국제적 공식배분법(미국 캘리포니
아주, EU)으로 나누어서 검토한다. 이를 통해 3요소 공식의 역사가 오래
되었음을 밝힌다.

제4장에서는 BEPS 방지 프로젝트와 Pillar 1을 분석한다. 제1절에서는
BEPS 방지 프로젝트의 주요 내용을 다루고, 제2절에서는 Action Plan 1의
Pillar 1의 내용과 다국적 기업 그룹의 과세권 배분 방법을 다루고 있는
Pillar 1의 Amount A에 관한 내용을 중점적으로 검토한다.

제5장은 이 글의 핵심이라고 할 수 있다. 제1절에서는 공식배분법에
대한 비판의 부당성과 공식배분법의 이점에 대해 분석한다. 이를 통해
이전가격지침에 공식배분법을 전면으로 인정해야 하는 이유를 논증한
다. 제2절에서는 Pillar 1의 문제점을 상세하게 분석한다. Pillar 1이 국제

적 이중과세의 위험이 있는 등 BEPS 방지 프로젝트의 목적에 부합하지 않는 점, Pillar 1의 구성 요소인 Amount A의 주관적 적용범위의 자의성, 그 외 Amount A의 문제점과 Amount B의 문제점을 분석한다. 제3절에서는 이를 토대로 Pillar 1을 대체할 공식배분법을 제시한다. 공식배분법의 구성 요소를 살펴보기에 앞서 공식배분법의 경우에는 '과세연계점'이란 개념이 사용된다는 점을 밝히고, 공식배분법을 설계하는 데 필요한 구성 요소, 3요소 공식의 타당성을 논증한다. Pillar 1이 단일 매출액 요소를 사용하고 있는 점에 착안하여, Pillar 1에 대한 대안으로 단일 매출액 요소를 사용하면서 이중과세 방지 등을 고려하여 Pillar 1을 단순화시킨 Graetz 공식 수정안을 함께 제시한다. 하지만 배분 공식에서 무엇보다 중요한 것은 배분 요소이다. 특정 요소에 치우치지 않고 과세권을 배분할 수 있는 3요소 공식이다. 선진국과 개발도상국, 저개발국의 입장을 상대적으로 잘 반영하고, 균형 있는 과세권 배분을 위해 3요소 공식을 사용해야 한다. 제4절에서는 Pillar 1, Graetz 공식 수정안과 3요소 공식을 비교·분석한다.

　제6장은 이 글 전체의 결론으로, 이 글에서 논증한 내용을 요약하고 마무리한다.

제2장
이전가격세제: 독립기업원칙, 공식배분법, Pillar 1

제1절 다국적 기업의 조세회피

Ⅰ. 다국적 기업의 BEPS 전략

2010년대부터 애플, 구글과 같은 다국적 기업의 낮은 실효세율 문제가 언론에 대대적으로 보도되면서, 다국적 기업의 공격적인 조세회피(agressive tax planning)로 인한 BEPS 문제가 전 세계적인 관심사로 부각되었다.[1] "BEPS"란 다국적 기업이 국가 간 세법이 다른 점, 조세조약의 미비점 등을 이용하여 저세율 국가 또는 조세피난처로 소득을 이전함으로써 과세당국의 세수가 감소하거나 소멸하는 것을 의미한다.[2]

BEPS 현상은 디지털 경제화되면서 두드러지게 나타나고 있는데, OECD는 이를 해결하기 위해 2012년 BEPS 방지 프로젝트를 개시하였고, 2015년에 "Addressing the Tax Challenges of the Digital Economy, Action 1: 2015 Final Report(디지털 경제의 조세문제 해결 최종보고서, 이하 'Action Plan 1 최종보고서'라고 한다)"를 발간하였다. Action Plan 1 최종보고서에 의하면, 다국적 기업이 활용하는 BEPS 전략은 크게 4가지 요소로 구성된다(〈그림 1〉 참조).[3]

첫째, 원천지국에 소재한 자회사는 과세대상을 회피하거나 과세대상을 회피하기 어려운 경우라면 거래구조를 통해 이전가격을 조작하거나 비용 공제를 최대화하여 순이익을 줄임으로써 과세대상을 최소화한다.[4]

---

1) 주OECD대표부, 「다국적기업의 조세회피 프로젝트 최종 결과정리」(2015), 1면.
2) 'BEPS'는 국가 간 조세 시스템의 차이를 이용하는 것으로, 개인이나 기업이 국내 세법 규정을 준수하지 않는 탈세, 순수한 국내 조세 회피는 BEPS의 범위에 포함되지 않는다[OECD, Measuring and Monitoring BEPS, Action 11: 2015 Final Report, OECD/G20 Base Erosion and Profit Shifting Project (2015.10.), p. 82, para. 116].
3) OECD, 앞의 글(제1장 각주 4), pp. 78-82.
4) Id., p. 78.

〈그림 1〉 다국적 기업의 BEPS 전략 구조

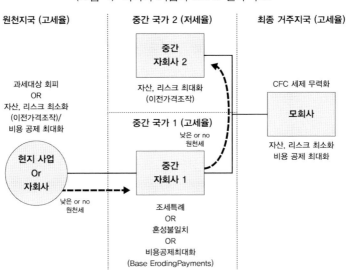

〈출처: OECD, Addressing the Tax Challenges of the Digital Economy, Action 1: 2015 Final Report, OECD/G20 Base Erosion and Profit Shifting Project (2015.10.), p. 79.〉

둘째, 원천지국과 중간지국의 원천징수세를 최소화한다.[5] 셋째, 그룹 내부 약정을 통해 세금이 거의 없는 저세율 국가(중간지국) 내지 조세피난처에 자회사를 설립하여 자회사에 이익을 귀속시킨다.[6] 조세피난처 외에도 조세특례제도 또는 혼성불일치 약정(hybrid mismatch arrangements)[7]을 이용하여 이익을 극대화한다.[8] 넷째, 모회사가 소재한 최종 거주지국에서 실제로 납부할 세금이 거의 없는 구조를 만든다.[9]

---

5) Id.

6) Id.

7) "혼성불일치 약정"은 비용이나 소득에 관한 2개 이상 국가 간 세무 처리상의 불일치로 인해 발생하는 이중 비과세 문제를 의미한다[OECD, Neutralising the Effects of Hybrid Mismatch Arrangements, Action 2: 2015 Final Report, OECD/G20 Base Erosion and Profit Shifting Project (2015), p. 11].

8) OECD, 앞의 글(제1장 각주 4), p. 78.

9) Id.

이처럼 다국적 기업의 BEPS 전략은 여러 가지 요소가 복합적으로 결합되어 있다. 디지털 경제는 가치가 발생하는 국가를 결정하기 어렵다는 특징이 있다.[10] 이전가격세제는 이 점을 이용하여 다국적 기업이 과세대상을 최소화하는 과정에서 많이 활용된다.[11] 디지털 경제에서 가치가 발생하는 국가를 특정하기가 어렵기 때문에 현행 이전가격세제 하에서는 얼마든지 인위적으로 거래구조를 만들 수가 있다. 그 결과 이중 비과세 문제를 해결하기가 어렵다. 그러므로 독립기업원칙과 다른 관점에서 디지털 경제의 조세문제를 해결할 필요가 있다. 위 문제점을 해결하기 위해 Action Plan 1(디지털 경제의 조세문제)의 후속 작업으로 그룹 접근법에 입각한 Pillar 1과 Pillar 2가 제안된 것이다.[12] 이 글에서는 다국적 기업의 BEPS 전략 중 이전가격세제와 관련된 내용을 다룬다.

---

10) OECD, Addressing the Tax Challenges of the Digital Economy, OECD/G20 Base Erosion and Profit Shifting Project (2014), p. 24.
11) 구글, 애플 등 다국적 기업들이 이용하는 "더블 아이리쉬(Double Irish Dutch Sandwich, 이하 'DIDS'라고 한다)" 구조가 대표적인 예이다. DIDS는 미국에 본사를 둔 모회사가 아일랜드에 2개의 자회사(명목회사)를 설립하여 그중 한 자회사에는 자신이 가진 지적재산권을 이전하고, 다른 자회사에는 제조회사로부터 완제품을 구입하여 유럽 내에 이를 판매하는 역할을 수행하도록 하는 구조를 말한다. 그런데 아일랜드의 경우 아일랜드 내에서 발생한 제조, 판매 활동에 대하여만 법인세를 매기므로, DIDS를 활용하면 아일랜드에 설립된 자회사들은 로열티 수입이나 아일랜드 외에서 발생한 제품 판매수익에 대하여는 법인세를 부담하지 않는다. 구글, 애플 등은 DIDS를 활용하여 미국의 높은 법인세 부담을 회피하고 대체로 2%대의 낮은 법인세만을 납부하여 왔다(황남석, "더블 아이리시 구조와 실질과세원칙", 「조세법연구」, 제24집 제3호, 한국세법학회(2018), 8-10면.; Andrés Báez Moreno and Yariv Brauner, Taxing the Digital Economy Post BEPS... Seriously, 58(1), Columbia Journal of Transnational Law (2019), p. 164].
12) 이 글 제4장 제2절 참조.

Ⅱ. 이전가격세제

1. 이전가격세제의 역사적 의의

다국적 기업은 모·자회사 등 특수관계인 사이에서는 여러 가지 이유로 상호 독립한 당사자 간 거래(arm's length transaction)에서 통상적으로 설정되는 가격(정상가격, arm's length price)과 다른 금액(이전가격, transfer price)으로 설정하는 경향이 있다. 여기서 '이전가격(transfer price)'은 관련 기업 간에 행하는 국제거래[13] 가격을 의미한다. 그런데 정상가격과 다른 가격으로 거래를 하면 거래 기업 간에 소득이 이전되고 이를 이용하여 조세를 회피할 수 있다. 내부거래의 이전가격 조작을 이용한 조세회피를 방지하기 위한 제도가 이전가격세제(transfer pricing taxation)이다.[14]

이전가격 문제는 다국적 기업을 바라보는 시각과 관련이 있다.[15] 이전가격 문제와 관련하여 다국적 기업에 대한 기본적인 시각은 이 글의 주제와 직접적으로 연관된다. 이전가격 문제에 관하여 다국적 기업을 바라보는 시각에는 '개별기업 접근법'과 '그룹 접근법'이 있다.[16]

---

13) "국제거래"란 거래 당사자 중 어느 한쪽이나 거래 당사자 양쪽이 비거주자 또는 외국법인(비거주자 또는 외국법인의 국내사업장은 제외한다)인 거래로서 유형자산 또는 무형자산의 매매·임대차, 용역의 제공, 금전의 대차, 그 밖에 거래자의 손익 및 자산과 관련된 모든 거래를 말한다(국제조세조정법 제2조 제1항 제1호).

14) 김석환, 앞의 글(제1장 각주 2), 185면.

15) Reuven S. Avi-Yonah, The Rise and Fall of Arm's Length: A Study in the Evolution of U.S. International Taxation, Virginia Tax Review, Vol. 15 (1995), pp. 92-93.

16) 이를 '개체설(the separate entity theory)'과 '일체설(the unitary entity theory)'의 견해 대립이 있다고 설명하는 경우가 있는데, 이는 잘못된 표현이다(김태형, "감사원의 '정상가격 산출기준 운용실태' 감사에 관한 연구", 「감사논집」, 제35호, 감사연구원(2020), 7면.; 임승순, 앞의 책(제1장 각주 2), 1,202면.; Alan M. Rugman and Lorraine Eden, Multinationals and Transfer Pricing, Routldege (2017).; Note, Multinational Corporations and Income Allocation under Section 482 of the

독립기업원칙은 개별기업 접근법에 입각한 방식이고, 공식배분법은
그룹 접근법에 입각한 방식이다.[17] 개별기업 접근법은 개별 법인을 독
립적인 과세단위(tax subject)로 보는 접근법이고, 그룹 접근법은 개별기
업 접근법과 달리 과세단위를 개별 법인으로 국한하지 않으며, 다른 과
세대상 법인의 영업성과에 따라 과세 결과(tax consequences)가 달라지는
방법이다.[18]

현 OECD 모델조세조약의 이전가격세제는 내부거래를 하는 기업을
독립 당사자로 보고 독립 당사자 간에 이루어졌을 거래를 기준으로 가
격을 산정한다.[19] 즉, 회사와 특수관계회사 간 이전가격이 특수관계가
없는 독립기업 사이에 정해진 정상가격과 다른 경우 그 이전가격을 부
인하고 독립기업 사이에 정해진 정상가격에 따라 과세소득을 재계산하
는 것으로, 이를 독립기업원칙이라고 한다.

이전가격세제는 20세기 초부터 문제가 되었다.[20] 국제연맹(League of

Internal Revenue Code, 86 Harv. L. Rev. (1976), p. 1,205 이하 참조. 임승순은 앞
의 책(제1장 각주 2)에서 '개체설'은 다국적 기업을 구성하는 단위를 독립적인
존재로 파악하는 데 반해 '일체설'은 여러 개의 구성단위 전체를 하나의 기업
조직으로 파악한다고 설명하고 있다. 개체설과 일체설은 원래 고정사업장
(permanent establishment)과 본점 또는 같은 법인의 다른 고정사업장 사이에 거
래가 있는 상황에서 고정사업장의 소득 계산과 관련하여 등장한 개념이다[이
창희, 앞의 책(제1장 각주 2), 465면]. 본점과 지점 간 거래에 있어서 '개체설'은
고정사업장을 마치 현지법인처럼 보자는 견해이다. 반면, '일체설'은 지점이란
외국법인의 일부에 해당하므로 지점의 과세소득이란 외국법인 과세소득의 일
부를 고정사업장에 안분하자는 견해이다[Rev. Rul. 78-423 등 참고.; 이창희, 앞
의 책(제1장 각주 2), 468면]. 그러므로 다국적 기업 그룹에 대한 과세방식을 설
명하는 경우 '일체설' 또는 '개체설'이란 표현을 사용하는 것은 타당하지 않다.

17) Reuven S. Avi-Yonah, 앞의 글(각주 15), pp. 92-93.

18) Johanna Hey and Arne Schnitger, Group approach and separate entity approach in
domestic and international tax law, General report, Cahiers De Droit Fiscal
International Studies on International Fiscal Law, Vol. 106A, International Fiscal
Association (2022), p. 18.

19) 마쓰이 요시히로·미야자키 유코, 『국제조세법』, 세경사(2017), 266-267면.

Nations)의 1935년 모델조세조약 초안은 "독립기업 간 거래와 다른 조건의 거래라면 계산을 부인하고 정상적으로 생겼을 소득을 과세한다."라고 규정하고 있었다.[21] 위 독립기업원칙을 기반으로 하는 이전가격세제는 미국에서 기원한다.[22] 미국은 1926년부터 미국세법에 부당행위계산 부인에 해당하는 제도를 두고 있었는데, 1926년 미국세법 제240조(f)는 "둘 이상의 사업(회사에 해당하는지 여부, 미국에 설립했는지 여부, 특수관계의 유무는 불문한다)을 같은 이해관계자가 직접·간접으로 소유하거나 통제하는 경우로, 조세회피를 방지하거나 그런 사업의 소득을 제대로 반영하기 위해 총수입금액이나 필요경비를 배분, 안분 또는 할당하는 것이 필요하다고 결정한다면 국세청장은 그런 배분, 안분 또는 할당을 할 수 있다."라고 정하고 있었다.[23] 이 조문은 이후 1954년 이전가격세제를 다루는 미국세법의 제482조가 되었고, 일부 조문의 문구가 수정되었지만 현재까지 유지되고 있다.[24]

국제 이전가격 문제는 1960년대가 되어서야 문제가 되기 시작하였는데, 이전가격 문제가 대두되기 시작한 초기에 문제가 된 주요 쟁점은 특수관계자 간 소득의 분배 기준이었다.[25] 미국세법 제482조는 위에서 살펴보았듯이 '사업의 소득을 제대로 반영'하라고만 되어 있고 이에 관한 기준을 제시하고 있지는 않았다. 미국세법 제482조에 관한 재무부 규칙은 독립기업원칙(arm's length principle)을 정하고 있었지만, 이에 관한 법원 판결은 '적정한 기준'으로 소득을 분배하면 된다는 것이 다수였다.[26]

---

20) 이창희, 앞의 책(제1장 각주 2), 297면.
21) 이창희, 위의 책(제1장 각주 2), 297면.
22) 이창희, 위의 책(제1장 각주 2), 297면.
23) 1926년 미국세법(Revenue Act of 1926, 44 Stat. 9) 제240조(f).
24) 이창희, 위의 책(제1장 각주 2), 298면.; 26 U.S. Code § 482.
25) 이창희, 위의 책(제1장 각주 2), 299-300면.
26) 이창희, 위의 책(제1장 각주 2), 300면.; Grenada Industries, Inc. v. Commissioner, 17 T.C. 231, 260 (1951), aff'd, 202 F.2d 873 (5th Cir. 1953), aff'd, 346 U.S. 819 등.

독립기업원칙을 지지한 판결도 있었으나,27) 의미가 있는 것은 1966년 Oil Base 판결28)이다. 9th Circuit 고등법원은 Oil Base 판결에서 종전의 입장을 변경하여 미국세법 제482조는 독립기업원칙이 그 기준이 된다고 판시하였고, 그 이후 독립기업원칙이 이전가격의 기준으로 자리 잡았다.29) 위와 같이 9th Circuit 고등법원 판결이 변경된 이유는 국회가 1962년 재무부에 조세회피를 막을 수 있도록 재무부 규칙의 개정을 요구한 것과 무관하지 않다.30) 재무부는 국회의 요청에 따라 1968년 재무부 규칙 1.482조에 이전가격의 기준으로 '시가' 또는 '정상가격(arm's length price)'을 어떻게 결정할 것인지에 관한 내용을 포함해서 독립기업원칙을 보다 구체화하였다.31)

OECD의 1979년 이전가격지침은 미국 재무부 규칙의 내용을 반영한 것으로, 그 후 많은 국가들이 미국의 입법례를 좇아 자국의 세법에 독립기업원칙을 규정하였다.32) OECD는 이전가격세제의 원칙으로 독립기업원칙을 OECD 모델조세조약 제9조[특수관계기업(associated enterprises)]에 못박았다. OECD 모델조세조약 제9조의 내용을 구체화한 것이 이전가격지침이며, 오늘날의 형태에 가까운 것은 OECD가 1995년에 공표한 이전가격지침이다.33) OECD는 그 이후에도 여러 차례에 걸쳐서 이전가격지

---

27) 이창희, 앞의 책(제1장 각주 2), 300면.; Hall v. Commissioner, 32 T.C. 390 (1959), aff'd, 294 F.2d 82 (5h Cir. 1961).

28) Oil Base Inc. v. Comr., 362 F. 2d 212 (9th Cir., 1966).

29) 이창희, 위의 책(제1장 각주 2), 300-301면.

30) 이창희, 위의 책(제1장 각주 2), 300-301면.

31) 이창희, 위의 책(제1장 각주 2), 302면.; 현행 26 CFR § 1.482-1.

32) 이창희, 위의 책(제1장 각주 2), 306-307면.

33) OECD, Transfer Pricing and Multinational Enterprises, Report of the OECD Committee on Fiscal Affairs (1979).; OECD 회원국들은 OECD 모델조세조약과 1979년 이전가격지침에서 정하고 있는 독립기업원칙을 자국법에 도입하였다[OECD, Transfer Pricing Guidelines for Multinational Enterprises and Tax Administrations (1995), P-4-5, para. 15].

침을 개정하였는데, 가장 최근에 공표한 것은 2022년 이전가격지침으로 BEPS 방지 프로젝트 Action Plan의 일부 내용이 반영되어 있다.

공식배분법은 19세기부터 있었던 개념으로 최근에 등장한 개념이 아니다. 제3장 제3절에서 보듯 공식배분법을 사용한 입법례는 계속 잔존했다. OECD 모델조세조약, UN 모델조세조약은 고정사업장(국내사업장)에 귀속될 사업소득을 계산하는 데 일체설에 입각한 '총소득배분방법(the basis of an apportionment of the total profits)'을 인정하고 있었다.[34] 다만, OECD 이전가격지침에서 독립기업원칙을 주된 원칙으로 선택하였기 때문에, OECD 회원국들이 독립기업원칙을 주로 사용하게 된 것이다. 우리나라도 몰타, 미얀마 등과 체결한 조세조약에서 공식배분법에 의한 국내사업장 과세를 인정하고 있다.[35] 20세기 초엽으로 돌아가면 다국적 기업의 현지법인도 고정사업장으로 보고 있었던 만큼,[36] 공식배분법과 독립기업원칙 사이의 경쟁은 지난 100년간 이어져 온 것이다.

2. 독립기업원칙의 의미

독립기업원칙은 이전가격세제에서 등장하는 용어이다. '독립기업원칙'을 'Arm's length principle'이라고 표현하면서, Arm's length principle을 '정상가격원칙'이라고 번역하기도 한다. 정상가격원칙은 정상가격 산출 방법의 의미로 사용된다.

독립기업원칙은 처음에는 다국적 기업 그룹의 각 구성회사를 독립적인 실체(separate entity)로 보고 정상가격을 산정하는 방법을 의미하였다. 그런

---

34) 일체설은 각주 16 참조.
35) 한국-몰타 조세조약 제7조, 한국-미얀마 조세조약 제7조.
36) 1927년 국제연맹 모델조세조약 제5조는 관계회사(affiliated companies)를 고정사업장으로 간주하였다.; 김해마중, "고정사업장 제도에 관한 연구-조세조약상 고정사업장의 기능과 요건, 전망에 관하여-", 박사학위논문, 서울대학교 대학원(2016), 22-23면.

데 정상가격을 산출하는 방법은 후술하는 바와 같이 개별기업 접근법을 기반으로 하는 방법[비교가능 제3자 가격방법(Comparable Uncontrolled Price Method) 등]과 그룹 접근법을 기반으로 하는 방법(이익분할법)을 모두 포함하고 있다. 독립기업원칙은 개별기업 접근법을 이론적 근거로 삼고 있는데, 정상가격을 산정하는 방법(정상가격원칙)에 그룹 접근법을 기반으로 하는 방법이 포함되어 있다. 이 글에서 독립기업원칙은 '다국적 기업 그룹의 각 구성회사를 독립적인 실체(separate entity)로 보는 원칙'이란 의미로 사용한다. 독립기업원칙이 이전가격세제에서 오랫동안 OECD를 비롯해 전 세계적으로 지배적인 규범으로 자리 잡아 온 것은 사실이나, BEPS의 시작 역시 독립기업원칙에서 비롯되었다.[37]

이전가격세제의 의의에 관해 "다국적 기업이 내부거래를 통해서 세율이 높은 국가로부터 세율이 낮은 국가로 소득을 이전하는 등 조세회피를 방지하는 데 있다.[38]"라는 설명에 그치는 경우가 많다. 독립기업원칙을 운용해서 조세회피만 막으면 이전가격세제는 목표를 달성한다는 것이다.

그러나 이전가격세제는 조세회피 방지보다 외연이 넓다. 당장 OECD 이전가격지침만 보더라도 서문 제6항 및 제7항에 "그룹 내부거래에 개별기업 접근법을 적용하기 위해서는 개별 그룹 구성원이 정상가격으로 거래하였다는 전제하에 과세해야 한다. 그리고 OECD는 각 국가에서 적절한 과세권을 확보하고 이중과세를 방지하여 과세당국 간의 갈등을 최소화하고 국제무역 및 투자를 촉진한다는 이중 목표를 달성하기 위해서 위 국제조세원칙을 선택하였다."라고 규정하고 있다. 국가 간의 세수분배 문제가 걸려있다는 고백이다. 즉, 이전가격세제는 각국의 적절한 과

---

37) Johanna Hey and Arne Schnitger, 앞의 책(각주 18), pp. 15-16.

38) Hubert Hamaekers, Arm's length – How long?, in International and Comparative Taxation: Essays in Honour of Klaus Vogel 29, 30 (Kees van Raad ed. (English ed.)), Kluwer Law International (2002).

세권 배분의 문제이다.

이전가격세제는 1물 1가의 법칙으로 일의적 정상가격이 존재한다는 것을 전제한다. OECD 모델조세조약 제9조 제2항에서는 한 체약국이 정상가격 산출방법에 따라 정상가격을 도출해서 과세하면 그에 맞추어 '대응조정(correlative adjustment)[39]'할 의무를 상대방 체약국에 지우고 있다.

3. 공식배분법의 의미

독립기업원칙으로 다국적 기업 그룹의 BEPS 현상 해결이 현실적으로 어려우므로, 최근에는 독립기업원칙의 대안으로 공식배분법이 제시되고 있다.[40] 공식배분법은 과세단위를 1개 기업이 아닌 그룹 단위로 정하고 있고, 과세표준이 과세단위에 따라서 달라진다는 점에서 그룹 과세의 성격을 지니고 있다.

공식배분법은 다국적 기업 그룹 내에서 개별회사의 소득을 찾으려는 방법으로,[41] 전 세계에 있는 개별 기업의 특수관계 기업들의 사업을 연결[42]하여 소득을 계산한 다음 일정한 수식에 따라서 다국적 기업이 활동하는 국가(예, 매출이 발생하는 국가 등)에 소득을 분배하는 방법을 말한다.[43] '좁은 의미의 이전가격세제'에서는 이전가격세제에 정상가격원

---

39) '대응조정'도 이전가격세제를 구성하는 중요한 요소이나, 이 글에서는 대응조정에 대해서는 검토하지 않고, 정상가격 산출방법 위주로 논의한다.

40) 임승순, 앞의 책(제1장 각주 2), 1,202면.

41) 신태욱, 앞의 글(제1장 각주 9), 4면.; 공식배분법은 미국, 캐나다 등에서 주 정부 또는 지방정부 간에 과세하는 소득세액을 조정하기 위해서 비롯되었다[김석환, 앞의 글(제1장 각주 2), 192-193면].

42) 김석환, 위의 글(제1장 각주 2), 184면에서는 "특수관계 기업들의 사업을 '통합'하여 소득을 계산한다"라고 표현하고 있으나, 회계에서 'consolidated'는 '연결'의 의미로 많이 사용하므로 '연결'로 표현을 변경하였다.

43) 김석환, 위의 글(제1장 각주 2), 184면.; Ilan Benshalom, 앞의 글(제1장 각주 3), p. 195.

칙만 포함되고 공식배분법은 전혀 별개의 것이라고 볼 수 있다. 하지만, 공식배분법은 이전가격지침의 "non-arm's-length approach"에서 소개하고 있고[44] 공식배분법도 다국적 기업의 소득에 대한 과세권을 배분하는 방법이라는 점에서 '넓은 의미의 이전가격세제'에 포함된다고 볼 수 있다. 그러므로 이 글에서 이전가격세제와 관련하여 공식배분법을 논하는 것이다.

공식배분법은 'formulary apportionment method' 등으로 불리는데, OECD 이전가격지침은 공식배분법을 "미리 결정된 공식을 기초로 여러 국가에 소재하는 다국적 기업 그룹의 전 세계 이익을 연결재무제표를 기준으로 (consolidated basis) 하여 배분하는 방법"이라고 정의하고 있다.[45] 이 정의에 의하면, 다국적 기업 그룹의 연결재무제표를 기준으로 하여 "사전에 결정"된 수식을 이용하여 관계기업들이 활동하는 국가에 과세대상소득을 배분하는 방식은 공식배분법에 해당한다. 그리고 후술하는 제5장 제3절에서 상세히 살펴보겠지만, 일반적으로 공식배분법의 구성 요소로 ① 과세단위 혹은 단일 사업(unitary business)의 범위, ② 배분대상 이익의 범위(tax base, 과세표준), 즉 과세대상소득, ③ 과세대상소득을 배분할 때 사용하는 배분 요소(factors)와 배분 공식(formula) 3가지를 언급한다.[46] 공식배분법은 그룹 과세의 일종이다. 그룹 과세는 경제적 개체(unit)와 그룹의 지급 능력을 반영하는 과체 체계이다.[47][48]

공식배분법은 다국적기업 그룹 전체의 소득을 각 소속 기업에 안분한다. 따라서 '그룹'의 의미가 중요하다. '그룹(business enterprise)'은 '사실상 지배력(control)' 유무로 정한다.[49] 그에 따라 기업 그룹은 모회사와 모회

---

44) 이전가격지침 1.16.-1.32. 문단.

45) 이전가격지침 1.17. 문단.

46) 김석환, 앞의 글(제1장 각주 2), 184면.

47) Johanna Hey and Arne Schnitger, 앞의 책(각주 18), p. 30.

48) Antony Ting, The taxation of corporate group under consolidation: an international comparison, Cambridge University Press (2013), p. 27.

사의 사실상 지배를 받는 자회사를 뜻한다.[50] 국제회계기준(International Financial Reporting Standard, 이하 'IFRS'라고 한다)에서도 '그룹'의 의미를 '모회사와 자회사'로 정의하고 있다.[51] 이 글에서는 위 용례에 따라 '그룹'은 '모회사와 모회사의 사실상 지배를 받는 자회사'란 의미로 사용한다. 그룹 접근법을 취하고 있는 예로는 "공통 연결법인세 과세표준(Common Consolidated Corporate Tax Base, 이하 'CCCTB[52]'라고 한다)", 최근 논의되는 Pillar 1 등을 들 수 있다.[53] CCCTB에 관한 내용은 제3장 제3절 Ⅱ. 2. 항에서 상세하게 검토한다.

그룹 접근법에서 말하는 과세단위는 모회사와 모회사의 사실상 지배를 받는 자회사로 구성된 그룹이다.[54] 개별기업 접근법을 따르는 다국적 기업의 과세표준은 거주지국의 법률에 따라 거주자인 법인의 과세가능한 소득과 손실에 따라서 결정되지만, 그룹 접근법을 따르는 다국적 기업의 과세표준은 과세단위를 어떻게 정하는지에 따라서 달라진다.[55] 그룹 접근법을 취하는 다국적 기업 그룹의 과세표준은 그룹 구성원들의 과세가능한 소득과 손실을 모두 합산해서 정한다.[56] 그룹 과세는 과세

---

49) 기업법은 '그룹'을 '사실상 지배력(control)'과 '경제적 통합(economic integration)' 2가지 요소에 기초하고 있다고 보는 견해가 있으나, '경제적 통합'은 실무상 그 개념을 적용하는 데 어려움이 있어 '사실상 지배력' 유무로 그룹을 정한다[Id., p. 16].

50) Id.; 이 글 제4장 제2절 V.항 각주 247 참조.

51) IFRS 10, Appendix A Defined terms.

52) Niall Casey and Jasna Voje, Group approach and separate entity approach in domestic and international tax law, EU report, Cahiers De Droit Fiscal International Studies on International Fiscal Law, Vol. 106A, International Fiscal Association (2022), p. 68.

53) OECD, Public Consultation Document, Pillar One-Amount A: Draft Model Rules for Domestic Legislation on Scope, 4 April – 20 April 2022 (2022.4.4.), Art. 1.

54) Antony Ting, 앞의 책(각주 48), p. 16.

55) Id., p. 28.

56) Id.

표준을 구함에 있어 그룹(과세단위) 간 결손금 상계를 핵심적인 특징으로 한다.[57] 그리고 그룹 내부의 자산 이전에 대해서 과세하지 않는다.[58]

그룹 과세는 연결납세제도를 의미하는 경우가 많은데, 이 글에서는 그룹 과세가 결손금 상계라는 특징을 지닌 그룹 접근법에 입각한 과세방법도 모두 포괄하는 개념으로 사용한다. 그룹 과세는 과세단위를 어떻게 구성하는가에 따라서 달라진다.[59] 즉, 그룹 과세는 그룹의 범위와 관련이 있고, 그룹 과세의 내용은 국가마다 다르게 규정하고 있다.[60] 또한 그룹 과세는 후술하는 Pillar 1에서 확인할 수 있듯이 시장 소재국에 설립된 법인이나 고정사업장이 없더라도 과세할 수 있다. 우리나라가 도입한 그룹 과세 유형은 '소득통산형' 연결납세제도이고,[61] 2010년 1월 1일 이후 개시한 사업연도분부터 연결납세제도를 적용하고 있다. 미국은 그룹

---

57) Johanna Hey and Arne Schnitger, 앞의 책(각주 18), p. 30.
58) Antony Ting, 위의 책(각주 48), pp. 32-38.
59) Johanna Hey and Arne Schnitger, 위의 책(각주 18), p. 31.
60) 이창희, 『세법강의』(제20판), 박영사(2022), 579면.
61) 연결납세제도의 유형으로는 '소득통산형'과 '손익대체형'이 있다. '소득통산형'은 각 연결법인의 과세표준을 계산할 때 연결법인을 단일의 실체로 생각하고 하나의 과세표준을 만드는 것에 입각한 방법이다(박정우·권현구, "연결납세제도의 도입방안에 관한 연구",「세무회계연구」, 제15권, 한국세무회계학회(2004), 167-168면.; 배준호, "일본 연결납세제도의 도입과 운영, 한국에 주는 시사점",「일본학보」, 제61권, 한국일본학회(2004), 827-828면.; 오윤, "연결납세제도와 법인세법",「조세법연구」, 제16집 제3호, 한국세법학회(2010), 257면.; 임동원, "연결납세제도의 적용범위 확대에 대한 검토",「KERI Brief」, 19-13, 한국경제연구원(2019), 4면). 연결모법인이 전체 세액을 계산한 후 그 세액을 자회사에 배분하는 방식이다. '연결모법인'이란 연결집단 중 다른 연결법인을 완전 지배하는 연결법인을 말한다(법인세법 제2조 제9호). 다음으로 '손익대체형'은 기업집단에 속하는 개별회사의 내부거래 손익을 상계하지 아니한 채 손익을 다른 개별회사에 대체시켜서 각 개별회사의 납부세액을 계산하는 방식이다(배준호, 위의 글(각주 61), 828면.; 오윤, 위의 글(각주 61), 258면.; 임동원, 위의 글(각주 61), 4면.; 노미리, 앞의 글(제1장 각주 9), 218면.; Johanna Hey and Arne Schnitger, 앞의 책(각주 18), pp. 31-32). '손익대체형'은 영국이 채택한 방법이다.

과세제도를 1917년, 일본은 2002년에 도입하였고,[62] 미국, 일본도 우리나라처럼 소득통산형 연결납세제도를 채택하였다.[63] 그룹 과세 범위(연결납세 범위)와 관련하여 우리나라와 일본은 모회사가 100% 지분을 소유하고 있는 경우,[64] 미국은 모회사가 80%의 지분을 소유하고 있는 경우를 그룹 과세단위로 본다.[65]

한편, 현재 진행 중인 BEPS 방지 프로젝트 Action Plan 1에서도 Pillar 1의 Amount A 적용대상그룹과 관련하여 각국의 연결납세기준과는 무관하지만, 그룹 과세와 유사한 개념을 사용하고 있다. Amount A에서 말하는 "그룹"은 매출액 기준과 수익성 기준에 관한 내용은 별론으로 하고 최종모회사의 연결재무제표에 포함되거나 포함될 단체를 뜻한다.[66] 그러므로, Amount A의 적용대상그룹의 범위는 IFRS와 동등하다고 인정되는 재무회계기준에 의해서 정해진다.[67]

Pillar 1의 구성 요소인 Amount A의 적용을 받는 다국적 기업 그룹의 과세표준을 구할 때 그룹(과세단위) 내 결손금 상계가 가능하므로 그룹 과세의 핵심적인 특징을 지니고 있다. 다만, 연결납세제도는 법인의 거주지국인 1개 국가에 과세권이 있지만, 공식배분법은 다국적 기업 그룹의 연결소득을 국가별로 분배하기 때문에 여러 국가에 과세권이 귀속된다는 점에서 차이가 있다.

---

62) Antony Ting, 앞의 책(각주 48), p. 6.

63) 이창희, 앞의 책(각주 60), 579면.

64) 법인세법 제76조의8 제12항.; 임동원, 앞의 글(각주 61), 6면.

65) 이창희, 위의 책(각주 60), 579면.; 임동원, 위의 글(각주 61), 6면.

66) OECD, Public Consultation, Progress Report on Amount A of Pillar One, 11 July – 19 August 2022 (2022.7.11.), p. 23, Title 7: Definitions, 4.

67) OECD, 위의 글(각주 66), p. 23, Title 7: Definitions, 7, 8.

제2절 독립기업원칙의 실패

Ⅰ. 독립기업원칙의 의미 변화

일반적으로 '정상가격원칙'은 독립기업원칙을 구현하는 원칙이라는 의미로 사용되고, 정상가격원칙과 독립기업원칙, 양자의 외연은 같다. 정상가격원칙은 정상가격을 산출하는 방법을 의미하며, 이전가격지침은 정상가격 산출방법을 열거하고 있다. 1979년 최초로 이전가격지침을 만들 당시에는 정상가격 산출방법으로 비교가능 제3자 가격방법, 재판매가격법(Resale Price Method), 원가가산법(Cost Plus Method), 기타 방법(Other methods)만 정하고 있었다.(68) 이 방법들은 다국적 기업 그룹 내 회사를 독립적인 개체로 보고 특수관계가 없었더라면 적용되었거나 적용될 가격, 또는 통상 이윤을 산정하는 방법이다. 이 방법들은 모두 개별기업 접근법에 입각하고 있다.

한편, 이전가격지침은 정상가격 산출방법으로 TNMM, 이익분할법을 정하고 있는데, 위 방법들은 1995년 이후에 이전가격지침에 도입된 방법이다.(69) 특히 이익분할법은 2개국 간 특수관계자들의 소득을 모두 합한 후 그 금액의 일부를 합리적인 배부기준에 따라 납세의무자의 소득으로 배분하는 방법으로 그룹 접근법에 입각한 방법이다.(70) 한편, 이전가격지침에서 예외적으로 허용하는 비교가능이익법(Comparable Profits Methods, 이하 'CPM'이라고 한다)(71)도 그룹 접근법을 적용한 방법이다.(72) TNMM을

---

(68) 1979년 이전가격지침, 11-13. 문단.

(69) 1995년, 1996년, 1997년 이전가격지침, 2.49. 문단 및 3.1. 문단.; Johanna Hey and Arne Schnitger, 앞의 책(각주 18), p. 27.

(70) 이창희, 앞의 책(제1장 각주 2), 317면.; Johanna Hey and Arne Schnitger, 위의 책(각주 18), p. 27.

(71) CPM, 수정된 원가가산/재판매가격법(Modified Cost Plus/Resale Price Methods)은

미국의 CPM과 유사한 방법으로 소개하는 예도 있으나, TNMM은 "검토 대상인 거래에 귀속되는 이익"에 대해서만 검토하기 때문에 전체이익을 기준으로 하는 CPM과 차이가 있다.[73] TNMM은 개별 접근법을 적용한 방법으로 보는 것이 타당하다.

앞에서 살펴본 바와 같이 처음 발간된 1979년 이전가격지침과 달리 현재 정상가격 산출방법에는 개별기업 접근법을 기반으로 하는 방법과 그룹 접근법을 기반으로 하는 방법이 모두 포함되어 있다.

II. 정상가격의 산출방법

1. 개관

독립기업원칙과 공식배분법의 차이점을 알기 위해서는 정상가격 산출방법에 대한 검토가 필요하다. 우리나라는 OECD 가입을 추진하면서 국제조세조정법을 제정하였기 때문에 국제조세조정법과 OECD 이전가격지침에서 정하고 있는 정상가격 산출방법 및 그 내용이 거의 유사하다. 그러므로, 이하에서는 국제조세조정법에서 정하고 있는 정상가격 산출방법의 내용을 위주로 검토하되, OECD 이전가격지침에서 별도로 정하거나 달리 정하고 있는 내용이 있는 경우에는 해당 내용을 언급한다.

우리나라는 정상가격[74] 산출방법으로 총 6가지를 규정하고 있다(국

이전가격지침에 부합되는 범위 내에서만 허용된다(이전가격지침 2.63. 문단).

72) Johanna Hey and Arne Schnitger, 앞의 책(각주 18), p. 27.

73) 이창희, 『국제조세법』(제1판), 박영사(2016), 247면.

74) "정상가격"이란 거주자, 내국법인 또는 국내사업장이 국외 특수관계인이 아닌 자와의 통상적인 거래에서 적용하거나 적용할 것으로 판단되는 가격을 말한다(국제조세조정법 제2조 제1항 제5호). 즉, 특수관계가 없었더라면 적용되었거나 적용될 가격을 의미한다.

제조세조정법 제8조 제1항). 6가지 정상가격 산출방법으로는 비교가능 제3자 가격방법(제1호), 재판매가격법(제2호), 원가가산법(제3호), TNMM (제4호), 이익분할법(제5호), 기타 방법(제6호)[75]이 있다.

2010년 이전가격지침 이후로는 정상가격의 산출방법을 크게 "전통적 거래 기반 방법(traditional transaction method[76])"과 "거래이익방법(transactional profit method)"으로 나눈다. 이하에서는 이 기준에 따라서 정상가격 산출방법을 검토한다.

2. 전통적인 거래 기반 방법

전통적 거래 기반 방법으로 비교가능 제3자 가격방법, 재판매가격법, 원가가산법이 있다(이전가격지침 2.13. 문단). 전통적 거래 기반 방법 중 비교가능 제3자 가격방법은 실제 행해지고 있는 거래의 '가격' 사례에서 정상가격을 도출하므로, 정상가격의 개념에 가장 충실한 방법이다.[77] 그런데 문제는 비교가능 제3자 가격방법이 가장 이상적인 방법이기는 하지만, 비교대상 거래가 있는 경우가 매우 드물다는 점이다. 그래서 비교가능 제3자 가격방법은 실제로 많이 활용되지 않는다.

다른 2가지 전통적 거래 기반 방법도 정상가격을 산정하는 기본 구조는 비교가능 제3자 가격방법과 크게 다르지 않다. 차이가 나는 점은 재

---

75) "기타 방법"은 그 밖에 대통령령으로 정하는 바에 따라 합리적이라고 인정되는 방법으로서, 법에서 정한 산출방법 외에 거래의 실질 및 관행에 비추어 합리적이라고 인정되는 방법을 말한다(국제조세조정법 제8조 제1항 제6호, 같은 법 시행령 제10조).

76) "Traditional transaction method"를 '전통적인 거래방법'이라고도 번역하나[이재호, "잔여이익분할방법상 결합이익의 기본개념과 적용조건", 「조세학술논집」, 제35집 제3호, 한국국제조세협회(2019)], 이를 의역하여 이 글에서는 '전통적인 거래 기반 방법'이라고 번역한다.

77) 이창희, 앞의 책(제1장 각주 2), 320면.

판매가격법,[78] 원가가산법[79]은 비교대상 거래에서 구하는 것이 정상가격이 아니라 정상가격의 구성요소인 '통상 이윤'을 구한다는 점에 있다.

3. 거래이익방법

가. 이익분할법

거래이익방법은 비교할 수 있는 가격이 없고 비교대상 거래에서 실현된 통상 이윤을 구하는 것이 어렵거나 비합리적인 사정이 있는 등 전통적인 거래 기반 방법을 적용하기 어려운 경우에 사용하는 방법이다.[80] 거래이익방법에는 이익분할법과 TNMM이 있다(이전가격지침 2.63. 문단).

우리나라 국제조세조정법 제8조 제1항 제5호에 의하면, 이익분할법은 거주자와 국외 특수관계인 간의 국제거래에서 거래 당사자 양쪽이 함께 실현한 거래순이익[81]을 합리적인 배부기준에 따라 측정된 거래당사자들 간의 '상대적 기여도[82]'에 따라 배부하고, 이와 같이 배부된 이익을 기초로 산출한 거래가격을 정상가격으로 보는 방법이다.[83]

---

78) 국제조세조정법 제8조 제1항 제2호.
79) 국제조세조정법 제8조 제1항 제3호.
80) 이재호, 앞의 글(각주 76), 96면.
81) 이익분할법에서 '거래순이익'은 매출 총이익에서 영업비용을 뺀 금액을 말하며, '영업비용'은 판매비와 일반관리비를 말한다(국제조세조정법 시행령 제8조 제1항 제1호).
82) '상대적 기여도'는 ⅰ) 사용된 자산과 부담한 위험을 고려하여 평가된 거래 당사자가 수행한 기능의 상대적 가치, ⅱ) 영업자산, 유형·무형의 자산 또는 사용된 자본, ⅲ) 연구·개발, 설계, 마케팅 등 핵심 분야에 지출·투자된 비용, ⅳ) 그 밖에 매출액 증가량, 핵심 분야의 고용인원 또는 노동 투입시간, 매장 규모 등 거래순이익의 실현과 관련하여 합리적으로 측정할 수 있는 배부기준과 이 4가지 기준이 거래순이익의 실현에 미치는 중요도를 고려하여 유사한 상황에서 특수관계가 없는 독립된 사업자 간의 거래에 적용될 것으로 판단되는 합리적인 배부기준에 따라 측정하여야 한다(국제조세조정법 시행령 제9조 제1항 제2호).

한편, 거래순이익을 배부하는 기준인 상대적 기여도는 영업자산, 매출액 증가량, 고용인원 또는 노동 투입시간 등으로 측정하는데, 이는 공식배분법의 배분 요소와 매우 유사하다. 또한 이익분할법은 공식배분법처럼 그룹 접근법을 취하고 있는 방법이기도 하다. 하지만, 이익분할법은 정성적인 요소가 개입되기 때문에 우리나라에서는 잘 활용하지 않는 방법이다. 이익분할법의 불완전성에 관하여는 같은 절 Ⅲ.항에서 후술한다.

나. 거래순이익률법

거래순이익률법(TNMM)은 거주자와 국외 특수관계인 간의 국제거래와 유사한 거래 중 거주자와 특수관계가 없는 자 간의 거래에서 실현된 통상의 거래순이익률을 기초로 산출한 거래가격을 정상가격으로 산정한다(국제조세조정법 제8조 제1항 제4호).[84]

TNMM의 적합성을 평가할 때는 거래순이익률[85] 지표와 영업활동과의 상관관계가 높은지 여부를 분석해야 한다. 거래순이익은 매출총이익에서 영업비용을 뺀 금액을 말하며,[86] 거래순이익을 영업이익이라고도 한

---

83) 우리나라 국제조세조정법에서 정하고 있는 이익분할법은 국제조세조정법 제8조 제1항 제5호의 문구 및 일본의 입법례에 비추어 기여도 이익분할법이라고 볼 여지가 있다. 하지만, 과세관청이 청구법인 및 중국 관계사들의 기능분석, 비교가능성 분석을 통해 가장 합리적인 정상가격 산출방법으로 잔여이익분할법을 사용하여 과세하고 조세심판원도 이를 인정한 사례(조심 2017전0281, 2017.12.26., [기각])가 있으므로 잔여이익분할법을 인정한 것으로 보는 것이 타당하다.

84) $TNMM = \dfrac{\text{거래순이익}}{\text{매출 } OR \text{자산 } OR \text{매출원가 및 영업비용}}$

85) 거래순이익률은 매출액에 대한 거래순이익의 비율(영업이익률), 자산에 대한 거래순이익률의 비율(자산수익률), 매출원가 및 영업비용에 대한 거래순이익의 비율(총원가가산율), 영업비용에 대한 매출총이익의 비율(베리비율, Berry Ratio), 그 밖에 합리적이라고 인정될 수 있는 거래순이익률을 기초로 산출한다(국제조세조정법 시행령 제8조 제1항).

다. TNMM의 순이익률지표로는 영업이익률이 사용되는 경우가 많은 편이다.[87]

통상의 거래순이익률을 도출하기 위해 분자에는 거래순이익을, 분모에는 적절한 변량 기준을 설정해야 한다.[88] 영업이익을 이익요소로 채택하는 경우에는 매출액이나 자산총액, 또는 매출원가나 영업비용의 합계액 등을 변량 기준으로 사용한다.[89] 그 외에도 합리성이 인정된다면 위에서 언급한 지표 이외의 다른 기준을 지표로 사용하는 것이 가능하다.[90]

TNMM은 사전에 결정된 공식을 사용하고 '가격'이 아닌 '거래순이익'을 고려한다는 점에서는 공식배분법과 유사한 측면이 있지만, 개별기업 접근법을 기반으로 하고 '일방 분석방법(one-sided method)[91]'이기 때문에 후술하는 바와 같이 다국적 기업 그룹의 시너지 효과를 반영하기가 어렵다. 또한 TNMM의 경우에는 정상가격원칙이 요구하는 비교가능성 분석의 수준이 다른 정상가격 산출방법보다 낮음에도 불구하고 비교대상을 찾기 어렵다는 근원적인 문제가 있다. 이에 관한 상세한 내용은 같은 절 Ⅲ.항에서 후술한다.

---

86) 이 글 제2장 각주 81 참조.
87) 국세청, 앞의 글(제1장 각주 7)(2021), 40면.; Internal Revenue Service(이하 'IRS'라고 한다), Announcement and Report concerning Advance Pricing Agreements (2022), p. 5.
88) 이재호, 앞의 글(각주 76), 98면.
89) 국제조세조정법 시행령 제8조 제1항 제1호부터 제3호까지.
90) 국제조세조정법 시행령 제8조 제1항 제5호.; 기타 가능한 순이익지표로는 산업 및 검토 대상 특수관계거래에 따라 소매점의 매장 면적, 운반되는 제품의 무게, 직원 수, 시간, 거리 등이 사용된다(이전가격지침 2.105. 문단).
91) "일방 분석방법"은 관계 기업 일방의 재무지표만 검토하는 방법이다. 일방 분석방법은 거래의 일방이 전적으로 독특한 무형자산을 제공하고, 다른 당사자는 특별한 기여를 하지 않을 때에 적용한다(이전가격지침 2.65. 문단).

Ⅲ. 정상가격 산출방법의 이용 현황과 문제점

1. 정상가격 산출방법의 이용 현황

6가지 정상가격 산출방법 중에서 거래순이익률법(TNMM)의 활용도가 가장 높다. TNMM은 정상가격 산출방법의 사전승인제도(Advance Pricing Arrangement, 이하 'APA'라고 한다)에서 가장 많이 활용되는 방법이다. "APA"는 납세의무자가 국외 특수관계자와의 거래에서 적용할 정상가격 결정방법 및 정상가격 범위에 대하여 과세당국과 사전에 서로 합의하는 제도를 말한다.[92] 선진국뿐만 아니라 개발도상국의 APA에서 TNMM의 활용도는 높다. TNMM이 많이 활용되는 이유는 TNMM의 순이익률지표가 가격에 비해 거래 차이로 인한 영향을 적게 받고, 관계기업의 어느 한쪽 (분석대상)에 대한 재무지표만 검토하면 되는 일방 분석방법(one-sided method)이기 때문이다(이전가격지침 2.69. 문단).[93]

실제로 매년 한국 국세청에 접수되는 APA 사건을 보면 신청 건수 및 처리 건수가 전반적으로 증가하는 추세에 있는데, APA에서 정상가격 산출방법으로 TNMM을 채택한 경우가 가장 많았다. 2020년 말까지 종결된 APA 총 560건 중 약 90%에 이르는 504건에 TNMM을 적용했고, TNMM의 여러 이익수준지표(Profit Level Indicator) 중 영업이익률을 사용한 APA가 270건으로 가장 많았다.[94] APA 신청 시 TNMM을 선택하는 이유는 다국 적 기업이 독과점적인 지위에 있어서 비교 가능한 제3자 가격을 찾기 어 려운 경우가 많은데, TNMM이 이익분할법보다 객관적이기 때문이다. 이

---

92) 이전가격지침, Annex Ⅱ to Chapter Ⅳ.; 국제조세조정법 제14조 제2항.
93) 일방 분석방법은 거래 당사자 중 한쪽이 복잡한 거래를 하고, 여러 가지 상호 관련 활동을 하거나 한 당사자에 대해 믿을 만한 정보를 얻기 어려울 때 실질 적으로 도움이 된다(이전가격지침 2.69. 문단).
94) 국세청, 앞의 글(제1장 각주 7)(2021), 40면.

러한 현상은 한국에만 국한되는 것이 아니다.

한국과의 거래에서 쌍방 APA의 신청 건수가 많은 협상 대상국은 일본(54건), 중국(42건), 미국(23건) 순으로 나타났는데,[95] 협상 대상국의 국세청 자료에 의하면 일본,[96] 중국,[97] 미국[98] 모두 APA의 정상가격 산출방법으로 TNMM을 사용한 사례의 비중이 높게 나타났다.[99] 중국 외의 개발도상국 역시 APA에서 TNMM을 가장 많이 활용하고 있다.

2. 정상가격 산출방법의 문제점

가. 정상가격 산출방법의 실체법적인 문제점

(1) 정상가격 산출방법의 불확실성

정상가격 산출방법의 실체법적인 문제점으로 정상가격 산출방식의 불확실성을 들 수 있다.[100] 정상가격은 각 사례의 구체적인 사실관계와 맥

---

95) 국세청, 앞의 글(제1장 각주 7)(2021), 44면.
96) National Tax Agency, MAP Report (2021), p. 9.
97) State Taxation Administration People's Republic of China(이하 'STA'라고 한다), China Advance Pricing Arrangement Annual Report (2019), p. 28.
98) IRS, 앞의 글(각주 87), p. 9.
99) 다만, 한국, 일본, 미국은 TNMM의 이익수준지표로 영업이익률을 사용하지만, 중국은 다른 국가와 달리 이익수준지표로 영업이익률보다 원가가산율을 사용하는 경우가 많다는 차이점이 있다. 또한 중국은 APA에 이익분할법을 사용한 사안도 존재한다. 중국이 '입지 선정에 따른 혜택(Location Specific Advantage)'이 반영된 이익분할법의 사용을 계속해서 주장하는 것과도 관련이 있다[STA, 위의 글(각주 97), p. 28].
100) Reuven S. Avi-Yonah and Ilan Benshalom, Formulary Apportionment: Myths and Prospects- Promoting Better International Policy and Utilizing the Misunderstood and Under-Theorized Formulary Alternative, World Tax J. 3, no. 3 (2011), p. 376.; Joseph L. Andrus and Richard S. Collier, Transfer Pricing and the Arm's-Length Principle After the Pillars, Tax Notes International, Vol. 105 (2022.1.31.), p. 546.

락에 따라 결정된다. 각 사례마다 비교할 수 있는 데이터가 다르므로 납세의무자 입장에서는 무엇을 기준으로 정상가격을 산출해야 하는지에 대한 예측가능성이 떨어지고, 과세당국 입장에서는 효율적인 데이터 관리가 어렵다.[101] 이전가격 조정의 기초가 되는 비교대상(정상가격)을 찾을 수가 없음에도 불구하고 정상가격을 산정해야 하므로, 납세의무자는 국경을 넘는 기업 간 거래에 있어서 소득이 어떻게 조정될지 예측할 수 없다.[102]

또한 실무상 이전가격세제에서 요구하는 높은 기준을 나름 충족시켜서 정상가격을 산정한 것임에도 불구하고, 예측이 불가능하다.[103] 이러한 불확실성은 외국 정부와 체결한 조세조약 하에서 외국 정부와 APA를 통해 사전에 정상가격을 합의하거나, 상호합의절차(Mutual Agreement Procedure, 이하 'MAP'이라고 한다)[104] 또는 소송절차 등을 통해서 해결해야 함을 의미한다.[105] 조세 수입에서 큰 비중을 차지하는 법인세와 관련된 분쟁을 해결함에 있어서 그 분쟁의 근원이 되는 정상가격 산출방법의 명확한 기준이 없고 비교 가능한 데이터에 의존할 수밖에 없는 것은 현행 국

---

101) Reuven S. Avi-Yonah and Ilan Benshalom, 앞의 글(각주 100), pp. 371, 376-377.
102) Sol Picciotto, Problems of Transfer Pricing and Possibilities for Simplification, International Centre for Tax and Development Working Paper No. 86 (2018), p. 15.
103) Reuven S. Avi-Yonah and Ilan Benshalom, 위의 글(각주 100), p. 378.; 이는 일찍이 독립기업원칙을 시행한 미국도 인정하고 있는 사실이다. 1981년 미국 의회에 제출된 회계감사원(General Accounting Office) 보고서에는 그 당시 재무부 장관에게 공식배분법을 포함하여 현재의 불확실성과 행정적 부담을 줄이는 소득배분에 관한 연구에 착수하는 것을 권고한다는 문구가 기재되어 있을 정도로, 독립기업원칙의 문제점은 이미 많은 이들이 인정하고 있는 사실이다 [Sol Picciotto, 위의 글(각주 102), p. 15].
104) "상호합의절차"란 조세조약의 적용 및 해석이나 부당한 과세처분 또는 과세소득의 조정에 대하여 우리나라의 권한 있는 당국과 체약상대국의 권한 있는 당국 간에 협의를 통하여 해결하는 절차를 말한다(국제조세조정법 제2조 제1항 제10호). "상호합의절차의 개시 요건" 등에 관해서는 국제조세조정법 제42조 이하에서 규정하고 있다.
105) Reuven S. Avi-Yonah and Ilan Benshalom, 위의 글(각주 100), p. 378.

제조세 체제의 큰 문제점이라고 할 수 있다.

(2) 이익분할법의 불완전성

글로벌 금융 위기 이후 개정된 OECD 이전가격지침은 무형자산의 가치평가에 이익분할법의 활용을 적극적으로 권장하고 있다.[106] 무형자산의 가치평가는 전통적인 정상가격원칙에 따른 평가 방법으로는 산정하기가 매우 어렵기 때문이다.[107] 그런데, 전통적인 거래 기반 방법을 보완하기 위해서 도입한 이익분할법도 여전히 불완전하다. 이익분할법은 일방적 분석방법이 적절하지 않은 고도로 통합된 거래에 대한 해결책을 제시한다는 점에서 의미가 있으나(이전가격지침 2.119. 문단), 이익분할법은 실제 적용하는 데 어려움이 있다(이전가격지침 2.123. 문단). 이익분할법을 적용하기 위해서는 관계거래에 참여한 모든 관계기업의 결합이익[108]과 비용을 측정해야 한다(이전가격지침 2.123. 문단). 이를 위해서는 동일한 기준에 따라서 장부를 작성하고 증빙 자료를 준비해야 하며 회계실무와 통화(currency)를 조정해야 한다(이전가격지침 2.123. 문단).

더 나아가 이익분할법이 영업이익에 적용되는 경우 거래와 관련된 적정 영업비용을 확정하고, 간접비용을 관계기업들의 다른 거래 사이에 배

---

106) OECD, Revised Guidance on the Application of the Transactional Profit Split Method, Inclusive Framework on BEPS: Action 10, OECD/G20 Base Erosion and Profit Shifting Project (2018.6.).; Richard Krever and Peter Mellor, History and Theory of Formulary Apportionment, in The Allocation of Multinational Business Income: Reassessing the Formulary Apportionment Option, Series on International Taxation, Vol. 76, Wolters Kluwer (2020), p. 32.

107) Yariv Brauner, Between Arm's Length and Formulary Apportionment, in The Allocation of Multinational Business Income: Reassessing the Formulary Apportionment Option, Series on International Taxation, Vol. 76, Wolters Kluwer (2020), p. 216.

108) OECD 이전가격지침에서 '결합이익'은 특수관계인 간 거래에서 양 당사자가 공동으로 실현한 거래순이익에 해당하는 개념이다(이재호, 앞의 글(각주 76), 96면).

분하는 것에 현실적인 어려움이 있다(이전가격지침 2.123. 문단). 더 나아가 이익분할법의 합산범위와 분할기준에도 문제가 있다. 24개국으로 구성된 그룹(Intergovernmental group of 24, 이하 'G-24'라고 한다)이 OECD 서면공청회에 제출한 의견서에서도 다국적 기업의 통합된 글로벌 이익에 관한 정보가 부족하고, 기여도 비율 산정에 객관성이 결여되어 있어서 이익분할법을 실제 사용하기 어렵다는 내용을 찾아볼 수 있다.[109]

(3) 거래순이익률법의 불완전성

비록 현실에서 TNMM의 활용도가 높지만, TNMM은 이전가격과 관계가 없는 많은 요인이 순이익에 영향을 미쳐서 신뢰성을 떨어뜨리는 경우가 있다는 문제점(이전가격지침 2.72. 문단)과 이전가격의 역산(work back to a transfer price)이 불가능해서 적절한 대응조정이 어려운 경우가 발생한다는 문제점이 있다(이전가격지침 2.73. 문단).[110]

그리고 무엇보다 TNMM 역시 최적의 방법에 해당하는지 판단하기 위해서 비교가능성 분석을 수행해야 한다(이전가격지침 2.69. 문단). TNMM은 전통적 거래 기반 방법과 동일하게 해당 거래와 유사한 비교대상을 탐색하고 분석해야 하므로 전통적 거래 기반 방법이 지닌 취약점을 동일하게 지니고 있다. TNMM은 '거래 가격'을 비교 분석하는 것이 아니라, 거주자와 국외 특수관계인 간의 국제거래에 있어 거주자와 특수관계가

---

109) G-24, Comments of the G-24 on the public consultation document "Addressing the Tax Challenges of the Digitalisation of the Economy" (2019.3.), p. 4.; G-24 회원국은 알제리, 아르헨티나, 브라질, 콜롬비아, 콩고, 코트디부아르, 에콰도르, 이집트, 에티오피아, 가봉, 가나, 과테말라, 아이티, 인도, 이란, 케냐, 레바논, 멕시코, 모로코, 나이지리아, 파키스탄, 페루, 필리핀, 남아프리카공화국, 스리랑카, 시리아, 트리니다드 토바고, 베네수엘라이다. G-24의 회원국은 개발도상국의 비중이 높으나, 저개발국도 일부 포함되어 있다.

110) 납세의무자가 여러 관계기업과 구매 및 판매 거래를 하는 경우, TNMM을 적용하여 납세의무자의 이익이 상향 조정된다면 관계기업 중 어느 기업의 이익을 감소시켜야 하는지가 불분명한 경우가 발생한다(이전가격지침 2.73. 문단).

없는 자 간의 거래 중 해당 거래와 비슷한 거래에서 실현된 통상의 '거래순이익률' 지표를 사용한다는 점에서 차이가 있을 뿐이다(국제조세조정법 제8조 제1항 제4호). TNMM은 비교대상 선정에 있어서 자의적인 요소의 개입이 가능하다.[111] 특히 개발도상국은 TNMM 적용 시 선진국에 비해서 만족할 만한 비교대상을 찾는 것이 용이하지 않기 때문에,[112] 개발도상국에서 TNMM은 실패한 방법이라고 보는 견해[113]도 있다. 여기에 개발도상국에만 국한되는 TNMM의 실패 원인이 있는데, 이는 과세당국의 행정능력이 부족하다는 점이다. 과세당국은 TNMM을 적용하기 위해서 고가의 상업 데이터베이스를 구매하고, 이를 활용하기 위해 전문 인력 교육을 시행해야 한다. 그런데, 대부분의 개발도상국은 데이터베이스가 구축되어 있지 않고, 이 데이터베이스를 활용할 수 있는 훈련된 직원이 존재하지 않는다.[114] 개발도상국은 데이터베이스가 없는 상태에서 TNMM을 사용하기 때문에 정상가격원칙에서 말하는 TNMM을 적용하고 있다고 말하기가 어렵다.

(4) 정상가격 산출방법을 둘러싼 분쟁의 필연성

국제조세조정법 제8조 제1항은 "6가지 정상가격 산출방법 중에서 '가

---

111) 창원지방법원 2021. 8. 26. 선고 2019구합50098 판결[항소심 진행 중].
112) Michael C. Durst, Developing Country Revenue Mobilisation: A Proposal to Modify the 'Transactional Net Margin' Transfer Pricing Method, Working Paper 44, ICTD (2016), p. 10.; Michael C. Durst, A Simplified Method for Taxing Multinationals for Developing Countries: Building on the 'Amount B' Proposal to Repair the Transactional Net Margin Method, Working Paper 108, ICTD (2020), pp. 10-11.
113) Michael C. Durst, 위의 글[각주 112)(2020).; 이러한 개발도상국의 현황을 파악해서인지 OECD는 최근 각 국가의 세무공무원을 상대로 이전가격세제 등에 관해서 교육하는 온라인 프로그램을 운영하고 있다(https://ksp-ta.org).
114) Finley, Pillar 1 Profit Formula Should Approximate Arm's-Length Standard, Tax Notes Today, 25 November (2019).; Sol Picciotto, Developing Countries' Contributions to International Tax Reforms, ICTD Blog, 28 November (2019), available at https://www.ictd.ac/blog/developing-countries-contributions-international-tax-reform-oecd/.

장 합리적인 방법'으로 계산한 가격을 정상가격으로 한다."라고 정하고 있다. 이러한 구조로 인하여, 정상가격 산출방법이 쟁점이 되는 사건들이 많다. 조세심판원, 법원에서 다루어지는 사안들의 쟁점은 대개 ① 청구법인 혹은 과세관청이 선택한 정상가격 산출방법이 최적의 방법에 해당하는지(국제조세조정법 제8조 제1항),[115] ② 청구법인 또는 과세관청이 선정한 비교대상업체가 비교가능성 분석대상으로서 적합한지 아닌지[116] 등이다.

국제조세조정법 제8조에서 정하고 있는 정상가격 산출방법은 모두 비교가능성 분석을 요구하므로 비교대상업체 선정에 많은 시간과 노력을 투입해야 한다. 그런데, 정상가격 산출방법의 적용에 우위가 없음에도 불구하고 납세의무자가 선택한 방법이 최적의 방법에 해당하는지를 일일이 따져서 과세하는 것은 납세의무자나 과세당국 입장에서나 시간 소모적인 측면이 많다. 또한 과세관청은 세수를 증가시켜야 하는 입장에 있는 반면, 납세의무자는 가급적 절세를 하려는 입장에 있기 때문에 양자는 자신의 입장에서 유리한 비교대상업체를 선정해서 정상가격을 산출할 수밖에 없다. 현행 이전가격세제 하에서는 구조적으로 앞으로도 계속해서 이러한 분쟁이 발생할 수밖에 없다.

---

115) 대법원 1998. 7. 24. 선고 97누19229 판결(이익분할법을 적용한 과세처분이 적합하다고 판시한 사례), 대법원 2021. 10. 14. 선고 2021두42481 판결(거래순이익률법 중 매출총이익률법의 적용이 부적합하다고 판시한 사례), 조심2019구1693 (2021.1.8.)(이익분할법을 적용한 과세처분이 위법하다고 판시한 사안) 등.

116) 대법원 2011. 8. 25. 선고 2009두23945 판결(비교대상업체로 국제거래 없는 업체의 선정은 부적합하다고 판시한 사안), 조세심판원 결정례 중에는 비교대상업체의 적합성이 쟁점이 된 사건들이 많다. 조심2013서4725 (2014.12.23.), 조심2018서0009 (2019.7.15.), 조심2018서2778 (2019.7.15.), 조심2019서0291 (2021.2.3.) 등이 이에 해당한다.

나. 정상가격 산출방법의 절차법적인 문제점: APA의 불완전성

과세당국은 납세의무자가 선택한 정상가격 산출방법이 가장 합리적인 방법에 해당하는지를 판단하기 위하여 비교가능성 분석을 수행해야 한다(국제조세조정법 제8조 제2항). 그러므로 정상가격은 구조적으로 불확실한 측면이 있다. OECD는 이전가격에 대한 세무상의 불확실성을 제거하기 위하여 '정상가격 산출방법의 사전승인제도(APA)'를 이전가격지침에 도입[117]하였으나, APA의 도입이 정상가격 산출방법의 근본적인 문제점을 해결하지는 못한다.

우리나라도 국제조세조정법에 APA를 규정하고 있으며,[118] 우리나라를 포함하여 전 세계적으로 APA를 신청하는 사건이 증가하는 추세에 있다. 거주자(납세의무자)가 OECD 모델조세조약, 국제조세조정법에서 정하고 있는 정상가격 산정방법에 따라서 이전가격을 결정하였다고 하더라도 이에 관한 과세당국과 납세의무자의 시각은 서로 차이가 있을 수 있다. 이러한 점 때문에 납세의무자는 국외 특수관계자와의 국제거래에 있어서 이전가격에 관한 세무상의 불확실성을 제거하기 위하여 APA를

---

117) 1995년 이전가격지침, Chapter Ⅳ. F.
118) 거주자는 일정 기간의 과세연도에 대하여 일정한 정상가격 산출방법을 적용하려는 경우에 정상가격 산출방법의 사전승인신청서에 거래 당사자의 사업연혁, 사업내용, 조직 및 출자관계 등에 관한 설명자료, 거래 당사자의 최근 3년 동안의 재무제표, 세무신고서 사본, 국제거래에 관한 계약서 사본 및 이에 부수되는 서류, 신청된 정상가격의 산출방법을 구체적으로 설명하는 자료 등을 첨부하여 그 정상가격 산출방법을 적용하려는 일정 기간의 과세연도 중 최초의 과세연도 개시일의 전날까지 국세청장에게 사전승인을 신청할 수 있다(국제조세조정법 제14조 제1항, 같은 법 시행령 제26조 제1항). 거주자와 국세청장은 정상가격 산출방법이 승인된 경우 그 승인된 방법을 준수하여야 하며, 이에 따라 산출된 정상가격 및 그 산출 과정 등이 포함된 보고서를 매년 법인세법 제6조에 따른 사업연도 종료일이 속하는 달의 말일부터 12개월 이내에 국세청장에게 제출하여야 한다(국제조세조정법 제15조 제1항 및 제3항).

활용한다.119)

　　그런데 납세의무자가 APA를 신청하였다고 하더라도 접수일부터 종결일까지 많은 시간이 소요된다. 실상 APA야말로 정상가격의 문제점을 적나라하게 보여준다. 납세의무자가 어느 한 나라의 국세청에 대해서 신청하는 일방적 APA는 그 숫자가 매우 적다.120) 일방적 APA를 신청해봤자 그 결과를 상대방 체약국의 국세청이 인정하지 않기 때문이다. OECD 모델조세조약대로라면 어느 한 체약국이 정상가격을 구하면 상대방 체약국은 그것을 그대로 인정하고 대응조정해야 한다. 그러나 세무조사든 APA든 그런 경우는 없다. 어느 한 체약국의 세무조사 결과는 거의 예외 없이 두 체약국 사이의 과세당국 간 합의절차로 넘어간다. APA는 거의 예외없이 납세의무자와 두 체약국 사이의 쌍방 APA가 된다. 정상가격이라는 것이 애초 협상 결과일 뿐이거나 혹 정상가격이 있다 하더라도 극히 불확실하기 때문이다. 그 당연한 결과로 쌍방 APA의 경우에는 과세당국 간의 상호합의 절차로 인하여 개시일부터 종결일까지 평균적으로 2년 7개월의 시간이 소요되므로121) APA가 정상가격 산출방식의 불확실

---

119) APA는 외국 과세당국과 상호합의절차를 거쳐서 합의하는 '쌍방(Bilateral) 또는 다자간(Multilateral) APA'와 상호합의 절차를 거치지 아니하고 정상가격 산출방법을 사전승인하는 '일방(Unilateral) APA'로 구분되는데(국제조세조정법 제14조 제2항), 이중과세를 완벽하게 예방하기 위해서는 쌍방 또는 다자간 APA가 바람직하다.

120) 국세청이 매년 발간하는 APA 보고서는 '처리된 APA 건수'를 집계하므로, '신청된 APA 건수'가 아니라 처리된 일방 APA 건수를 분석하였다. 2017년 처리된 일방 APA는 9건(전체 39건), 2018년 처리된 일방 APA는 6건(전체 45건), 2019년 처리된 일방 APA는 5건(전체 45건)이었다(국세청, 「2017 APA 연차보고서」(2018), 30면.; 국세청, 「2018 APA 연차보고서」(2019), 28면.; 국세청, 「2019 APA 연차보고서」(2020), 28면]. 2020년 처리된 일방 APA는 17건(전체 52건)이었다(국세청, 앞의 글(제1장 각주 7)(2021), 32면]. 2017년부터 2019년까지 일방 APA가 차지하는 비중은 11~23%였는데, 2020년에는 일방 APA가 차지하는 비중이 32.7%로 다른 해에 비해서 높게 나타났다.

121) 국세청, 위의 글(제1장 각주 7)(2021), 32면.

성을 보완하는 적절한 방법이라고 보기는 어렵다.

APA는 과세당국과 납세의무자가 사전에 합의를 거쳐서 미리 분쟁의 원인을 제거하였다는 점에서 의의가 있을 뿐, 정상가격 산출방법의 근본적인 문제점을 해결하는 보완책이라고는 보기는 어렵다.

3. 소결

정상가격 산출방법은 실체법적인 문제점과 절차법적인 문제점이 있다. 실체법적인 문제점으로 구체적인 사실관계와 맥락에 따라서 정상가격 산출방식이 달라진다는 점, 실제 이익분할법을 적용하는 데 어려움이 있는 점, 개발도상국에서 TNMM을 사용할 환경이 조성되어 있지 않다는 점, 정상가격 산출방법을 둘러싼 분쟁이 빈번하게 발생한다는 점을 들 수 있다. 그리고 절차법적인 문제점으로는 정상가격 산출방법의 불확실성을 제거하기 위하여 도입한 APA 역시 불완전하다는 점을 들 수 있다. APA는 합의절차에 소요되는 시간이 길기 때문에 적절한 보완책이라고 보기 어렵다.

정상가격 산출방법에는 위와 같은 문제점이 있으므로 이전가격세제를 폐지하고 이론상 우월한 공식배분법을 도입할 필요가 있다.

제3장

공식배분법의 잔존과 부흥

제1절 공식배분법의 잔존

여러 국가에서 소득세를 제정할 당시 다국적 기업처럼 여러 개의 국가에서 소득이 발생하는 거래에서 자국에서 발생한 소득에 대한 과세권을 어떻게 배분할 것인가에 관한 여러 가지 논의가 있었다.[1] 그러던 중 20세기 초에 전 세계적으로 자국의 관할권 내에서 발생하는 소득을 결정하기 위하여 개별 기업회계(separate accounting)를 사용하게 되었고, 그에 따라 자연스럽게 공식배분법에 대한 관심이 낮아졌다.

OECD의 이전가격지침은 표면적으로 공식배분법을 정상가격 산출방법으로 허용하지 않는다. 1979년 이전가격지침은 정상가격을 산정하는 방법을 정하면서 '공식배분법(global formulary apportionment)'이라는 표현을 직접 사용하지는 않았지만, 정상가격 산출방법에 관계사 간에 미리 정해진 공식에 따라서 이익을 분배하는 'global method' 또는 직접적으로 이익 자체를 분할하는 방법(direct method of profit allocation)이 포함되지 않는다는 점을 명확하게 밝힌 바 있다(1979년 이전가격지침 14. 문단). 흔히 공식배분법이라고 불리는 'global formulary apportionment'란 용어는 1995년 이전가격지침에 등장하였는데, 1995년 이전가격지침은 독립기업원칙을 강하게 지지하고, 독립기업원칙의 대안으로 공식배분법은 고려하지 않는다는 점을 명시하였다(1995년 이전가격지침 3.1. 문단). OECD는 그 이후에 발간한 이전가격지침에서도 독립기업원칙을 지지하는 입장에 변함이 없다는 점을 밝혔다(2010년 이전가격지침 1.15. 문단, 2017년 이전가격지침 1.15. 문단).

그러나, 개별 기업회계를 채택한 후에도 공식배분법이 사라지지는 않았다.[2] 오히려, 연방제 국가인 미국, 호주, 캐나다의 각 지방정부에서는

---

[1] Richard Krever and Peter Mellor, 앞의 책(제2장 각주 106), p. 9.
[2] Id.

사업소득 금액을 결정하는 방법으로 공식배분법을 선호하였다.[3] 그 결과 자국 내에서 발생한 소득만 합산해서 일정 공식에 따라 배분하는 방법을 사용하기 시작했다.[4] 캘리포니아주도 위와 같은 과세방법을 사용하였는데,[5] 이에 관한 내용은 제3장 제3절 Ⅰ.항에서 후술한다.

공식배분법에 관한 논의는 2008~2009년 글로벌 금융위기로 각 국가에 조세 수입 부족 현상이 발생하면서 다국적 기업 과세에 관한 관심이 높아지고, 디지털 경제에서 다국적 기업의 BEPS 현상이 부각되면서 다시 촉발되었다.[6] 왜냐하면 정상가격원칙으로는 다국적 기업의 이중 비과세 문제를 해결하기 어렵다는 인식이 확산되었기 때문이다.

공식배분법에 대한 관심이 촉발된 예로 BEPS 방지 프로젝트를 보자. OECD는 2020년 10월 발간한 Pillar 1 청사진 보고서에서 "Pillar 1의 Amount A를 산정하기 위해서 formulaic approach를 사용한다.[7]"라는 표현을 사용하고 있다. 그런데, BEPS 방지 프로젝트 Action Plan 1의 2가지 접근법인

---

3) Id., pp. 9-10.

4) Id., p. 9.; Karen S. Hreha and Peter A. Silhan, Tax Base Differences Between Worldwide and Water's Edge Methods of Unitary Taxation: A Survey of Fortune 500 Companies, BEBR, July (1987), p. 2.

5) 캘리포니아주는 1966년 다국적 기업의 전 세계 이익에서 캘리포니아주의 몫을 찾기 위해 일방적으로 공식배분법을 적용하였는데, 캘리포니아주는 사전에 아무런 합의 없이 공식배분법(통합과세방법)을 시행하였기 때문에, 당시 다국적 기업, 미국 연방정부, 외국 정부들의 강력한 반대에 직면하였다[Richard Krever and Peter Mellor, 앞의 책(제2장 각주 106), p. 28. ; Bronwyn J. F. McNeill, California's Recent Legislation on Unitary Taxation and Barclay's Bank PLC v. Franchise Tax Boards of California, 48(1), The Tax Lawyer (1994), p. 231]. 그 결과 캘리포니아주는 1986년, 납세의무자가 전 세계 소득을 합산하여 과세하지 않고 미국 내의 소득만을 기준으로 하여 캘리포니아주의 과세표준을 산출하는 방법을 선택할 수 있다는 내용의 주법을 제정하였다.

6) EU는 2011년 공식배분법에 관한 내용을 포함하고 있는 "공통 연결 법인세 과세표준(CCCTB)"을 제안하기도 하였다[Richard Krever and Peter Mellor, 위의 책(제2장 각주 106), p. 10].; 다국적 기업의 BEPS 전략은 제2장 제1절 참조.

7) OECD, 앞의 글(제1장 각주 5), p. 138, para. 573.

Pillar 1, Pillar 2를 공표한 후에 발간한 2022년 OECD 이전가격지침에서는 공식배분법을 허용하지 않는다는 기존의 입장을 고수하고 있다(이전가격지침 1.15. 문단). 이전가격지침과 Pillar 1 청사진 보고서에서 사용하는 문구에 비추어 보았을 때, OECD가 Amount A의 산정방법을 의도적으로 'formulary apportionment'라고 하지 않고 'formulaic approach'라고 표현한 것으로 추측된다. 왜냐하면, OECD는 1979년부터 2022년 12월 현재까지 정상가격 산출방법으로 공식배분법을 인정하지 않는다는 입장을 유지해 왔기 때문에, 갑자기 그 입장을 바꾸는 일이 쉽지 않았을 것이기 때문이다. OECD가 왜 'formulary apportionment'란 표현을 사용하지 않은 것인지, 공식배분법에 관하여 어떠한 입장을 취하고 있는지 현재로서는 정확히 알기 어렵다.

그런데, Amount A는 그 적용대상그룹을 매출액 기준과 수익성 기준을 충족하는 다국적 기업 그룹으로 하고, 적용대상그룹의 과세표준을 확정하기 위해 연결재무제표를 기준으로 하여 사전에 결정된 공식에 따라서 개별 시장 소재국에 과세권을 배분한다. Amount A의 산정방법은 앞에서 언급한 공식배분법의 정의에도 부합하므로,[8] Amount A의 산정방법은 공식배분법으로 해석하는 것이 타당하다.[9] Amount A의 산정방법에 비추어 볼 때, OECD는 표면상으로는 공식배분법을 부인하고 있으나, 정상가격원칙으로 해결되지 않는 문제점을 해소하기 위해 공식배분법의 도입 필요성을 인식하고 있는 것으로 추측된다.

---

8) 이 글 제2장 제1절 II.항 참조.
9) Pillar 1에 대해서 공식배분법을 수용한 것이라고 평가하는 견해[Oliver Treidler and Tom-Eric Kunz, Why the OECD Should Take a Stance on the European Commission's BEFIT Proposal, Tax Notes International, Vol. 103, July 12 (2021), p. 177]가 실제로 존재한다.

제2절 국내적 공식배분법

공식배분법은 실정법에서 사라진 적이 없다. 우선 공식배분법의 지역적 적용범위가 국내소득에 국한된 입법례부터 검토한다.

Ⅰ. 미국

1. 지방소득세 부과

미국은 공식배분법 사용과 관련하여 가장 많이 언급되는 국가이다. 공식배분법은 20세기 초 연방국가인 미국과 호주에서 지방소득세(state income taxation)가 확산되면서 현대적인 공식배분법의 이론적 기반이 마련되었다. 미국의 조세는 사용하는 기준에 따라서 달리 구분되는데, 과세주체에 따라서는 연방세 및 주(州)세[10]를 비롯한 지방세로 구분된다. 미국은 1913년 연방소득세법을 제정하였다.[11]

한편, 위스콘신주는 1911년 지방소득세법을 제정하여 미국에서 최초로 일반 지방소득세를 부과하였는데, 위스콘신주 법에 자산, 매출액과 제조비용(manufacturing cost)을 기준으로 소득을 배분하도록 규정했다.[12]

---

10) 주세는 각 주 정부의 세법에 따라서 부과·징수되는데 주마다 세목, 과세물건, 세율 등이 상이하다. 세원에 따라서는 소득·재산·소비세제 등으로 나눌 수 있 대류지민, "미국 판례법상 주세(州稅) 넥서스(Nexus) 판단에 적용되는 심사기준의 전화에 관한 연구-South Dakota v. Wayfair, Inc. 판결을 중심으로-", 「조세학술논집」, 제35집 제1호, 한국국제조세협회(2019), 173면.

11) 김석환, 앞의 글(제1장 각주 2), 193면.; 허미정, "미국 남북전쟁 시기 연방소득세법 제정과 전후 그 적용의 변화", 「미국사연구」, 제51집, 한국미국사학회(2020), 143면.

배분 요소에 차이는 있지만, 위스콘신주의 지방소득세 부과방법은 제2장 제1절 Ⅱ. 3.항에서 정의한 공식배분법의 개념을 충족한다.

위스콘신주를 시작으로 다른 주들도 여러 주에 걸쳐서 사업 활동을 수행하는 기업에 지방소득세를 부과하기 시작했다.[13] 매사추세츠주는 1920년부터 간접세(indirect taxes) 형식으로 소득세를 부과했는데, 지역별로 배분되는 소득을 계산하는 데 매출액(sales), 자산(property) 및 급여(payroll)의 3가지 요소를 활용하였고[14] 각 요소에 동일하게 1/3씩의 가중치를 두었다.[15] 이처럼 3요소에 동일한 가중치를 부여한 공식을 일반적으로 '매사추세츠 공식(Massachusetts formula)'이라고 하며,[16] 현재까지도 사용되고 있다. 캘리포니아주도 매사추세츠 공식을 사용하였다.[17]

---

12) Nancy Foran and Dahli Gray, The Evolution of the Unitary Tax Apportionment Method, The Accounting Historians Journal, Vol. 15, No. 1 (Spring 1988), p. 71.; Alistair Pepper, Jessie Coleman, and Thomas D. Bettge, Why It's Still Not Time for Global Formulary Apportionment, Tax Notes International, Vol. 107 (2022.8.22.), p. 912.

13) 버지니아주(1915년), 미주리주(1917년)도 직접 소득세를 부과하면서 공식배분법을 도입했다[Nancy Foran and Dahli Gray, 위의 글(각주 12), p. 71].

14) Id.; UDITPA Section 9.

15) Stephen J. Lusch, State Taxation of Cloud Computing, 29 Santa Clara High Technology Law Journal 369, Vol. 29(2) (2013), p. 387.

16) Id.; Reuven S. Avi-Yonah, Kimberly A. Clausing and Michael C. Durst, Allocating Business Profits for Tax Purposes: A Proposal to Adopt a Formulary Profit Split, 9 FLA. TAX Rev. (2009), p. 509.; 당시 이러한 형태의 공식배분법 도입에 관하여 납세의무자들의 저항이 별로 없었다. 납세의무자들의 큰 저항 없이 공식배분법이 확산될 수 있었던 것은 주(州)별로 설계된 개별 기업 회계원칙에 비해 세무관리 비용이 현저히 적게 들었기 때문이다[김석환, 앞의 글(제1장 각주 2), 193면].

17) Nancy Foran and Dahli Gray, 위의 글(각주 12), p. 73.; 현재 캘리포니아주는 사업소득을 배분하는 데 있어서 단일 매출액 요소 공식 또는 3요소 공식을 사용하는데, 3요소 공식은 농업, 채굴업, 금융업에만 적용한다(https://www.ftb.ca.gov/file/business/income/apportionment-and-allocation.html#three-factor).; Walter Hellerstein, A US Subnational Perspective on the "Logic" of Taxing Income on a "Market" Basis,

2. 「주 간 법인세 안분에 관한 모델 법률」의 배포

통일법 위원회(Uniform Law Commission)[18]는 각 주마다 배분 공식이 상이한 점을 보완하기 위해 「주(州) 간 법인세 안분에 관한 모델 법률」(model Uniform Division of Income for Tax Purpose Act, 이하 'UDITPA'라고 한다)[19] 초안을 만들기 시작하였고, 1957년 완성된 UDITPA를 각 주에 배포하였다.[20] 그 후 미국 주의 약 50%가 UDITPA를 그대로 입법하였다.[21] UDITPA는 과세대상소득을 안분하는 원칙인 공식배분법을 포함하고 있다.[22]

〈그림 2〉 공식에서 '사업소득(business income)'은 납세의무자의 거래(transactions) 및 사업 활동(activity)에서 발생하는 소득을 의미한다.[23] 자산의 취득, 관리 및 처분이 납세의무자의 정규 거래나 영업 활동의 필수적인 부분을 구성할 때는 유형자산 및 무형자산에서 발생한 소득도 사업소득에 포함된다.[24] 납세의무자가 정상적인 영업 활동을 하는 과정에서 주식을 취득한 것이라면, 이로부터 발생하는 배당소득도 사업소득에

Bulletin for International Taxation, April/May (2018), p. 295.

18) 통일법 위원회는 1892년 주법의 통일성을 위해 설립된 비영리사단법인이다. 통일법 위원회 위원은 변호사 자격을 가지고 있는 사람으로 구성된다. 일부 위원은 주 의원으로 활동하지만, 대부분은 실무자, 판사 및 법학 교수이다 (https://www.uniformlaws.org/aboutulc/overview).

19) UDITPA는 다국적 기업이 사업을 하는 주에 다국적 기업의 소득을 분배하기 위한 모델 법률이다[Richard Pomp, Report of the Hearing Officer, Multistate Tax Compact Article IV [UDITPA] Proposed Amendments, Faculty Articles and Papers. 568 (2013), p. 1].

20) Stephen J. Lusch, 앞의 글(각주 15), p. 384.

21) 김석환, 앞의 글(제1장 각주 2), 193면.

22) 최근에는 BEPS 방지 프로젝트 시행과 더불어 UDITPA를 디지털 경제의 과세와 연계하여 과세연계점(Nexus)의 관점에서 설명하기도 한다[Stephen J. Lusch, 위의 글(각주 15), p. 387].

23) UDITPA Section 1.

24) Id.

포함된다.[25]

〈그림 2〉 UDITPA 공식(매사추세츠 공식)

$$Income\ Apportioned\ to\ State\ i$$
$$= Business\ Income$$
$$* \left[\left(\frac{1}{3} * \frac{Sales_i}{Total\ Sales} \right) + \left(\frac{1}{3} * \frac{Property_i}{Total\ Property} \right) + \left(\frac{1}{3} * \frac{Payroll_i}{Total\ Payroll} \right) \right]$$

〈출처: Stephen J. Lusch, State Taxation of Cloud Computing, 29 Santa Clara High Technology Law Journal 369, Vol. 29(2) (2013), p. 387.〉

① '매출액(Sales)'은 특정 과세연도에 모든 지역에서 벌어들인 매출액 대비 특정 주에서의 매출액 비중을 뜻하며,[26] 매출에누리(discount)와 환급액(return)은 제외된다.[27] 다음으로 ② '자산(Property)[28]'은 납세의무자가 보유하고 있는 부동산(real property)과 유형자산(real and tangible personal property)의 평균 가치[29]에 기초하는데, 부동산 및 유형자산의 범위에는 과세 사업연도 기간 내에 납세의무자가 소유하고 있는 자산뿐만 아니라 임차하여 사용하는 자산도 포함된다.[30] 무형자산은 자산 요소에서 배제한

---

25) 캘리포니아주 영업세 위원회(State of California Franchise Tax Board, 이하 'FTB'라고 한다), available at https://www.ftb.ca.gov/file/business/income/income-for-businesses.html#Gross-income.; "Franchise Tax"는 소득을 기준으로 하지 않으며, 영업세, 법인 운영세 등으로 번역한다.

26) UDITPA Section 15.

27) the Comment of UDITPA Section 15.

28) 자산의 가치평가는 소유자산의 경우에는 자산의 취득 원가(original cost)로 계산하고, 임차한 자산이면 연간 순임차료(the net annual rental rate)의 8배에 해당하는 금액으로 한다(UDITPA Section 11 sentence 1). '연간 순임차료(the net annual rental rate)'는 전대(sub-rental)를 통하여 받은 임대료 수입액은 공제한 금액을 의미한다(UDITPA Section 11 sentence 2].

29) 자산의 평균 가치는 과세기간의 기초와 기말의 가치를 평균한 값을 말한다(UDITPA Section 12).

다.[31] 자산 요소에서 무형자산을 제외한 이유를 밝히고 있지는 않지만, 무형자산의 가치평가에 어려움이 있기 때문이 아니었을까 추측된다. 이러한 내용을 종합하여, 분모에는 '납세의무자가 보유하고 있는 부동산 및 유형자산 가치'가 오게 되고, 분자에는 '특정 주의 부동산 및 유형자산 가치'가 오게 된다.[32]

마지막으로 ③ '급여(Payroll)'는 임금, 급료, 수수료 기타 명칭 여하를 불문하고 고용자가 피고용자의 노동에 대하여 지급하는 반대급부를 말한다.[33] 납세의무자가 과세 사업연도 기간 내에 '모든 지역에서 지급한 전체 급여비용'을 분모에, '특정 주 내에서 급여로 지급한 비용'을 분자에 둔다.[34]

한편, 1967년 신설된 '주 간 과세위원회(Multistate Tax Commission, 이하 'MTC'라고 한다)[35]'는 각 주의 세법에서 규정한 개념과 원리를 균일화

---

30) 자산 요소는 소득 창출의 기여도 측면에서 판단한다. 소득 창출의 기여도 측면에서 누가 해당 자산을 소유하고 있는가는 중요하지 않기 때문에 타인으로부터 빌린 자산도 자산 요소에 포함한다(UDITPA Section 10). 내 명의로 소유하고 있는 자산과 타인으로부터 빌린 자산이 생산성 측면에서 차이가 없기 때문이다. 같은 맥락에서 자신의 명의로 되어 있는 자산이라고 하더라도, 현재 일시적으로 사용하고 있지 않거나 건설 중에 있는 자산은 자산 요소에서 제외한다 [Jerome R. Hellerstein, State Taxation-Corporate Income and Franchise Taxes, Boston and New York: Warren, Gorham & Lamont (1983), pp. 576-577.]; 정승영, "법인지방소득세 안분기준 개편 방안-디지털 콘텐츠 사업을 중심으로-", 「기본과제」, 2018-03호, 한국지방세연구원(2019), 49면.

31) UDITPA Section 10.; Joann Martens Weiner, Formulary Apportionment and Group Taxation in the European Union: Insights from the United States and Canada, Working paper No. 8/2005, Brussels (2005), p. 20. CCCTB 지침안의 경우에는 무형자산의 경우 유동성이란 특징 때문에 자산 요소에서 제외한다고 밝히고 있대이 글 제3장 각주 167 참조].

32) UDITPA Section 11.

33) UDITPA Section 1(c).

34) UDITPA Section 13.; 이때 관리 또는 유지 보수에 귀속되거나 비사업 재산에 할당될 수 있는 급여는 제외된다(the Comment of UDITPA Section 13).

하기 위하여 '주 간 조세협정(Multistate Tax Compact)36)'을 개정 및 제정하는 작업을 한다.37) 주 간 조세협정은 1967년 8월 4일부터 시행되었는데, 소득 배분에 관하여 정하고 있는 주 간 조세협정 Ⅳ조는 UDITPA의 내용을 그대로 편입하고 있다.38)39) 그런데 각 주(州)는 자신의 사정에 맞게 UDITPA의 공식을 변형해서 사용하였다. 단일 요소로 된 공식을 사용하는 주(州)들이 증가함에 따라 주 간 과세위원회(MTC)는 UDITPA의 개정이 필요하다는 점을 강조하면서 2015년에는 3요소 공식에서 매출액에 2배 가중치를 부여하는 공식의 채택을 권고하기도 했다.40)41)

---

35) Multistate Tax Commission을 '미연방 주 조세협의회'라고 번역하기도 한다[정승영, 앞의 글(각주 30), 51면].

36) 미국의 모든 주가 '주 간 조세협정'의 내용을 주법으로 제정하지는 않는다 (https://www.mtc.gov/The-Commission/Member-States).

37) 정승영, 위의 글(각주 30), 51면.

38) Richard Pomp, 앞의 글(각주 19), p. 1.; 미국 주 간 과세위원회, available at https://www.mtc.gov/The-Commission/Multistate-Tax-Compact.

39) 고객(매출), 자본(자산), 직원(급여), 즉 매사추세츠 공식의 요소를 골고루 가지고 있는 주(州)는 UDITPA에 호의적이었다. 반면 고객만을 유치하는(매출액 의존도가 높은) 주(州)는 위 공식에 의하면 현저하게 적은 소득을 배분받게 되어, 일부 주(州)에서는 Moorman Mfg. Co. v. Bair, 437 US 267 (1978)에 의해 그동안 유지되어 오던 관행인 단일 매출액 요소 배분 공식으로 전환하기도 하였다 [Richard Krever and Peter Mellor, 앞의 책(제2장 각주 106), p. 18.; Bharat N. Anand, and Richard Sansing, The Weighting Game: Formula Apportionment as an Instrument of Public Policy, National Tax Journal 53 (2000)].

40) 미국의 각 주에서 배분 공식과 각 요소의 가중치를 결정하였으므로 주 간 과세위원회의 권고에 따를 것인지는 해당 주(州)에 재량권이 있다[Richard Krever and Peter Mellor, 앞의 책(제2장 각주 106), p. 18.; Multistate Tax Commission, Model Compact Article Ⅳ, Division of Income (UDITPA), as revised by Multistate Tax Commission July 29, 2015, Art. 9, available at https://www.mtc.gov/The-Commission/Multistate-Tax-Compact/].

41) Richard Krever and Peter Mellor, 앞의 책(제2장 각주 106), p. 18.; 2017 과세연도 기준으로 미국 51개 주 중에서 3요소 공식(요소별 동일한 가중치 부여)을 사용하는 주는 8개 주, 매출액에 2배 가중치를 부여하는 주는 13개 주이고, North Carolina는 4배 가중치를, Tennessee는 3배 가중치를 부여하는 공식을 사용한다.

UDITPA에서 정하고 있는 공식은 제2장 제1절 Ⅱ. 3.항에서 살펴본 공식배분법의 개념과 일치한다. UDITPA는 가장 표준적인 형태의 공식배분법이라고 할 수 있다. 단일 매출액 요소 공식을 사용하는 주가 증가하는 경향을 보이는데,[42] 단일 매출액 요소 공식 역시 기본적인 공식배분법의 골조는 유지하고 있다. 위와 같은 경향이 Pillar 1에 반영된 것으로 추측된다.

Ⅱ. 호주

호주는 연방국가로서 연방정부, 주 정부,[43] 자치령(territories)[44]으로 구성된다.[45] 호주는 20세기 초반에 연방제(federation)가 되기 이전 식민

위 13개 주 중에서 4개 주는 납세의무자가 단일 매출액 요소 공식, 매출액에 2배 가중치를 부여하는 공식 중에서 하나를 선택할 수 있다[Walter Hellerstein, 앞의 글(각주 17), p. 295].; 미국 주 간 과세위원회, available at https://www.mtc.gov/The-Commission/Multistate-Tax-Compact.

42) 2017 과세연도 기준으로 미국 51개 중에서 21개 주가 단일 매출액 요소 공식을 사용한다. 여기에 매출액 2배 가중치 공식이 아닌 단일 매출액 요소 공식을 사용하는 경우까지 합산하면 총 25개 주가 단일 매출액 요소 공식을 사용한다[Walter Hellerstein, 위의 글(각주 17), p. 295].

43) 호주에는 6개의 주가 있는데, 뉴사우스웨일스(New South Wales), 퀸즐랜드(Queensland), 사우스오스트레일리아(South Australia), 태즈메이니아(Tasmania), 빅토리아(Victoria), 그리고 웨스턴오스트레일리아(Western Australia)가 이에 해당한대안지희, "주요국의 재산세 과세표준 평가체계에 관한 연구", 「한부연」, 2019-13, 한국부동산연구원(2019), 12면].

44) 호주는 자치령 중 인구 규모가 큰 '수도 자치령(Australian Capital Territory)'과 '북부 자치령(Northern Territory)'에 주에 준하는 자격을 부여하고 있다. 위 2개 자치령을 '준주정부'라고 표기하기도 한다. 연방헌법은 연방의회가 법률로 승인하면 자치령을 주(state)로 변경할 수 있도록 규정하고 있다[홍승현·김윤지·권나현, "호주의 재정제도", 「정책분석」, 12-02, 한국조세연구원(2012), 16면].

45) 김행선·윤태연, "주요국 지방재정조정제도 연구", 「정책연구보고서」, 7호, 한국지방세연구원(2017), 21면.

지 시대에 사용했던 개별 기업회계를 사용할 수 없는 경우 그 대안으로 공식배분법을 사용하도록 법령에 정하고 있었다.[46] 호주의 모든 주는 1907년까지 일반 소득세를 부과하였다.[47] 참고로 호주 세법은 우리나라와 달리 소득세와 법인세를 구분하지 않고 대부분의 과세요건과 납세의무 등을 모두 소득세법에서 규정하고 있다.[48] 그러므로 호주의 경우 '소득세'는 개인이나 법인의 소득에 대한 세금을 의미한다.

호주는 제1차 세계대전에 참전하기 전에는 주 정부에서 소득세를 부과하였으나, 연방정부는 1916년부터 전쟁에 필요한 자금 조달을 위하여 소득세를 부과하기 시작하였다.[49] 그런데 1916년 연방소득세를 도입한 후, 소득에 대해 주 정부와 연방정부에서 서로 다른 세율로 별도의 세금을 부과하는 현상이 발생하였고,[50] 그에 따라 이중과세 문제가 발생하였다.[51]

한편, 멜버른 상공회의소는 1929년 이중과세 문제를 해결하고 일관된 방식으로 조화롭게 과세하기 위하여, 한 주(A)에서 제조되어 다른 주(B)에서 판매되는 물품의 경우 이익의 2/3를 제조한 곳(A)에, 1/3을 소비지(B)에 배분하는 공식을 제안하였다.[52] 도소매업자가 다른 주에 있는 대리점이나 지점을 통해서 판매하는 물품에 관하여는, 그 이익의 절반은 구매한 자가 속한 주에서 과세하도록 하였다.[53]

사우스오스트레일리아주는 1930년, 빅토리아주는 1931년에 멜버른 상

---

46) Richard Krever and Peter Mellor, 앞의 책(제2장 각주 106), p. 18.
47) Id.
48) 국세청, 「해외세정전문가 양성교육 연구보고서-호주」(2018), 49면.
49) 안종석, "주요국의 조세제도-호주 편-", 한국조세연구원(2012), 67면.
50) 안종석, 위의 글(각주 49), 67면.
51) 호주는 위 연방소득세와는 별개로 수출업자에게 준공식배분법(quasi-formulary apportionment)을 적용하기도 하였다. 해외 매출액 일부에 대한 세금 면제를 원하는 수출업자들의 요구로 공식배분법을 도입하였다[Richard Krever and Peter Mellor, 위의 책(제2장 각주 106), p. 19].
52) Id., p. 18.
53) Id.

공회의소가 제안한 위 배분 공식을 채택하였고,[54] 그 후 1936년부터 1937
년까지 호주의 모든 주의 소득세법이 통합되었다.[55] 통합된 소득세법은
은행업에 적용되는 특정한 공식배분 규칙을 정하였다.[56] 1942년 이후로
는 연방정부가 전담해서 직접 소득세를 부과하고 있다.[57]

III. 캐나다

캐나다는 연방국가이며, 연방정부와 10개의 주 정부(provincial government)
로 구성된다.[58] 캐나다는 일반적으로 연방 과세기준을 사용하지만, 각
주에서는 자체 세율을 사용한다. 캐나다 연방정부는 10개 주 중 8개 주
와 세금징수협정(tax collection agreement)을 체결한 상태로 공통 과세표
준을 제정 및 개정하고, 이를 관리한다.[59] 연방정부와 세금징수협정을
체결하지 않은 퀘백(Quebec)과 앨버타(Alberta)는 독립적으로 기업에 법
인세(corporate income tax)를 부과한다.[60]

---

54) Richard Krever and Peter Mellor, The Development of Centralised Income Taxation
   in Australia, 1901-1942, in Studies in the History of Tax Law, Vol. 7, 363, 375 (Peter
   Harris & Dominic de Cogan eds., Hart Publishing 2015).
55) Royal Commission on Taxation (Justice David Ferguson, chair), Second Report of the
   Royal Commission on Taxation 83, 84 (5 February 1934).
56) Income Tax (Management) Act 1936 (NSW), Pt. III, Div. 11.
57) Richard Krever and Peter Mellor, 앞의 책(제2장 각주 106), p. 19.; 안종석, 앞의
   글(각주 49), 68면.
58) 김행선·윤태연, 앞의 글(각주 45), 7면.; 박관규, "재정연방주의의 특징과 함의:
   캐나다를 중심으로", 「2017 경인행정학회 동계학술대회 자료집」, 경인행정학회
   (2017), 94-95면.
59) Federal-Provincial Fiscal Arrangements Act.; Thornton Matheson, Sebastian Beer,
   Maria Coelho, Li Liu and Oana Luca, Formulary Apportionment in Theory and
   Practice, in Corporate Income Taxes under Pressure, IMF (2021), p. 294.
60) Thornton Matheson et al., 위의 글(각주 59), p. 294.

캐나다의 공식배분법은 급여와 소비지 기준 매출액(destination-based sales)을 배분 요소로 사용하고, 각 요소에 동일한 가중치를 둔다.[61] 캐나다는 지방 간의 재정 격차를 줄이기 위해서 재정균등화 교부세(federal equalization program)를 사용하는데[62] 이는 지방세 경쟁을 제한하는 핵심적인 역할을 한다.[63] 재정균등화 교부세는 각 주의 주민 1인당 수입을 계산하고, 앨버타주를 제외한 9개 주의 주민 1인당 수입 평균을 구하여 9개 주의 평균에 비해 주민 1인당 수입이 낮은 주에 그 차액을 지원하는 구조이다.[64] 세수가 9개 주의 평균을 초과하는 주에는 교부세가 지급되지 않는다.[65]

IV. 중국

중국의 행정구역은 크게 성급(省級), 지급(地級), 현급(縣級)으로 나뉜다.[66] 성급은 23개의 성(省)과 4개의 직할시, 5개의 자치구, 2개의 특별행정구(홍콩, 마카오)로 구분된다.[67] 4개의 직할시는 중앙정부 관할이다. 나머지는 지방정부라고 볼 수 있다.

---

61) Id.
62) Federal-Provincial Fiscal Arrangements Act Art. 3.
63) 캐나다는 현재 7개 주가 연방정부로부터 재정균등화 교부세를 받는다. 캐나다의 재정균등화 교부세는 수입을 연방정부와 공유하기 때문에 조세 경쟁의 유인을 제거하는 장점이 있다[Thornton Matheson et al., 앞의 글(각주 59), p. 294].
64) 앨버타주는 에너지로부터 발생하는 큰 규모의 세수로 인해 주의 평균 과세능력을 왜곡할 가능성이 있다는 이유로 제외하였다[김행선·윤태연, 앞의 글(각주 45), 13면].
65) 김행선·윤태연, 위의 글(각주 45), 16면.
66) 이강원, "중국의 행정구역과 지명 개편의 정치지리학-소수민족지구를 중심으로-", 「한국지역지리학회지」, 제14권 제5호, 한국지역지리학회(2008), 629면.
67) 이강원, 위의 글(각주 66), 629면.

　　중국은 지방정부에 세수를 배분하는 데 미국의 매사추세츠 공식과 유사한 공식을 사용한다.[68] 중국은 중국의 1개 이상의 지방정부(region)에 고정사업장(지점, 법인격 없는 단체(unincorporated entities), 자회사 등 포함)이 있는 기업에 공식배분법을 적용한다.[69]

　　중국의 공식배분법은 2단계로 구성된다.[70] 중국의 배분 공식에 의하면 내국법인인 본점(headquarter)에서 전체 기업소득세의 50%를 부담한다.[71] 그리고 나머지 50%는 다른 지역 지점들이 세금을 부담한다.[72] 본점에 할당된 세금[73]과 지점에 할당된 세금[74]에 관한 공식은 아래와 같다.

　　본점에 할당된 세금

　＝ 당기연결기준으로세금을납부하는기업이납부할세금 × 50%

　　지점에 할당된 세금 ＝ 모든지점에할당된총납부금 × 해당지점의할당비율

　　지점에 할당된 세금 비율은 생산지 기준 매출액(origin-based sales), 급여(payroll) 및 총자산(total assets)을 포함하는 3요소 공식에 의해 결정되며, 각각의 가중치는 35%, 35%, 30%이다.[75]

---

68) Thornton Matheson et al., 앞의 글(각주 59), p. 295.

69) Id.

70) Id.

71) Id.; Announcement of the State Administration of Taxation on Issuing the Measures for the Consolidated Collection of Enterprise Income Tax on Trans-regional Business Operations Art. 6.

72) Announcement of the State Administration of Taxation on Issuing the Measures for the Consolidated Collection of Enterprise Income Tax on Trans-regional Business Operations Art. 6.

73) Id., Art. 13.

74) Id., Art. 14.

75) Id., Art. 15.

A지점에 할당된 세금 비율

$$= 0.35 \times \frac{A\text{지점의 매출액}}{\text{전체 지점의 총 매출액}} + 0.35 \times \frac{A\text{지점의 직원 급여}}{\text{전체 지점의 직원 급여 총액}}$$

$$+ 0.30 \times \frac{A\text{지점의 총 자산}}{\text{전체 지점의 총 자산}}$$

지점에 할당된 세금 비율을 보면, 중국은 소비지 기준 매출액 요소가 아닌 '생산지 기준 매출액 요소'를 사용하고 있는데, 이는 해당 지점에 할당하는 세금이므로 생산지를 기준으로 하는 것이 타당하다. 그리고 배분 요소 중 자산 요소에 대한 가중치는 30%로 책정하여 다른 요소의 가중치(35%)보다 낮게 책정하고 있다.

V. 시사점

미국, 호주, 캐나다는 모두 연방국가라는 공통점이 있다. 이 외에도 연방제를 취하는 국가들이 존재하지만,[76] 위 3개국은 모두 영어권 국가로 상대적으로 다른 국가들보다 자료를 찾기 용이한 점, 실제로 공식배분법을 사용하였다는 점을 고려하여 위 3개국의 공식배분법을 분석하였다. 그리고 중국은 연방제 국가는 아니지만, 중국 역시 지방정부에 세수를 배분하는 방법으로 공식배분법을 사용하는 점, 중국이 세계 경제에 미치는 영향력이 크다는 점 등을 고려하여 중국의 세수 배분 방식도 함께 분석하였다.

미국, 호주, 캐나다는 사전에 결정된 수식으로 과세권을 배분한다는 점, 3개국이 모두 동일한 배분 요소를 사용하지는 않지만 3개국 모두 소비지 기준 매출액 요소를 사용한다는 점에서 공통점이 있다. 다만, 호주

---

76) 연방제 국가로 나이지리아, 남수단, 네팔, 독일, 도미니카 연방, 러시아 등이 있다.

는 업종별로 특칙을 마련해 놓고 있고(예, 은행업), 캐나다는 지방 간 재정 격차를 줄이기 위해서 재정균등화 교부세를 지급한다는 점에서 차이가 있다. 한편, 중국에서 사용하는 공식은 매사추세츠 공식과 매우 유사하다. 다만, 중국은 생산지 기준 매출액 요소를 사용하고 있고, 요소별로 동일한 가중치를 사용하지 않는다는 점에서 차이가 있다. 중국에서 사용하는 배분 공식에서 자산에 대한 가중치는 30%, 매출액, 급여에 대한 가중치는 각 35%이다. 비록 요소별 가중치에 큰 차이는 없지만, 위 가중치를 통해서 중국은 자산보다 매출액, 급여를 상대적으로 중시한다는 점을 알 수 있다. 또한, 본점이 무조건 전체 기업소득세의 50%를 부담하는 것은 중국만의 특징이다.

결론적으로 3요소 공식은 여러 국가에서 오래전부터 사용되어 온 검증된 공식이라는 점을 알 수 있다.

제3절 국제적 공식배분법

Ⅰ. 미국의 논의: 캘리포니아주

1. 공식배분법의 적용 범위 확대: 원천이 미국 밖인 소득에 대한 과세

이 절에서는 원천이 미국 밖에 있는 소득에 대하여 공식배분법을 적용하여 과세한 사례를 논한다. 이 절에서 다루는 내용은 국제거래에 관한 것으로 제3장 제2절 Ⅰ.항에서 살펴본 미국의 지방소득세와는 쟁점에서 차이가 있다.

캘리포니아주는 UDITPA를 채택한 후 1963년, 1964년, 1965년 사업연도에 캘리포니아주에서 영업을 하는 미국에 설립된 모회사와 그 외국 자회사를 단일 기업(unitary business)으로 취급해서 과세했다.[77] 즉, 캘리포니아주는 캘리포니아주에서 영업을 하는 납세의무자가 외국에서 영업하는 자회사를 보유하고 있는 경우에 외국 자회사의 소득과 배당금을 캘리포니아주에서 과세할 수 있는 소득으로 보고 '사업소득'에 추가했고, 외국 자회사의 자산, 급여, 매출액을 배분 공식의 분모에 포함해서 과세하였다(〈그림 2〉 참조).[78] 캘리포니아주의 위 과세방법에 대해서는 이중과세이고 미국에서 사용하는 정상가격원칙과 다르므로 미국의 외교 정책(foreign policy)에 장애가 된다는 지적이 있었다.[79]

---

77) Robert Khuon Wiederstein, California and Unitary Taxation: The Continuing Saga, 3 Ind. Int'l & Comp. L. Rev. 135 (1992), p. 140.

78) Id.; 캘리포니아주처럼 매사추세츠 공식(공식배분법)을 전 세계로 확대해서 적용한 주는 몇 개 되지 않았다(Bronwyn J. F. McNeill, 앞의 글(제3장 각주 5), p. 235].

79) Franklin C. Latcham, Worldwide Combination and the Container Case: A Perspective on Unitary Taxation, International Tax & Business Lawyer, 2(1) (1984), p. 29.

다국적 기업, 미국 연방정부, 외국 정부는 캘리포니아주가 원천이 미국 밖인 소득에 대하여 과세하는 공식배분법(통합과세방법, unitary tax method)의 채택을 강하게 비난하였고,[80] 캘리포니아주의 공식배분법 사용의 위법성을 다투는 소송이 여러 건 제기되었다. 이와 관련된 소송으로 Container Corp. of America v. Franchise Tax Board,[81] Barclay's Bank PLC v. Franchise Tax Board[82] 사건 등이 있다.

2. 공식배분법 확대 적용의 위법성이 문제 된 사례

Container Corp. of America v. Franchise Tax Board는 캘리포니아주의 공식배분법 적용의 위법성 여부를 다룬 주요 선례이다.[83] Container 사건의 원고는 델라웨어 회사로 캘리포니아주 등에서 영업을 하였고, 20개의 자회사의 지분을 100% 또는 일부 보유하고 있었다.[84] Container 사건은 납세의무자인 원고가 해외에서 영업하는 자회사의 소득과 자회사의 배당금을 과세소득에서 누락시키고, 배분 공식의 분모에 자회사의 자산, 급여, 매출액을 배제하여 문제가 된 사건이다.[85] 〈그림 2〉 매사추세츠 공식을 보자. 앞에서 살펴본 캘리포니아주의 과세방법은 매사추세츠 공식에서 '사업소득'을 증가시키고, 분모 값이 커져서 캘리포니아주에 배분되는 비율은 전반적으로 감소시키는 결과를 초래했지만, 결과적으로는 납세의무자의 조세부담을 증가시켰다.[86] 원고는 위 판결에서 3가지 논

---

80) Richard Krever and Peter Mellor, 앞의 책(제2장 각주 106), p. 28.

81) Container Corp. of America v. Franchise Tax Board, 463 U.S. 159 (1983).

82) Barclays Bank PLC v. Franchise Tax Bd. of Cal., 512 U.S. 298 (1994).

83) Massimo Agostini, U.S. Perspective of Worldwide Unitary Taxation, Penn State International Law Review: Vol. 7: No. 2 (1989), p. 220.

84) Container Corp. of America v. Franchise Tax Board, 463 U.S. 159 (1983).

85) Robert Khuon Wiederstein, 앞의 글(각주 77), p. 140.

86) Joan Virginia Allen, The Container Corp. Case: The Unitary Tax in the United States and as Perceived by the International Community, 18 Int'l L. 127 (1984), p. 133.

거를 제시하며 과세의 부당성을 주장하였다. 첫째, Container Corp.와 해외 자회사를 단일 기업으로 보는 것은 부당하고,[87] 둘째, 캘리포니아주의 배분 공식은 적절하지 못하며,[88] 셋째, 캘리포니아주가 외국통상조항(Foreign Commerce Clause)[89]을 위반하였으므로 부당하다고 주장했다.[90] 대법원은 1983년 원고의 주장을 받아들이지 않고, 캘리포니아주의 전 세계 공식배분법은 헌법에 위반되지 않는다고 판결했다.[91]

그 이후로 Colgate-Palmolive Co. v. Franchise Tax Bd. 판결[92]에서는 캘

---

87) Id.

88) 원고는 외국 자회사의 수익성이 좋아서 캘리포니아주가 예정된 조세수입보다 더 징수한 것이라는 점, 외국의 인건비가 미국보다 낮아서 매사추세츠 공식 적용 시 적절한 소득 배분이 어렵다는 점을 들었다(Id., p. 141).

89) "외국통상조항"은 연방헌법의 통상조항(commerce clause)에 따라서 주(州)와 외국 간 상거래와 관련된 입법권은 연방의회에 부여되고 주와 외국 간의 상거래에 부담을 주는 주 정부의 입법권이 제한됨을 의미한다(U.S. Constitution Art. 1, Section 8, Clause 3).

90) Robert Khuon Wiederstein, 앞의 글(각주 77), pp. 142-143.; 원고의 3번째 주장과 관련하여, 미국 주 간 통상(interstate commerce)에 관하여 역외 판매회사에 과세하려면 4가지 요건을 충족해야 하고, 국제거래에 과세(the taxation of international trade)하려면 추가로 2가지 요건을 충족해야 한다. 주 간 통상조항원칙 위반 여부의 판단기준으로 사용되는 4가지 세부원칙(four-prong test)은 Complete Auto Transit v. Brady 판결에서 유래하였는데, ① 지방세를 매기는 주에 실질적 연계점(substantial nexus)이 있어야 하고, ② 그 주에서 납세의무자의 활동에 대한 세금 부담이 적정해야 하며, ③ 주 간 통상에 차별이 없어야 하고, ④ 주 정부가 제공하는 서비스와 상당한 관련성이 있는 세금이어야 한다(Robert Khuon Wiederstein, 위의 글(각주 77), pp. 142-143.; Complete Auto Transit v. Brady, 430 U.S. 274 (1977)). 다음으로 외국통상거래에서 추가로 고려해야 하는 2가지 내용은 다음과 같다. ⅰ) 국제거래를 국내 통상과 비교했을 때 이중과세 될 가능성이 큰지 여부(Japan Line, Ltd. v. County of Los Angeles, 441 U.S. 434 (1979), pp. 447-448.; Robert Khuon Wiederstein, 위의 글(각주 77), p. 142), ⅱ) 연방정부의 일관된 정책에 방해가 되는지가 이에 해당한다(Container Corp. of America v. Franchise Tax Board 463 U.S. 159, p. 194.; Robert Khuon Wiederstein, 위의 글(각주 77), p. 142.; Japan Line, Ltd. v. County of Los Angeles, 441 U.S. 434 (1979)).

91) Robert Khuon Wiederstein, 위의 글(각주 77), p. 142.

리포니아주의 전 세계 공식배분법 사용으로 인해 외국 정부와 관계가 훼손되었는지 여부가 쟁점이 되었다.[93] 1심 법원(trial court)에서는 캘리포니아주의 공식배분법의 사용은 연방 정책(federal policy)에 위반되므로 무효라는 내용의 판결을 하였으나,[94] 항소심은 캘리포니아주가 외국통상조항을 위반하였다는 원고의 주장은 이유가 없다고 판결하여 1심 판결을 파기했다.[95] 그 이후로도 캘리포니아주의 다국적 기업에 대한 일방적인 공식배분법 적용에 대한 소송은 끊이지 않았다.[96] 캘리포니아주가 다국적 기업에 공식배분법을 적용하여 과세한 건에 대한 소송이 계속되자, 캘리포니아주는 1986년 다국적 기업의 전 세계 소득을 합산하지 않고 미국 내의 소득만을 기준으로 하여 캘리포니아주의 과세표준을 산출하여 과세하는 법안을 통과시켰다.[97]

3. 시사점

캘리포니아주가 사용한 과세권 배분 방법은 과세대상소득에 외국 자회사 소득까지 포함함으로써 1개 이상의 기업을 고려하였다는 점에서 과세단위, 과세대상소득에 대한 개념이 있었던 것으로 추측되고, 매사추

---

92) Colgate-Palmolive Co. v. Franchise Tax Bd., 284 Cal. Rptr. 780 (Cal. Ct. App. 1991), transfer granted, 2 Cal. Rptr. 2D 2 (Cal. 1991).

93) Robert Khuon Wiederstein, 앞의 글(각주 77), p. 145.

94) Id., p. 146.

95) Id., p. 148.

96) 그중에 Barclay's Bank PLC v. Franchise Tax Board 사건이 있다. Barclay's Bank는 캘리포니아주의 과세는 미국 헌법에서 정하고 있는 적법절차(Due Process)와 외국통상조항을 위반한 것이라고 주장했다. 고등법원(superior court)에서는 캘리포니아주의 과세가 위헌이라고 판단했지만, 대법원에서는 캘리포니아주의 과세는 위헌이 아니라고 판결했고, 1994년 6월 위 대법원 판결이 확정되었다 [Bronwyn J. F. McNeill, 앞의 글(제3장 각주 5), p. 237, p. 244].

97) Bronwyn J. F. McNeill, 위의 글(제3장 각주 5), p. 237.

세츠 공식을 사용하였다는 점에서 배분 요소와 배분 공식이 활용되었다
고 볼 수 있다.

물론 사전에 합의 없이 일방적으로 공식배분법을 시행하였다는 점에
서 합의를 기초로 하는 공식배분법과 동일한 선상에 있다고 보기 어려
운 면도 존재한다. 하지만, 캘리포니아주는 원천이 미국 밖인 소득에 대
해서도 매사추세츠 공식을 사용하여 과세하는 시도를 하였다는 점에서
의미가 있다. 비록 캘리포니아주의 일방적인 공식배분법 시행이 오랜 기
간 지속되지는 않았지만,[98] 원천이 미국 밖인 소득에까지 과세함으로써
주(州)법에 미국 내 소득만을 대상으로 하여 캘리포니아주의 과세표준을
산출하는 법률안이 제정되었다는 점, 공식배분법 시행에 관한 논의를 촉
구했다는 점에서 의미가 있다.[99]

Ⅱ. EU의 CCTB/CCCTB 논의[100]

1. 개관

EU의 CCTB/CCCTB는 흔히 공식배분법의 입법례로 언급된다. 비록 EU
의 CCCTB가 채택되지는 못하였지만, 이전가격세제의 문제점을 재조명하
고 공론화시켰다는 점에서 의미가 있다.[101]

---

98) Richard Krever and Peter Mellor, 앞의 책(제2장 각주 106), p. 29.

99) Id.

100) "Ⅱ. EU의 CCTB/CCCTB 논의"는 2021년 한국국제조세협회 춘계학술대회에서
　　　발표한 내용을 일부 수정한 노미리, 앞의 글(제1장 각주 9), 211-217면의 내용
　　　을 대폭 가감하여 인용하였다. 특히, 이 글 제3장 제3절 Ⅱ. 5.항은 노미리, 위
　　　의 글(제1장 각주 9)에 없던 내용이고, 같은 절 Ⅱ. 4.항은 공식배분법에 관한
　　　것으로 노미리, 위의 글(제1장 각주 9)보다 설명을 자세하게 하였다.

101) Tove Maria Ryding, BEFIT-the need for an ambitious proposal, Eurodad (2022.3.1.),

유럽 집행위원회(Commission)는 2016년 10월 25일 법인세 개혁의 일환
으로 2011년에 제안하였던 CCCTB 지침안을 일부 내용을 수정하여 다시
제안하였다.[102] 유럽 집행위원회는 2011년에 제안했던 CCCTB 지침안이
유럽 이사회(Council)를 통과하지 못한 실패를 되풀이하지 않기 위해 기
존 CCCTB 지침안의 내용을 공통 법인세 과세표준(Common Corporate Tax
Base, 이하 'CCTB[103]'라고 한다) 지침안과 공통 연결법인세 과세표준
(CCCTB[104]) 지침안, 2개로 분리해서 제안했다.[105]

위 지침안은 2단계로 진행되는데, 1단계에서 CCTB가 적용되고, 2단계
에서 CCCTB가 적용된다.[106] 비록 CCTB 지침안과 CCCTB 지침안이 1개의
지침안이 아닌 2개로 나누어져 있으나, CCCTB를 적용받는 기업은 CCTB
의 적용을 받는 것을 전제로 하므로 위 2개 지침안은 함께 고려되어야

---

p. 2.

102) European Commission, Proposal for a Council Directive on a Common Consolidated Corporate Tax Base, COM(2016) 683 Final(이하 'CCCTB 지침안'이라고 한다), p. 2. CCCTB 지침안은 10페이지 분량의 설명서(Explanatory Memorandum)와 조문으로 구성되어 있다. 설명서의 내용을 인용할 때는 출처를 'CCCTB 지침안'이라고 하고, 단순히 조문을 인용할 때는 'CCCTB'라고 한다.

103) European Commission, Proposal for a Council Directive on a Common Corporate Tax Base, COM(2016) 685 Final(이하 'CCTB 지침안'이라고 한다). CCTB 지침안 역시 CCCTB 지침안과 마찬가지로 설명서(Explanatory Memorandum)와 조문으로 구성되어 있다. 인용 방법은 각주 102와 같다.

104) 'Common Consolidated Corporate Tax Base'를 '공통 연결법인세 기준지침서'라고 번역하기도 한다[삼일아이닷컴, "이달의 Global 조세동향" (2017.10.)].

105) Daniel Gutmann and Emmanuel Raingeard de la Bletiere, "CC(C)TB and International Tax", EC Tax Review, 2017-5 (2017), p. 233.; TFEU 제115조에 의하면 CCCTB는 EU 평의회(the Council of the European Union)에서 만장일치로 승인되어야 한다[Michael Lang et al., Introduction to European Tax Law in Direct Taxation, Linde (6th ed., 2020), pp. 22, 39, 45.; Shu-Chien Jennifer Chen, The Study for the Tax System of Cross-border Corporate Reorganizations-Focusing on the EU Merger Tax Directive for Considering the Future Direction in Japan, Journal of Accountancy, Economics and Law, No. 14 (March 2020), pp. 3, 9].

106) CCCTB, 앞의 지침안(각주 102), p. 13.

한다. CCTB는 EU 회원국들의 법인세 과세표준의 조화(harmonize)를 목표로 하고, '연결된(consolidated)' 법인세 과세표준은 다루지 않는다.[107] 반면, CCCTB는 공식을 이용하여 기업 그룹의 연결된 이익을 각 개별 기업과 고정사업장에 배분하는 것을 목표로 한다.[108] 그에 따라 CCCTB는 공식배분법에 관한 내용을 다루고 있다.[109] 즉, 공식배분법에 관한 내용은 CCCTB에만 있다. CCCTB에서 정하고 있는 공식배분법은 과세단위(그룹의 범위), 과세대상소득, 배분 요소와 배분 공식에 관한 내용을 정하고 있다. 배분 공식은 매사추세츠 공식과 매우 유사하다.

2016년 CCCTB 지침안의 내용은 2011년 CCCTB 지침안과 크게 다르지 않다. 다만, 공식배분법과 관련하여서는 일정 규모가 되는 그룹은 의무적으로 CCTB/CCCTB 체제를 따라야 한다는 점에서 차이가 있다.[110] 2011년 CCCTB 지침안의 경우에는 규모를 불문하고 모든 기업에 CCCTB 체제를 따를 것인지에 대한 선택권이 있었다.[111] 하지만 2016년 CCCTB 지침안의 경우에는 총매출액이 7억 5천만 유로를 초과하는 그룹은 의무적으로 CCCTB를 따라야 한다.[112] CCTB와 CCCTB의 내용은 동일한 부분이 많고 앞에서 언급하였듯이 1개였던 지침안이 2개로 분리된 것이므로, 이 글에서는 논의 편의상 CCTB/CCCTB를 함께 언급한다.

EU에서 공식배분법이 주장된 배경은 EU 회원국별로 상이한 조세제도를 운영함에 따라 다국적 기업들이 지출하는 세무관리 비용이 많았기 때문이다.[113] CCCTB 지침안은 기업이 영업 활동 외에 다른 일에 투입하

---

107) Michael Lang et al., 앞의 책(각주 105), p. 45.
108) Jan van de Streek, A Common (Consolidated) Corporate Tax Base (CC(C)TB), in The European Tax Law, Wolters Kluwer (7th ed., 2019), p. 431.
109) CCCTB Art. 28.
110) Id.
111) Michael Lang et al., 위의 책(각주 105), p. 46.
112) Id.
113) CCCTB, 앞의 지침안(각주 102), p. 2.

는 시간과 비용을 줄이고 EU 내에서 기업의 자유로운 영업활동을 가능
하게 하려고 제안되었으나, 현재까지도 CCCTB 지침안은 유럽 의회를 통
과하지 못하였다.[114] 유럽 집행위원회는 EU 회원국 간 합의 도출의 어려
움으로 인하여 CCCTB 지침안이 교착상태에 있는 점을 감안하여 2021년
BEFIT을 제안하였다.[115] BEFIT은 CCCTB와 내용이 매우 유사하다. BEFIT
에 관한 상세한 내용은 후술한다.[116]

2. CCTB/CCCTB의 적용대상과 연결과세표준 계산

가. 적용대상

CCTB/CCCTB 지침안은 EU 회원국 법에 따라 설립된 기업에 적용되며,
다른 회원국에 있는 고정사업장도 적용대상에 포함된다.[117] 여기서 말
하는 기업은 4가지 요건을 충족해야 한다. 첫째, 부록(Annex) Ⅰ에 열거
된 형태에 속하여야 한다.[118] 둘째, 부록(Annex) Ⅱ에 열거하고 있는 법
인세 중 하나의 적용을 받아야 한다.[119] 셋째, 해당 회계연도 이전 회계
연도 동안 '연결 그룹(consolidated group)[120]'의 총매출액(revenue)이 7억 5

---

114) Jan van de Streek, 앞의 책(각주 108), p. 430.

115) Alex Cobham, Petr Janský, Chris Jones and Yama Temouri, Assessing the Impact
   of the C(C)CTB: European tax base shifts under a range of policy scenarios, GUE/
   NGL GUE/NGL European Parliamentary Group & tax justice network (2017), p. 22.

116) 이 글 제3장 제3절 Ⅲ.항 참조.

117) CCCTB Art. 2. 1.

118) CCCTB Art. 2. 1. (a).

119) CCCTB Art. 2. 1. (b).

120) 연결 그룹의 적격성은 2개 지표에 기초해서 결정된다. ⅰ) 지배력(의결권의 50%
   이상)과 ⅱ) 자본(equity)의 75% 이상을 소유하고 있는지 또는 이익을 얻을 수
   있는 권리의 75% 이상을 가졌는지가 이에 해당한다. 연결 그룹은 과세연도
   동안 이 2개 지표를 충족해야 하며, 이를 충족하지 못하면 연결 그룹에 해당
   하지 않는다(CCCTB Art. 5). ⅰ) 지배력은 IFRS 10에서 말하는 지배력과 같은

천만 유로를 초과하는 재무회계 목적상 연결 그룹에 속해야 한다.[121] 이 기준은 Action Plan 13에서 정하고 있는 국가별보고서 제출의무가 있는 다국적 기업 그룹의 기준과 일치시킨 것이다.[122] 총매출액이 7억 5천만 유로 이하인 그룹의 경우에는 공식배분법의 적용을 선택할 수 있다.[123] 마지막으로 넷째, CCCTB 제5조에서 정의하는 모회사, 또는 '적격자회사 (qualifying subsidiary)' 요건을 충족하거나 고정사업장을 1개 이상 가지고 있어야 한다.[124] 여기서 '적격자회사'는 모회사가 다음의 2가지 요건을 갖춘 경우의 모든 자회사(immediate) 및 손자회사(lower-tier) 등을 말한다.[125] 모회사는 ⅰ) 의결권의 50% 이상을 행사할 권리가 있고, ⅱ) 자회사 자본의 75%를 초과하는 소유권을 가지고 있거나 이익을 얻을 수 있는 권리를 75% 이상 소유하여야 한다.[126]

또한 EU 회원국이 아니라 제3국의 회사법 등에 따라 설립된 기업이라고 하더라도 고정사업장이 EU 회원국 내에 있다면 CCCTB를 적용받게 된다.[127] 그러므로 CCCTB가 EU에서 시행된다면 EU 회원국들 또는 고정사업장이 EU 회원국 내에 있는 제3국 기업에 큰 파장이 있을 것으로 예상된다.[128]

의미인 것으로 보인다.

121) CCCTB Art. 2. 1. (c).
122) Jan van de Streek, 앞의 책(각주 108), p. 439.
123) CCCTB Art. 2. 3.
124) CCCTB Art. 2. 1. (d), Art. 5.; Jan van de Streek, 위의 책(각주 108), p. 438.
125) CCCTB Art. 5. 1.
126) CCCTB Art. 5. 1.
127) CCCTB Art. 2. 2.
128) Daniel Gutmann and Emmanuel Raingeard de la Bletiere, 앞의 글(각주 105), p. 233.

나. CCCTB에서 "그룹"의 범위

CCCTB에서 주된 납세의무자(principal taxpayer)는 그룹을 형성한 거주 납세의무자(resident taxpayer), 그룹에 의해서 지정된 납세의무자 등이 다.[129] 거주 납세의무자는 ⅰ) 회원국에 소재한 모든 고정사업장, ⅱ) 회원국에 소재하고 조세 목적상 제3국에 거주하는 적격자회사에 속하는 고정사업장, ⅲ) 조세 목적상 회원국에 거주하는 모든 적격자회사, ⅳ) 회원국에 소재한 고정사업장을 포함한 다른 납세의무자와 그룹을 형성한다.[130] 비거주 납세의무자는 하나 이상의 회원국에 있는 모든 고정사업장 및 조세 목적상 회원국에 거주하는 모든 적격자회사와 그룹을 형성한다.[131] 파산 또는 청산 중인 회사는 그룹 구성원이 될 수 없다.[132]

다. 연결과세표준

그룹을 구성하는 모든 구성원의 과세표준은 연결과세표준으로 합산한다.[133] 연결과세표준이 음수(-)면 결손금은 이월하여 다음 해 양(+)의 연결과세표준에서 공제한다.[134] 연결과세표준이 양수(+)면 CCCTB 지침안 제8장에서 정하고 있는 공식배분법에 따라서 각 회원국에 배분한다.[135] 연결과세표준을 계산할 때 그룹 내 거래에서 발생하는 손익은 무시하며,[136] 그룹 내 거래는 원천징수 되지 않는다.[137]

---

129) CCCTB Art. 3. 11.
130) CCCTB Art. 6. 1.
131) CCCTB Art. 6. 2.
132) CCCTB Art. 6. 3.
133) CCCTB Art. 7. 1.
134) CCCTB Art. 7. 2.
135) CCCTB Art. 7. 2.
136) CCCTB Art. 9. 1.
137) CCCTB Art. 10.

3. CCTB/CCCTB의 주요 특징

가. IFRS와 무연관성

그룹 과세를 하기 위해서는 연결과세표준이 필요하므로 회계기준이
필요하다. 하지만, 모든 다국적 기업이 국제회계기준에 따라야 하는 것은
아니다. EU는 1995년 다국적 기업에 국제회계기준(International Accounting
Standards(이하 'IAS138)'라고 한다)을 사용할 것을 권고하였고, 2005년부터
상장기업의 연결재무제표에 대해 IFRS 사용을 의무화하였다. 그런데, EU
회원국들은 IFRS의 적용대상이 되는 기업을 조금씩 다르게 규정하고 있
다.139) 이러한 점을 반영하여 CCTB/CCCTB 지침안의 내용은 국제회계기
준의 내용과 완전히 일치하는 것은 아니고,140) CCTB/CCCTB 지침안 내에
조세목적상 독자적인 소득계산 규정과 세무회계 규정을 마련해 놓고 있
다.141) 이러한 점에 비추어 볼 때, 공식배분법의 내용이 IFRS와 완전히
일치할 필요는 없다는 점을 알 수 있다.

반면, Pillar 1을 구성하는 Amount A의 적용대상그룹은 IFRS와 동등하
다고 인정되는 재무회계기준에 의해서 그룹의 범위가 정해진다. 그리고
Amount A의 적용대상그룹의 과세표준 역시 IFRS와 동등하다고 인정되는
회계기준에 따라서 결정된다.142)

---

138) 2002년 국제회계기준 제정기구 명칭이 IASC(International Accounting Standards
 Committee)에서 IASB(International Accounting Standards Board)로 변경되었고,
 IASB 설치 이후 국제회계기준서 명칭이 IAS에서 IFRS로 변경되었다(금융감독
 원 홈페이지, available at https://www.fss.or.kr/fss/main/contents.do?menuNo=200
 665).
139) Jan van de Streek, 앞의 책(각주 108), pp. 443-445.
140) Id.
141) Id.
142) 이 글 제4장 제2절 III. 3. 나.항 참조.

나. 과세표준의 계산

CCTB의 과세표준은 법인의 소득에서 과세가 면제된 소득, 공제 가능한 비용 및 기타 공제 가능한 항목을 차감해서 구한다.[143) 일반적인 법인세 과세표준을 구하는 것과 유사하다. 공통 법인세 과세표준은 손익계산서를 기초로 하고, 비용은 납세의무자의 직접적인 업무상 이익과 관련하여 발생한 경우에만 공제된다.[144)

고정자산의 감가상각비는 손금 산입이 가능하다.[145) CCTB 제12조는 공제할 수 없는 항목에 관해서 규정하고 있는데, 이익 분배 및 자본 또는 부채 상환, 법인세, 뇌물, 벌금 등은 손금에 산입되지 않는다.[146)

다. 결손금 공제

Cross-border 결손금 공제(loss relief)는 CCTB/CCCTB의 큰 특징이다. 과세연도에 발생한 결손금은 이월되고, 다음 해에 공제될 수 있다. 유럽 집행위원회는 이월결손금 공제기간을 제한할 필요가 없다는 입장이다.[147) 결손금 공제와 관련된 중요한 쟁점으로 EU 역내 cross-border 결손금 상계(loss-offsetting)가 있다.[148)

---

143) CCTB Art. 7.

144) CCTB Art. 9. 1.; Jan van de Streek, 앞의 책(각주 108), p. 446.

145) CCTB Art. 10.

146) CCCTB Art. 12.

147) CCTB, 앞의 지침안(각주 103), para. 12.

148) Cross-border 결손금 상계(loss-offsetting)의 목적은 납세의무자의 납세능력을 반영하여 '그룹' 내 구성원들 간에 국경을 넘어서 결손금을 설정하는 것을 허용하는 것이다(Shu-Chien Jennifer Chen, 앞의 글(각주 105), p. 22].; Cross-border 결손금 상계는 '결손금 공제'와 '결손금 회수(recapture)'란 개념을 포함한 개념으로 추측된다(Danuše Nerudova and Veronika Solilova, The Impact of the Introduction of a CCCTB in the EU, Vol. 54, Iss. 3, Intereconomics, Hamburg (May

거주자인 납세의무자가 자신의 결손금을 공제하고 난 후 여전히 과세가능한 소득이 있다면, 납세의무자는 같은 해에 다른 회원국에 있는 고정사업장 또는 요건을 충족하는 자회사의 결손금을 추가로 공제할 수 있다.[149] Cross-border 결손금 공제는 모회사에 적용되는 것으로, 모회사가 보유하고 있는 자회사 지분의 비율을 고려해서 공제해야 한다. 반면 고정사업장의 결손금은 자회사와 달리 전액을 공제할 수 있다.[150] 자회사, 고정사업장이 매각되거나 해산되면 이미 공제된 cross-border 결손금이 자동으로 모회사에 회수(recapture)되기도 한다.[151]

CCCTB 제23조(2개 이상의 그룹 간 기업재조직 시 결손금의 취급)에도 이와 유사한 내용이 있다. 기업재조직(business reorganisation)[152]으로 1개 이상의 그룹 또는 2개 이상의 그룹 구성원들이 다른 그룹에 속하게 되는 경우 기존 그룹 또는 기존 그룹들이 공제받지 못한 이월결손금(unrelieved losses)은 기업재조직이 일어난 과세연도 말에 그 그룹의 각 구성원에게 분배된다.[153]

2019)].; CCTB Art. 42는 'Loss relief and recapture'란 표제 하에 결손금이 공제되는 경우와 공제된 결손금이 자동으로 통합되는 경우를 열거하고 있다.; CCCTB Art. 23. 1.

149) CCTB Art. 42.; 노미리, 앞의 글(제1장 각주 9), 215면.

150) CCTB Art. 42. 2.; Jan van de Streek, 앞의 책(각주 108), p. 455.

151) CCTB Art. 42. 4.; Jan van de Streek, 위의 책(각주 108), p. 456.

152) 'reorganization'은 일반적으로 회사 소유구조나 조직변경을 의미한다. 우리나라에서는 'reorganization'을 재조직, 기업구조조정 등으로 번역한다[이의영, "이월결손금 공제제도에 대한 연구-기업인수·합병에 대한 규율을 중심으로-", 「조세법연구」, 제16집 제3호, 한국세법학회(2010), 290면, 각주 3]. 이 글은 이창희, 앞의 글(제2장 각주 60), 663면의 예를 따라 '재조직'으로 번역한다.

153) 이 경우에도 예외가 있는데, 신설된 그룹(departing group) 구성원들의 자산과 노동 요소의 공동 가치가 전체 첫 번째 그룹의 2개 요소의 가치의 20%에 미달하면 첫 번째 그룹의 면제받지 못한 손실은 위에서 언급한 대로 분배되지 않는다[CCCTB Art. 23. 1.]. 결손금 공제 한도를 제한해야 한다는 지적도 있다[Shu-Chien Jennifer Chen, 앞의 글(각주 105), p. 24].; 노미리, 위의 글(제1장 각주 9), 216면.

4. CCCTB의 공식배분법

CCCTB의 핵심은 공식배분법이다. EU는 공식배분법을 도입하면 EU 회원국 간에 이전가격 문제가 많이 감소할 것으로 예상하고 CCCTB 지침안에 공식배분법(formulary apportionment)을 마련하였다.[154] CCCTB의 적용대상그룹만 공식배분법의 적용을 받고, EU 관할권 밖에서는 정상가격원칙의 적용을 받기 때문에 CCCTB 지침안은 정상가격원칙과 공식배분법이 병존하는 사례라고 할 수 있다.

CCCTB의 공식배분법은 아래 공식에서 살펴볼 수 있듯이 과세표준을 분배하는 기준으로 ① 매출액(sales), ② 자산(assets), ③ 노동(labour) 요소를 사용하고, 각 요소에 동일하게 1/3의 가중치를 부여한다.[155] 즉, 매사추세츠 공식을 사용한다. EU가 3요소 공식을 선택한 데에는 2가지 이유가 있다. 첫째는 EU 회원국 중 '생산을 주로 하는 국가'와 '소비를 주로 하는 국가' 간의 균형을 맞추기 위함이다.[156] 둘째는 3요소 공식의 낮은 조작 가능성이다.[157] 익히 알려진 바와 같이 3요소를 동시에 조작하기는 어렵기 때문이다.

3요소를 순서대로 살펴보면, ① 매출액 요소는 고정사업장을 포함하여 그룹 구성기업에 분배된 총매출액으로 구성된다.[158] 매출액은 부가가치세, 기타 세금 및 관세를 제외하고 할인 및 반품 후 재화 및 용역 공급의 모든 판매 수익을 의미한다.[159] 면세 수익, 이자, 배당금, 로열티

---

154) CCCTB, 앞의 지침안(각주 102), p. 8, 3. Results of Stakeholder Consultations and Impact Assessments, Regulatory fitness and simplification, para. 2.

155) CCCTB Art. 28. 1.

156) Shu-Chien Chen, Tax Avoidance in the Sales Factor: Comparison between the CCCTB Directive and USA'S Formulary Apportionment Taxation, Vol. Ⅲ, Issue Ⅱ, Indian Journal of Tax Law (2017), p. 2.

157) Id.

158) CCCTB Art. 37. 1.

159) CCCTB Art. 37. 2.

및 고정자산 처분 수익은 정상적인 거래 또는 사업 과정에서 얻은 수익이 아닌 한 매출액 요소에 포함되지 않는다.[160] 재화 및 용역의 그룹 내 판매는 매출액에 포함되지 않는다.[161] 매출액은 소비지 기준 매출액을 뜻한다.[162] 3요소 공식을 사용하는 국가들은 대개 소비지 기준 매출액 요소를 사용한다. CCCTB 지침안에 의하면 상품의 경우에는 상품을 최종적으로 취득한 사람이 소재하는 국가가 소비지이고, 서비스의 경우에는 서비스가 물리적으로 수행되거나 실제로 공급되는 국가가 소비지에 해당한다.[163] 회원국이 아닌 제3국에 상품이 배달되었거나 서비스가 공급된 경우에는 상품 또는 서비스의 매출액을 회원국들의 노동과 자산 요소의 비율에 따라서 배분한다(spread throwback rule).[164] 공식배분법은 EU 회원국 내에서 적용되는 것이므로 상품이 배달된 곳, 또는 서비스가 공급된 곳이 회원국이 아닐 경우를 대비해서 위와 같은 조항을 마련한 것이다. 매출액의 소비지가 2개국 이상일 때에도 위와 동일하게 회원국의 노동 요소와 자산 요소의 비율에 따라서 매출액을 배분한다.[165]

② 자산은 고정된 유형자산만 의미한다.[166] 무형자산과 금융자산(financial asset)은 유동성이란 특성이 있으므로 공식에서 배제한다.[167] 자산 요소에는 그룹 구성원이 소유한 자산뿐만 아니라 임차한 자산도 포함된다.[168] CCCTB 지침안은 3요소 공식의 자산 요소에서 무형자산을 배

---

160) CCCTB Art. 37. 2.
161) CCCTB Art. 37. 2.
162) CCCTB Art. 38. 1.
163) CCCTB Art. 38. 1., 2.
164) CCCTB Art. 38. 4.; 상품 또는 서비스가 공급된 곳이 회원국이 아닌 경우에 사용하는 배분 방법을 'spread throwback rule' 또는 'nowhere rule'이라고 한다[Jan van de Streek, 앞의 책(각주 108), p. 480].
165) CCCTB Art. 38. 5.
166) CCCTB Art. 34. 1.
167) CCCTB, 앞의 지침안(각주 102), p. 10.
168) CCCTB Art. 34. 1.

제한다고 밝히고 있음에도 불구하고, 납세의무자가 기존 또는 신규 그룹에 합류한 후 5년 동안은 자산 요소에 그룹에 합류하기 전 6년 동안 납세자가 연구, 개발, 마케팅 및 광고에 지출한 총비용을 포함한다.[169] 연구, 개발, 마케팅 및 광고에 지출한 비용은 무형자산으로 볼 여지가 있음에도 불구하고 이를 자산 요소에 포함한 것은 납세의무자가 그룹에 가입하거나 그룹에서 탈퇴한 후 단기간 내에 자산을 처분해서 발생한 미실현 자본 이득을 처리하기 위함이다.[170] 자체적으로 창출된 무형자산에 내재된 자본이득에 대해 과세하기 위해서 그 대용물로 특정 기간 동안 발생한 연구, 개발, 마케팅 및 광고 비용을 사용하는 것이다.[171] 위 내용은 '기업재조직(reorganization)'과 관련해서 마련한 규정으로 이해할 필요가 있다. 그리고 자산은 '경제적 소유자'의 자산 요소에 포함되는 것을 원칙으로 하며, 경제적 소유자를 식별할 수 없는 경우 '법적 소유자'의 자산 요소에 포함한다.[172]

③ 노동은 '급여(payroll)'와 '근로자 숫자(number of employees)' 2가지 요소로 구성되며, '급여'와 '근로자 숫자'는 노동에서 각 50%의 비중을 차지한다.[173] 근로자의 정의는 근로자가 고용된 국가의 법에 따라서 정하고, 근로자의 수는 회계연도 말의 근로자 수를 의미한다.[174] 그룹 구성원이 직접 고용하지는 않았지만, 고용된 직원이 수행하는 작업과 유사한 작업을 수행하는 사람도 근로자 숫자에 포함된다.[175] 급여는 제3장 제2

---

169) CCCTB Art. 34. 2.
170) CCCTB, 위의 지침안(각주 102), pp. 9-10.
171) Id.
172) CCCTB Art. 35. 1.
173) Erik Roder, "Proposal for an Enhanced CCTB as Alternative to a CCCTB with Formulary Apportionment", Max Planck Institute for Tax Law and Public Finance Working Paper 2012-01, World Tax Journal (2012), p. 130.; CCCTB Art. 28. 1., Art. 32. 1.
174) CCCTB Art. 32. 2., 3.
175) CCCTB Art. 33. 3.

절에서 살펴본 매사추세츠 공식에서 사용되는 급여의 의미와 크게 다르지 않다.

$$Share\ A = \left(\frac{1}{3}\ \frac{Sales^A}{Sales^{Group}} + \frac{1}{3} \left(\frac{1}{2}\ \frac{Payroll^A}{Payroll^{Group}} + \frac{1}{2}\ \frac{No\,of\,employees^A}{No\,of\,employees^{Group}} \right) + \frac{1}{3}\ \frac{Assets^A}{Assets^{Group}} \right) * Con'd\ Tax$$

그리고, 위 3요소 공식과 별개로 금융기관,[176] 보험,[177] 석유나 가스,[178] 선박(shipping) 그리고 내륙 수로 운송(inland waterway transport)과 항공 운송(airport transport) 부문[179]에는 변형된 공식이 사용된다.[180]

5. 시사점

CCCTB는 일정 규모 이상(7억 5천만 유로 초과)이 되는 그룹을 공식배분법을 의무적으로 적용하도록 하되, 위 규모 미만인 그룹에 대해서는 공식배분법을 선택할 수 있도록 하였다.[181]

CCCTB는 매출액, 급여, 자산 요소를 사용하고 요소별로 동일한 가중치를 부여한다는 점에서 매사추세츠 공식과 유사하다. CCCTB의 배분 공식이 자산 요소에서 유형자산만 고려하고 임차한 자산을 포함한다는 점도 매사추세츠 공식과 유사하다. 반면, 노동 요소의 경우에는 매사추세츠 공식과 달리 '급여'뿐만 아니라 '근로자의 수'까지 고려한다. 그런데, 배분

---

176) CCCTB Art. 40.

177) CCCTB Art. 41.

178) CCCTB Art. 42.

179) CCCTB Art. 43.

180) CCCTB, 앞의 지침안(각주 102), p. 10.; Kerrie Sadiq, A Framework for Assessing Business Sector Formulary Apportionment, in The Allocation of Multinational Business Income: Reassessing the Formulary Apportionment Option, Series on International Taxation, Vol. 76, Wolters Kluwer (2020), p. 202.

181) CCCTB Art. 2. 3.

요소로 근로자 수를 사용하는 것은 여러 가지 문제점을 초래한다. 근로자의 수는 EU 회원국의 세율을 충분히 활용할 유인을 제공한다. 첫째, CCCTB의 적용을 받는 적용대상그룹은 EU 회원국 중 세율이 낮은 국가에서 근로자를 고용할 가능성이 크다.[182] 둘째, CCCTB 지침안 제33조 제3항은 직접 고용된 근로자가 아니더라도 유사한 작업을 하면 근로자의 수에 포함하도록 하는데, 이는 고세율 국가에서 근로자 수의 비중을 낮추기 위해 하도급 계약의 체결을 꺼리는 결과를 낳을 수 있다.[183] 셋째, 그 외에 임금을 지급하지 않는 명목상 근로자를 둘 수도 있다. 이처럼 근로자의 수는 각 국가의 세율을 고려해서 임의로 증가시키거나 감소하는 것이 가능할 뿐만 아니라, 다른 요소에 비해 상대적으로 조작하기가 용이하므로, 배분 요소로 '근로자의 수'를 사용하는 것은 바람직하지 않다.

III. EU의 BEFIT 논의

1. 배경

유럽 집행위원회는 2021년 5월 18일 소득세에 대한 새로운 체계인 BEFIT(Business in Europe: Framework for Income Taxation, 유럽 사업소득세 체계)[184]을 제안하였다.[185] BEFIT은 2016년에 다시 제안되었던 CCCTB와

---

182) Ángel Sánchez Sánchez, The Apportionment Formula under the European Proposal for a Common Consolidated Corporate Tax Base, European Taxation (2018.6.), pp. 231-232.

183) Id.

184) BEFIT은 GloBE의 접근 방식을 확장한다[Axel Cordewener, EU Budgetary Reform and Tax Harmonization: Becoming Brothers in Arms, EC Tax Review, 2022-2 (2022), p. 69].

185) European Commission, Communication Form the Commission to the European

내용이 거의 유사하다. BEFIT은 국제 법인세 체제의 개혁을 목표로 하며, 유럽 집행위원회는 OECD/G20에서 논의된 수준의 다국적 기업을 적용대 상그룹으로 하되,[186) Pillar 1, Pillar 2보다 더 개선된 방안을 추구하는 것을 목표로 한다.[187)

2. 주요 내용: 단일 법인세 제도

BEFIT은 EU 내에서 단일한 법인세 제도(single corporate tax rulebook) 의 도입을 목표로 하며,[188) 2016년 다시 제안된 이후 교착 상태에 있는 CCCTB를 대체하는 효과가 있다.[189)

BEFIT은 CCCTB와 마찬가지로 공통 법인세 과세표준(common tax base) 과 공식에 기초한 이익의 배분(공식배분법)을 핵심적인 특징으로 한 다.[190) 법인세의 과세표준을 결정하는 공통 규칙은 법인세 체계를 단순 화시킬 것이므로, EU에 가입한 27개 국가의 서로 다른 법인세법을 따를 필요가 없고 단일화된 규칙에 따라서 EU 회원국에서 납세의무를 결정할 수 있다.[191) 이에 따라 단일화된 EU 법인세 신고도 가능해질 것이므로 세무관리 비용이 감소될 것으로 예상된다.[192)

Parliament and the Council, Business Taxation for the 21st Century, COM(2021) 251 Final.

186) Axel Cordewener, 앞의 글(각주 184), p. 67.

187) Id.; António Martins and Daniel Taborda, BEFIT and Formulary Apportionment: Should Intangibles Be Included in the Formula?, EC Tax Review, 2022-3 (2022), p. 131.

188) Axel Cordewener, 위의 글(각주 184), p. 67.

189) Id., p. 13.; António Martins and Daniel Taborda, 위의 글(각주 187), p. 131.

190) European Commission, 앞의 글(각주 109), pp. 11-12.; António Martins and Daniel Taborda, 위의 글(각주 187), p. 131.

191) European Commission, 앞의 글(각주 185), p. 12.

192) Id.

3. 시사점

가. Pillar 1과 비교

BEFIT은 현재 논의 중인 Pillar 1과 배분대상이익에서 차이가 있다. Pillar 1의 Amount A는 배분대상이익을 '초과이익'으로 하는데,[193] BEFIT은 Pillar 1과 달리 배분대상이익을 초과이익으로 한정하지 않고 다국적 기업 그룹의 '전체이익'을 배분 대상으로 한다.[194] 그러므로 BEFIT은 이 자체가 법인세를 대체하는 효과가 있다.

나. CCCTB와 비교

BEFIT은 다국적 기업 그룹의 전체이익을 배분 대상으로 한다는 점에서는 CCCTB와 차이가 없다. BEFIT은 CCCTB와 마찬가지로 3요소 공식을 사용한다. BEFIT의 공식배분법(formulary approach)[195]에서는 자산(무형자산 포함)과 인건비를 어떻게 반영할 것인지와 소비지 기준 매출액의 가중치를 얼마로 정할 것인지가 주된 고려사항이다.[196]

이때 소비지 기준 매출액의 가중치는 다국적 기업 그룹이 진출해서 사업을 하는 시장의 중요성을 반영하는 것이기 때문에 중요하다.[197] 또한 BEFIT은 다국적 기업이 경쟁력을 확보하는 데 무형자산이 중요하기 때문에 자산 요소에 무형자산을 포함하고 있다.[198] 왜냐하면, 무형자산

---

193) 이 글 제4장 제2절 III. 3. 나. (4)항 참조.

194) Axel Cordewener, 앞의 글(각주 184), p. 67.

195) BEFIT은 'formulary approach'란 표현을 사용하는데, BEFIT은 CCCTB를 수정한 것으로 볼 수 있고, CCCTB에서 '공식배분법(formulary apportionment)'이란 표현을 사용하므로, 'formulary approach'를 공식배분법으로 번역하였다.

196) European Commission, 앞의 글(각주 185), p. 12.

197) Id.

의 보유 여부는 상품 제조와 관련하여 매출액, 유형자산, 급여 요소에 영
향을 미치기 때문이다.[199] CCCTB에서 무형자산은 자산 요소에서 배제하
는데, BEFIT에서 무형자산은 중요한 변수라는 점에서 차이가 있다.[200]

　요컨대, 내용에서 일부 차이가 나는 부분이 있지만, 국제적 공식배분
법이라고 할 수 있는 CCCTB, BEFIT 모두 배분 공식으로 3요소 공식을 선
택하였다.

198) António Martins and Daniel Taborda, 앞의 글(각주 187), p. 131.
199) Id., p. 136.
200) Id., pp. 131-132.

제4장

BEPS 방지 프로젝트와 Pillar 1

제1절 BEPS 방지 프로젝트

Ⅰ. 배경

2008년 금융위기 이후 BEPS 문제가 전 세계적인 관심사로 주목받자,[1] 2012년 6월 G20 정상회의에서 BEPS 방지 프로젝트 추진을 의결하였고[2] OECD에 구체적인 BEPS 대응책 마련을 위임하였다. 2013년 9월 G20 정상은 OECD 회원국과 함께 포괄적인 BEPS 실행계획을 승인하였으며, 이 실행계획을 기반으로 2년 만에 포괄적인 패키지를 개발하고 그 내용에 합의했다.[3] 15개 Action Plan에 관한 BEPS 패키지는 2015년 11월 G20 정상회담에서 승인되었다.[4] BEPS 패키지를 효과적이고 일관되게 구현하기 위하여[5] OECD는 조세 업무를 위한 의사결정기구인 OECD 재정위원회(Committee on Fiscal Affairs)를 BEPS에 관심을 가진 국가에 개방하였고, 2016년 2월 OECD 회원국들과 G20 국가들은 포괄적인 이행체제(IF)를 구축하였다.

OECD 회원국뿐만 아니라 비회원국(중국, 인도, 브라질 등)도 IF에 참여하고 있는데, 2022년 3월 기준 IF에 참여하고 있는 국가는 총 141개국이다.[6]

---

1) BEPS로 인한 글로벌 법인세 세수 감소분은 2014년 기준으로 대략 매년 1,000억 ~2,400억 달러 수준으로, 전 세계 법인세 세수의 4~10%에 달하는 것으로 추정된다(OECD, Background Brief-Inclusive Framework on BEPS (2017.1.), p. 9). 그리고 개발도상국의 경우에는 법인세 세수 의존도가 높으므로 BEPS가 개발도상국에 미치는 영향은 선진국보다 클 것으로 추정된다(OECD, 위의 글(각주 1)).; 이 글 제2장 제1절 Ⅰ.항 참조.
2) 기획재정부, "OECD/G20 BEPS 프로젝트 최종 보고서 발간", 보도자료(2015.10.6.).
3) OECD, 위의 글(각주 1), p. 9.
4) Id.
5) Id., p. 10.
6) 기획재정부, "필라1 주요 구성요소별 OECD 서면공청회 개시", 보도자료(2022.

II. BEPS 방지 프로젝트의 주요 내용

1. 15개의 Action Plan

BEPS 방지 프로젝트는 크게 다섯 부문으로 구분되고, 부문별로 세부적인 Action Plan을 채택하여 BEPS 방지 프로젝트는 총 15개의 Action Plan으로 구성되어 있다.[7] 이를 정리하면, ① 디지털 경제의 조세문제(Action Plan 1), ② 기업과세 일관성 확보(Action Plan 2, 3, 4, 5), ③ 국제기준 남용 방지(Action Plan 6, 7, 8-10), ④ 투명성 확보(Action Plan 11, 12, 13, 14), ⑤ 신속한 이행을 위한 다자조약의 개발(Action Plan 15)로 나뉜다.[8]

Action Plan 1은 디지털 경제의 산업 특성과 디지털 경제가 초래할 수 있는 BEPS 위험에 대응하는 해결방안을 다룬다.

2. Action Plan별 구속력

BEPS 방지 프로젝트는 Action Plan 별로 구속력에 차이가 있다. 총 5가지로 구분되는데, 구속력이 강한 순서부터 약한 순서로 나열하면 '최소기준(Minimum Standard)', '기존규정 개정(Revision of Existing Standard)', '공통접근(Common Approach)', '권고사항(Best Practice[9])', '기타'의 순이다.[10]

'최소기준'과 '기존규정 개정'에 해당하는 항목은 참여국들에 이행의무가 강제된다.[11] '공통접근'은 구속력은 약하지만 강한 이행의 권고이

2.7.).

7) OECD, Action Plan on Base Erosion and Profit Shifting (2013).

8) OECD, 위의 글(각주 7), pp. 14-24.

9) Best Practice를 '모범관행' 또는 '모범사례'로 번역한 예도 있으나[주OECD대표부, 앞의 글(제2장 각주 1), 11면], 이 글에서는 '권고사항'으로 번역한다.

10) OECD, BEPS Project Explanatory Statement: 2015 Final Reports, OECD/G20 Base Erosion and Profit Shifting Project (2015), p. 6, para. 11.

다. 향후 구속력을 갖는 최소기준으로 발전될 가능성이 있는 과제이
다.[12] '권고사항'은 BEPS 방지 프로젝트 참여국이 이행해야 할 특별한 구
속력이 없으므로, 참여국이 각자 사정에 따라서 선택적으로 도입할 수
있다.[13]

　　BEPS 방지 프로젝트는 전반적으로 원천지국의 과세권을 강화하는 방
향으로 설계되었다는 평가가 있다.[14] 특히 구속력이 강한 Action Plan은
'원천지국'의 과세권을 강화하는 내용이고, 구속력이 약한 Action Plan은
'거주지국'의 과세권 강화와 관련이 있다.[15]

　　이 글에서 주로 다루는 Action Plan 1은 2015년 BEPS 방지 프로젝트 최
종 보고서 발간 당시에는 참여국 간의 합의가 이루어지지 않아서 OECD
가 권고하는 사항이 없는 상태이었으나(〈표 1〉 참조), Pillar 2의 경우 2021
년 12월 GloBE 모델규정을 대외에 공개하였고 그 내용을 국제조세조정
법에 포함하는 개정 법률안[16]이 2022년 12월 현재 국회 기획재정위원회
에 계류 중이다. Pillar 1의 경우에는 현재 모델규정 초안을 만드는 작업
이 한창 진행 중이다.

〈표 1〉 BEPS 15개 Action의 구속력에 따른 구분

구속력		권고내용(Action 번호)	예상 효과
강함	최소 기준	유해조세제도에 대한 대응(5)	경유국 과세강화
		조세조약 혜택의 제한(6): 주목적 심사규정 (Principle Purpose Test)	원천지국 과세강화

---

11) Id.
12) Id.
13) 안종석, "BEPS 프로젝트의 이해: 주요 내용과 시사점", 「재정포럼」, 2016년 5월
　　호(제239호), 한국조세재정연구원(2016), 14-15면, 21-22면.
14) 안종석, 위의 글(각주 13), 24면.
15) 안종석, 위의 글(각주 13), 23면.
16) 「국제조세조정법 일부개정법률안」(정부)(의안번호 2117157).

		국가별보고서 제출(13)	원천지국·거주지국 과세강화
		분쟁해결장치의 개선(14): 조약의 상호합의 조항 개정	납세자 권익보호
	기존 규정 개정	고정사업장 지위의 인위적 회피방지(7)	원천지국 과세강화
		이전가격지침(8-10)	원천지국·거주지국 과세강화
중간	공통 접근	혼성불일치 해소(2)	원천지국 과세강화
		이자비용 공제 제한(4)	원천지국 과세강화
약함	권고 사항	피지배외국법인(CFC*) 규정(3)	거주지국 과세강화
		조세조약 혜택의 제한(6): 혜택 제한 규정 (Limitation of Benefits)	원천지국 과세강화
		보고의무규정(12)	거주지국 과세강화
		분쟁해결장치의 개선(14): 강제중재	납세자 권익 보호
기타	기타 (분석 등)	디지털 경제의 조세문제(1) BEPS 측정과 모니터(11) 다자조약 개발(15)	

주: * CFC: Controlled Foreign Company

〈출처: 안종석, "BEPS 프로젝트의 이해: 주요 내용과 시사점",「재정포럼」, 2016년 5월호(제239호), 한국조세재정연구원(2016), 24면 참조하여 일부 수정〉

제2절 Pillar 1과 공식배분법

I. 디지털 경제의 조세문제 논의의 추진 경과

디지털 경제의 특성으로 인해 물리적 사업장이 없는 사업이 가능해지고 디지털 재화의 거래가 활발해지면서, 기업의 거주지국과 소비가 발생하는 원천지국 양쪽에서 비과세하는 이중 비과세 및 국가 간 과세권 배분 문제가 대두되었다.

디지털 경제의 조세 문제는 BEPS 방지 프로젝트의 첫 번째 Action Plan에 해당할 만큼 중요도가 높다. 15개 Action Plan의 최종 추진 시한은 2015년 12월로 정하였기에[17] 각 Action Plan의 최종보고서가 2015년 10월경에 발간된 경우가 많다. 'Action Plan 1 최종보고서' 역시 2015년 10월에 발간되었지만,[18] 국제적 합의를 얻기 어려워서 당시 Action Plan 1에 관한 권고사항을 별도로 제시하지 않았다. Action Plan 1 최종보고서에 의하면 전체 경제가 디지털화되고 있으므로 디지털 경제를 따로 분리하는 것은 현실적으로 어렵다. 또한 경제의 디지털화가 국경을 넘나드는 활동에서 발생한 소득에 대한 국가 간 과세권 배분은 해당 국가의 직접세에 영향을 미친다.

IF는 Action Plan 1에 관한 보다 심층적인 연구를 위해 후속 작업을 진행하였다. IF는 "디지털 경제 태스크 포스(Task Force on the Digital Economy)"를 구성하였고, 2018년 3월 Action Plan 1의 후속 작업에 관한 중간보고서(Interim Report)[19]를 발표했다. 그 이후 OECD는 Action Plan 1

---

17) 주OECD대표부, 앞의 글(제2장 각주 1), 7면.
18) OECD, 앞의 글(제1장 각주 4).
19) OECD, Tax Challenges Arising from Digitalisation – Interim Report 2018: Inclusive Framework on BEPS, OECD/G20 Base Erosion and Profit Shifting Project (2018).

에 관하여 2가지 접근법(2 Pillars Approach)을 제안하였는데,[20] Pillar 1은 국가 간에 새로운 이익 배분 기준을 만드는 방안이고, Pillar 2는 세원 잠식을 방지하기 위해 글로벌 최저한세를 도입하는 방안이다.[21] BEPS 방지 프로젝트 Action Plan 1은 2021년 10월 9일 제13차 총회에서 IF 140개국 중 136개국의 지지를 얻어서 최종적으로 합의가 되었다.[22]

다국적 기업의 조세회피를 막겠다는 BEPS 작업은 2015년의 최종보고서까지는 독립기업원칙을 그대로 유지했다. 그러나 유럽을 포함하는 많은 나라들이 이에 불만을 품고 디지털서비스세 등 'GAAF세[23]'를 물리려고 하자 결국 BEPS 2.0이라는 연장전이 시작되었다. 그 결과물이 현재 논의 중인 Pillar 1과 Pillar 2이다. 이전가격 과세에 관한 Pillar 1은 결국 공식배분법을 택하였다.

II. OECD 이전가격지침과 Pillar 1 모델규정의 관계

OECD 이전가격지침과 Pillar 1 모델규정의 관계는 앞에서 살펴본 Action Plan의 구속력과 관련이 있다. Action Plan 1은 참여국 간의 합의가 아직 이루어지지 않았기 때문에 BEPS 방지 프로젝트에 참여한 국가들에 Action Plan 1에서 논의된 내용에 대하여 구속력이 없다⟨표 1⟩ 참조).

현재 OECD는 이전가격지침과 별개로 Pillar 1 모델규정 초안을 제정하는 작업을 진행하고 있다. OECD는 2022년 2월부터 Amount A와 관련된

---

20) OECD, Addressing the Tax Challenges of the Digitalisation of the Economy - Policy Note, OECD/G20 Base Erosion and Profit Shifting Project (2019.1.), p. 1.

21) Id.

22) 기획재정부, "디지털세 필라 1·2 최종 합의문 공개-'23년부터 디지털세 본격 도입될 전망-'", 보도자료(2021.10.9.).

23) "GAAF세"에서 'GAAF'는 Google, Apple, Amazon, Facebook(현재 Meta)을 의미한다[이창희, 앞의 책(제1장 각주 2), 415면].

모델규정 초안을 순차적으로 공개하고 있는데, 2022년 2월 4일 "Amount A의 과세연계점(nexus)과 매출귀속귀준(revenue sourcing)"에 관한 모델규정 초안을 공개하였고,[24] 같은 달 18일 "Amount A의 과세표준 결정(tax base determination)"에 관한 내용을 공개하였으며,[25] 4월 4일에는 "Amount A의 적용대상(scope)에 관한 내용" 등을 공개하였다.[26] 그리고 2022년 7월 11일에는 위 내용 등을 모두 통합한 "Amount A에 관한 경과보고서(Progress Report on Amount A of Pillar One, 이하 'Pillar 1 경과보고서'라고 한다)"를 공개하였다.[27]

　　Pillar 1의 Amount A 산정방법은 사전에 결정된 공식(formulaic approach[28])에 따라 과세권을 배분하므로, 공식배분법의 성격을 지니고 있다. OECD는 의도적으로 'formulary apportionment'란 표현 대신 'formulaic approach'란 표현을 사용한 것으로 추측된다. 반면, Action Plan 8-10의 경우에는 기존 지침을 Action Plan 8-10에서 논의한 내용에 맞게 개정할 의무가 있으므로, 2022년 OECD 이전가격지침에 그 내용을 반영하였다.[29] 즉, 이전가격지침과 Pillar 1 모델규정은 별개로 존재한다. 또한, Pillar 1 시행 초기에는 적용대상그룹의 매출액을 200억 유로를 기준으로 하나, 시행 7년 이후에는 100억 유로로 축소해서 Amount A의 적용대상그룹의 범위를 확대할 예정이라고 OECD는 밝히고 있다.[30]

---

24) OECD, Public Consultation Document, Pillar One-Amount A: Draft Model Rules for Nexus and Revenue Sourcing, 4 February 2022 – 18 February 2022 (2022.2.4.).

25) OECD, Public Consultation Document, Pillar One-Amount A: Draft Model Rules for Tax Base Determinations, 18 February 2022 - 4 March 2022 (2022.2.18.).

26) OECD, 앞의 글(제2장 각주 53).

27) OECD, 앞의 글(제2장 각주 66).

28) OECD, 앞의 글(제1장 각주 5), p. 138, para. 573.

29) 이전가격지침, 4면.

30) 기획재정부, "디지털세 합의안, 포괄적 이행체계(IF) 총회에서 130개국의 지지 확보", 보도자료(2021.7.2.).; OECD, Statement on a Two-Pillar Solution to Address the Tax Challenges Arising from the Digitalisation of the Economy (2021.10.8.), p. 6.

이처럼 OECD는 일정 규모 이상의 다국적 기업 그룹에만 Pillar 1을 적용한다. 그런데, '매출액 200억 유로 초과'라는 기준은 상위 100개 기업을 선별하기 위해 임의로 정한 기준이다. Pillar 1을 도입하는 데 '매출액 200억 유로 초과'를 기준점으로 해야 하는 논리적인 근거가 전혀 없다. 그러므로 제5장 제2절에서 후술하는 바와 같이 공식배분법은 모든 다국적 기업 그룹에 적용되는 것이 타당하다.

Ⅲ. Pillar 1의 내용

1. 통합접근법

Pillar 1은 '통합접근법(unified approach)'이라고 하여 3가지 접근법이 통합된 방법을 제시한다.[31] 통합접근법은 새로운 이익배분 기준을 제시한다.[32] 첫째, '사용자 참여(user participation) 접근법'이다.[33] 사용자 참여 접근법은 사용자의 참여를 통해 창출된 가치는 사용자의 소재국에서 과세해야 한다는 논리로, 소셜미디어 플랫폼, 검색엔진, 온라인 마켓 등 특

---

31) OECD, Public Consultation Document, Secretariat Proposal for a "Unified Approach" under Pillar One, 9 October 2019 – 12 November 2019 (2019.10.), p. 3. para. 4.; Pillar 1에는 Pillar 1에 관한 의견을 제안한 영국, 미국, G-24, 독일, 프랑스에 유리한 내용이 많이 반영되어 있다.

32) 통합접근법은 다자간 합의에 따른 과세방법으로 기본적으로 각 국가의 OECD 접근법에 어긋나는 일방적인 개별조치는 허용되지 않는다(김신언, "디지털세의 최근 입법동향과 우리나라 세제개편 방안", 「조세법연구」, 제27집 제2호, 한국세법학회(2021), 365면).

33) HM Treasury, Corporate tax and the digital economy: position paper (HM Treasury Position Paper) (March 2018), p. 14, para. 2.33, available at https://assets.publishing. service.gov.uk/government/uploads/system/uploads/attachment_data/file/689240/ corporate_tax_and_the_digital_economy_update_web.pdf.

정 디지털 사업을 대상으로 하여 초과이익(non-routine profit) 중에서 사용자가 창출한 가치를 계산하여 배분하는 개념이다.[34] 사용자의 참여를 반영하기 위해 '매출귀속기준'을 사용한다.

둘째, '마케팅 무형자산(marketing intangibles) 접근법'이다.[35] 이는 중국 및 G-24가 제안한 개념으로 마케팅 활동 노력은 마케팅 활동을 한 국가 고유의 무형자산을 형성하므로, 해당 국가가 이에 대한 일부 과세권을 가질 수 있다는 아이디어에서 비롯된 접근법이다.[36] '마케팅 무형자산'은 중국이 2012년부터 계속해서 강조한 개념이다.[37] 선진국은 우수한 기술 무형자산을 가지고 있지만, 개발도상국의 경우는 그렇지 못하다.[38]

---

34) '사용자 참여 접근법'은 영국이 제안한 것으로 영국은 3가지 사업 모델(소셜미디어 플랫폼, 검색엔진, 온라인 마켓)에 한정해서 적용하자고 주장하였으나, 미국은 소비자를 대상으로 하는 모든 사업을 적용대상으로 하자고 주장하였다 [Stefan Greil and Lars Wargowske, Pillar 1 of the Inclusive Framework's Work Programme: The Effect on the Taxation of the Digital Economy and Reallocation of Taxing Rights, Bulletin for International Taxation (2019.10.), p. 505].

35) "마케팅 무형자산"은 마케팅 활동, 제품 또는 서비스의 상업적 이용에서의 지원과 관련이 있거나 관련 제품에 대한 중요한 판촉 가치가 있는 무형자산을 의미한다[이전가격지침, 용어집(Glossary)]. 마케팅 무형자산에는 상표, 상호, 고객 목록, 고객 관계, 그리고 독점 시장과 고객에게 상품이나 서비스를 판매하고 마케팅 활동하는데 사용되는 고객 데이터가 포함된다[이전가격지침, 용어집(Glossary)]. 마케팅 무형자산은 중국이 끊임없이 강조해 온 개념이다. 2010년 이전가격지침은 무형자산을 '상업적 무형자산(commercial intangibles)'으로 전제하고, 이를 사업 무형자산과 마케팅 무형자산으로 구분하여 정의하였는데(2010년 이전가격지침 6.3. 문단), 2022년 이전가격지침에서는 상업적 무형자산이란 표현을 사용하지 않는다.

36) Sebastian Beer and Geerten Michielse, Strengthening Source-Based Taxation, in Corporate Income Taxes under Pressure, IMF (2021), p. 233.

37) Fei Gao and Antony Ting, Is Arm's Length Profit Split Methodology Morphing into a Formulary Apportionment Hybrid: The Chinese Example, in The Allocation of Multinational Business Income: Reassessing the Formulary Apportionment Option, Series on International Taxation, Vol. 76, Wolters Kluwer (2020), p. 255.

38) United Nations, Practical Manual on Transfer Pricing for Developing Countries, Part

대신 개발도상국은 마케팅 무형자산을 가지고 있지만 그 기여도가 평가 절하되는 경우가 많아서[39] 원천지국에 유리한 세수 배분을 위하여 이 개념의 도입을 주장한 것으로 추측된다.

셋째, '중요한 경제적 실재성(significant economic presence)', 즉 '과세연계점'을 인정한다. 이것은 2018년 미국 연방대법원의 Wayfair 판결에서 인정한 "경제적 연계점"에 해당한다. "경제적 연계점"은 물리적 실재가 없더라도 사용자와 지속적인 디지털 상호작용이 있다면 "중요한 경제적 실재"가 있다고 보고 해당 국가에 과세권을 인정하는 것이다.[40] 경제적 연계점은 제5장 제3절 Ⅰ.항에서 상세하게 살펴본다.

2. Pillar 1의 과세권 배분 방법: 수정된 잔여이익분할법

Pillar 1이 선택한 과세권 배분 방법을 '잔여이익분할법(residual profit allocation,[41] residual profit split method[42])'이라고 표현하기도 하고, '수정된 잔여이익분할법[43]'이라고도 한다. '잔여이익분할법'은 다국적 기업 그룹의 전체이익을 취합한 후에 단일 기준을 사용하여 통상이익을 먼저 배분하고,[44] 그 후에 남는 초과이익을 잔여이익으로 배분하는 방법이다.[45]

'통상이익'은 특정 활동이나 기능에 대한 이익으로서, 주주가 요구하

D.2 China Country Practice (2021), para. 2.21.1.

39) Id., para. 2.22.8.

40) 기획재정부, 앞의 글(각주 22).

41) IMF, Corporate Taxation in the Global Economy, IMF Policy Paper, Washington, D.C. (2019).; Thornton Matheson et al., 앞의 글(제3장 각주 59), pp. 290-310.

42) Melanie Dewi Astuti, Three Approaches to Taxing Income from the Digital Economy -Which Is the Best for Developing Countries?, Bulletin for International Taxation (2020.12.), p. 725.

43) 김영순, 『국제조세 트렌드』, 지평(2021), 320면.

44) Thornton Matheson et al., 위의 글(제3장 각주 59), p. 299.; 이재호, 앞의 글(제2장 각주 76), 97면.

45) Thornton Matheson et al., 위의 글(제3장 각주 59), p. 299.

는 최소한의 세후 수익을 의미한다.[46] '통상이익'이란 명칭에서 알 수 있
듯이, 이전가격 분석에서 통상적인 이익은 일반적으로 제품의 구성 요소
를 조립하거나 창고 서비스를 제공하는 것과 같은 통상적인 활동에 대
한 이익을 의미한다. 초과이익과 잔여이익은 일반적으로 같은 개념으로
사용되며, '잔여이익'은 총소득에서 통상이익을 뺀 값이다.[47] 그리고 통
상이익은 일반적으로 관련 비용이 발생한 곳에 분배하는 반면, 잔여이익
은 일반적으로 공식에 기반해서 분배하는 경우가 많다.[48]

　　반면, Pillar 1의 경우에는 'Amount A'라고 하여 초과이익(잔여이익) 중
시장 기여분에 해당하는 금액을 먼저 배분한 후 'Amount B'에 해당하는
'기본적인 기능에 대한 보상(통상이익)'을 하거나, Amount A와 Amount B
를 동시에 배분한다는 점에서 '잔여이익분할법'과 유사한 점이 있다. 하
지만, 배분 순서에 있어서 차이가 있다. 잔여이익분할법과 배분 순서에
차이가 있다는 점을 고려하여, Pillar 1의 과세권 배분 방법을 '수정된 잔
여이익분할법'이라고 하는 것이 더 정확한 표현이다.

3. Pillar 1의 구성

가. 개요

　　Pillar 1은 Amount A, Amount B, 조세확실성(Tax Certainty)의 3가지 요소
로 구성된다.[49] Pillar 1의 핵심인 Amount A는 초과이익(잔여이익)으로만
구성된다. Amount B는 "기본적인 마케팅·판매와 유통 활동(baseline
marketing and distribution activities)"을 수행하는 다국적 기업의 자회사 등
에 적용되는 것으로,[50] Amount B는 Amount A와는 전혀 다른 구조를 취

---

46) Id.
47) Id.
48) Id.
49) OECD, 앞의 글(제1장 각주 5), para. 7.

한다.[51)

Amount A와 Amount B는 고정사업장의 필요성,[52) 산정방법과 추가로
발생하는 세수가 있는지에서 차이가 있다.[53) Amount A는 그룹 접근법에
입각한 정형화된 접근법(formulaic approach), 즉 공식배분법을 사용하여
고정사업장이 없더라도 과세연계점이 있다면 과세할 수 있고 추가로 발
생하는 세수가 있지만,[54) Amount B는 고정사업장이 있어야 과세할 수
있으며, 고정된 이익률에 따라 과세권을 배분하는 방식에 차이가 있을
뿐 추가로 세수가 발생하지는 않는다.[55) 즉, 공식배분법은 Amount A에
만 적용된다.[56) 조세확실성은 Pillar 1이라는 새로운 과세제도로 인해 생
기는 조세분쟁의 효율적인 해결절차와 관련이 있다.

나. Amount A

(1) Amount A의 적용 프로세스

Amount A의 적용 프로세스는 4단계로 이루어진다. 첫째, Amount A의
'적용대상그룹(Covered Group)'을 결정한다.[57) 둘째, 매출귀속기준에 따

---

50) OECD, 앞의 글(제1장 각주 5), para. 649, 653, 658.; OECD, 앞의 글(각주 30), p. 3.
51) Ian F. Dykes and Louise H.Keegan, The OECD Pillar 1 Blueprint: Why Amount B
    Matters, Bulletin for International Taxation (2021.3.), p. 124.
52) OECD, Statement by the OECD/G20 Inclusive Framework on BEPS on the Two-Pillar
    Approach to Address the Tax Challenges Arising from the Digitalisation of the
    Economy – January 2020, OECD/G20 Inclusive Framework on BEPS, Paris: OECD
    (2020.1.), p. 8, para. 11.
53) Id.
54) Id., p. 8, para. 10.; Ulrich Schreiber, Remarks on the Future Prospects of the
    OECD/G20 Programme of Work-Profit Allocation (Pillar One) and Minimum Taxation
    (Pillar Two), Bulletin for International Taxation (2020.6.), p. 339.
55) OECD, 위의 글(각주 52), p. 8, para. 11.; Ulrich Schreiber, 위의 글(각주 54), p.
    339.
56) OECD, 위의 글(각주 52), p. 8, para. 11.

라서 과세연계점을 형성하는 개별 시장 소재국을 결정한다.[58] 셋째,
Amount A를 배분한다.[59] Amount A를 배분하기 위해 적용대상그룹의 과
세표준을 확정하는 것이 필요하고,[60] "마케팅 및 유통이익 세이프 하버
(Marketing and Distribution Profits Safe Harbor, 이하 'MDSH'라고 한다)"를
적용하여 경우에 따라 Amount A를 감액한다. 넷째, 적용대상그룹이 개별
시장 소재국에 납부한 세금이 있다면 이중과세를 제거한다.[61]

(2) Amount A의 적용대상그룹

(가) "적용대상그룹"의 의미

2022년 4월 4일 공개된 Pillar 1 모델규정 초안은 'Pillar 1'의 적용대상그
룹에 관해서 규정하지 않고, 'Amount A'의 표제 하에 Title 2. 제1조에서
적용대상그룹을 규정하고 있다. 2022년 7월 11일 Pillar 1의 각 구성 요소
를 통합한 경과보고서가 공개되었다.[62]

'적용대상그룹'은 Amount A의 적용을 받는 그룹으로 매출액이 200억
유로를 초과하고 그룹의 세전 이익률이 10%를 초과하는 그룹을 말한다.
'그룹'은 자산, 부채, 수입(income), 비용 및 현금 흐름이 최종모기업
(Ultimate Parent Entity)[63]의 연결재무제표에 포함되거나 최종모기업이 연

---

57) OECD, 앞의 글(제2장 각주 66), Title 1.
58) Id., Title 3.
59) Id., Title 4.
60) Id.
61) Id., Title 5.
62) Amount A와 관련하여, 본문에 2022년 7월 11일 자 Pillar 1 모델규정 초안의 내
용을 인용하는 것을 원칙으로 하되, 경우에 따라 그 이전에 발간된 Pillar 1 모
델규정 초안의 내용을 함께 표기한다.
63) 최종모기업은 ① 해당 기업이 다른 기업에 대한 지배지분(controlling interest)을
직·간접적으로 소유하고, ② 정부기관 또는 연금펀드 외의 기업의 직·간접적인
지배를 받지 않아야 하며, ③ 정부기관이나 연금펀드가 아니다(OECD, 앞의 글

결재무제표를 작성한다면 포함될 그룹 기업(group entity)[64]의 집합[65] 또
는 제외기업(Excluded Entity)[66]이 아닌 기업(entity),[67] 최종모기업이 투자
펀드 또는 부동산투자기구가 아닌 기업을 의미한다.[68] Amount A의 적용
대상그룹이더라도 각각의 나라에서 납세의무 등을 부담하는 주체는 적
용대상그룹에 속한 법인 또는 기업이다.[69]

(나) 매출액 기준과 수익성 기준

1) 매출액 기준과 수익성 기준의 구체적인 내용

Amount A의 적용대상그룹은 ① 해당 사업연도[70]의 그룹 매출액이
200억 유로(27조 원)[71]를 초과(매출액 기준, revenue test)[72]하고, ② 그룹

(제2장 각주 66), Title 7: Definitions, 6. a.].

[64] 그룹 기업은 자산, 부채, 수입, 비용 및 현금 흐름이 최종모기업의 연결재무제
표에 포함되어 있거나, 최종모기업이 연결재무제표를 작성했다면 포함되었을
기업을 의미한다(OECD, 위의 글(제2장 각주 66), Title 7: Definitions, 5. a.].

[65] OECD, 위의 글(제2장 각주 66), Title 7: Definitions, 4. a.

[66] "제외기업"은 정부기관, 국제기구, 비영리기구, 연금펀드, 최종모기업인 투자펀
드 또는 최종모기업인 부동산투자기구를 말한다(OECD, 위의 글(제2장 각주
66), Title 7. Definitions, 3. a.]. 1개 이상의 "제외기업(연금펀드는 제외)"이 95%
이상의 지분을 보유하고 있는 단체, 제외기업(들)의 이익을 위해서 배타적으로
자산을 보유하거나 펀드에 투자하는 단체, 제외기업이 하는 활동을 보조하는
단체도 제외기업에 포함된다(OECD, 위의 글(제2장 각주 66), Title 7. Definitions,
3. b.].

[67] "기업(entity)"이란 법인(legal person), 별도의 회계계정이 있는 조합(partnership)
또는 신탁(trust) 등 약정(arrangement)을 의미한다(OECD, 위의 글(제2장 각주
66), Title 7: Definitions, 2].

[68] OECD, 위의 글(제2장 각주 66), Title 7: Definitions, 4. b.

[69] Id., Art. 1. 1., Art. 1. 2.

[70] 해당 사업연도가 12개월 미만이거나 또는 12개월을 초과하는 경우, 위 기준은
해당 사업연도의 기간에 비례하여 조정한다(Id., Art. 1. 2.a.].

[71] 국제상공회의소(International Chamber of Commerce)는 Pillar 1 모델규정 초안은
매출액 기준 등에서 유로화를 사용하고 있으므로, 환율 및 계산 방법이 더 명
확하게 제시되어야 한다는 의견을 서면공청회에 제출하였다(조필제·김준호,

의 세전 이익률이 10%를 초과(수익성 기준, profitability test)[73]하는 그룹
이다.[74] 매출액 기준과 달리, 수익성 기준은 '이전 사업연도기준(prior
period test)'과 '평균기준(average test)'을 충족해야 하는데, '이전 사업연도
기준'은 그룹의 해당 사업연도 직전 4개년 사업연도 중 2개년 이상의 사
업연도의 세전 이익률이 10%를 초과할 것을 요구하고,[75] '평균기준'은
그룹의 해당 사업연도 및 직전 4개년 사업연도의 평균 세전 이익률이
10%를 초과할 것을 요구한다.[76] 또한 공시사업부문(disclosed segment)이
매출액 기준은 충족하지만, 수익성 기준은 충족하지 못하는 경우, 그 그
룹의 1개 이상의 부문기업들(Segment Entities)은 Schedule D에서 정하는
바에 따라 예외적으로 Amount A의 적용사업부문(covered segment)이 된

"필라 1 소비지 소득과세 규정의 개요 및 쟁점", 「조세학술논집」, 제38집 제2호,
한국국제조세협회(2022.6.), 14-15면].

[72] OECD, 앞의 글(제2장 각주 66), Art. 1. 2.a.

[73] Id., Art. 1. 2.b.

[74] 한편, Pillar 1 모델규정 초안은 합병·분할 시 세전 이익률 계산 방법을 별도로
정하고 있다. 이전 사업연도기준과 평균기준을 적용할 때 해당 사업연도 직전
4개년 사업연도 중에 합병 또는 분할이 있는 경우 합병·분할사업연도 이전에
는 어떤 그룹을 기준으로 그 세전 이익률을 계산하여야 하는지 정할 필요가
있기 때문이다. 합병 사업연도 이전 사업연도의 세전 이익률을 계산할 때는,
제2항에서 '그룹'을 '인수그룹(Acquiring Group)'으로 보고, 만약 인수그룹이 없
는 경우에는 '기존그룹(Existing Group)'으로 보아 해당 조항을 적용한다[OECD,
위의 글(제2장 각주 66), Schedule A: Supplementary provisions for scope, 2.a]. '인
수그룹'이란 합병 이전에 존재하나 그룹으로서 합병에서의 인수자가 속한 그
룹을 의미하므로, 합병 거래에서의 매수자를 뜻한다[OECD, 위의 글(제2장 각주
66), Title 7: Definitions, Other Definitions, 23]. 그리고 '기존그룹'이란 그룹 합병
이전에 존재하여 연결재무제표를 작성한 그룹을 의미한다[OECD, 위의 글(제2
장 각주 66), Title 7: Definitions, Other Definitions, 32]. 그리고 분할사업연도 이전
사업연도의 세전 이익률을 계산할 때는, 제2항에서의 '그룹'을 '분할전그룹
(Demerging Group)'으로 보아 해당 조항을 적용한다[OECD, 위의 글(제2장 각주
66), Schedule A: Supplementary provisions for scope, 2.b].

[75] OECD, 위의 글(제2장 각주 66), Art. 1. 2.b. ii.(a).

[76] Id., Art. 1. 2.b. ii.(b).

다.77) Schedule D는 Pillar 1 모델규정 초안의 원칙적인 내용을 적용사업 부문에 맞게 수정한 것이다. 그에 따라 적용사업부문의 과세연계점 요건 등이 완화되어 있다.78)

　　Pillar 1 시행 초기에는 적용대상그룹의 총매출액을 200억 유로를 기준 으로 하나, 시행 7년 이후에는 매출액 기준을 100억 유로로 축소해서 Amount A의 적용대상그룹의 범위를 확대할 예정이라고 OECD는 밝히고 있다.79) OECD는 Amount A가 성공적으로 구현되는지 상황을 보아가면서 매출액 기준을 100억 유로로 축소한다고 밝히고 있는데,80) 이는 Amount A의 적용대상그룹의 점진적인 확대를 의미한다고 해석할 여지가 있다.

　　앞에서 그룹 접근법에 입각한 공식배분법의 타당성에 대해서는 살펴 본 바 있다. 매출액 기준을 낮춘다고 해서 과세 체계가 복잡해지는 것은 아니므로 OECD의 위 계획은 실현 가능하다. OECD의 위 계획이 종국적 으로 공식배분법의 전면 도입을 의미하는 것이라면 그 취지는 바람직하 다고 하겠으나, 공식배분법의 도입을 다국적 기업 그룹의 규모에 따라서 달리하는 것은 이를 뒷받침할 아무런 논리적인 근거가 없으므로 타당하 지 못하다.81)

　　2) "파편화 방지규칙"

　　Pillar 1 모델규정 초안은 매출액 또는 수익성을 임의로 축소함으로써 Amount A의 적용대상그룹에서 빠져나가는 것(내부 파편화)을 방지하기 위하여 "파편화 방지규칙(anti-fragmentation rule)"을 두고 있다. "내부 파

---

77) Id., Art. 1. 7., 8.
78) Id., Schedule D, Section 3.
79) OECD, Statement on a Two-Pillar Solution to Address the Tax Challenges Arising From the Digitalisation of the Economy (2021.7.1.), p. 1.; 기획재정부, 앞의 글(각 주 30).
80) OECD, 위의 글(각주 79).; 기획재정부, 위의 글(각주 30), 6면.
81) Pillar 1의 주관적인 적용범위에 대한 비판은 이 글 제5장 제2절 III.항 참조.

편화(Internal Fragmentation)"는 그룹을 2개 이상의 그룹으로 나누기로 하는 약정, 거래, 일련의 거래를 의미한다.[82] 즉, 파편화 방지규칙은 '내부 파편화를 통해 별개 그룹처럼 보이지만 공통의 이해관계를 갖는 경우를 방지하기 위한 규칙'이라고 요약할 수 있다.[83]

파편화 방지규칙에 의하면, 지배지분을 소유한 제외기업, 투자펀드 또는 부동산투자기구가 파편화된 그룹의 최종모기업을 직·간접적으로 소유하면, 동 그룹의 해당 사업연도 총매출액이 200억 유로 이하여도, 다음의 경우에는 매출액 기준을 충족하는 것으로 본다.[84] ⓐ 해당 그룹이 해당 사업연도에 Amount A 적용대상그룹의 수익성 기준을 충족하는 경우, ⓑ 해당 그룹과 동일한 내부 파편화에 따라 만들어진 다른 파편화 그룹의 해당 사업연도 총매출액의 합계가 200억 유로를 초과하는 경우, ⓒ 제반 상황을 고려할 때, 내부 파편화의 주요 목적 중 하나가 Amount A의 매출액 기준을 회피하기 위한 경우가 이에 해당한다.[85]

파편화 방지규칙은 공식배분법의 적용 회피를 방지한다는 의미가 있으므로 Pillar 1이 아닌 일반적인 공식배분법에서도 의미가 있는 내용이다.

(다) 적용대상 업종

Amount A는 적용대상그룹에서 채굴업(extractive industries), "규제대상금융업(regulated financial services)"을 제외한다.[86] 규제대상금융업은 Schedule C에서 정하고 있는 "규제대상금융기관(regulated financial institution, 이하 'RFI'라고 한다)"을 의미하며,[87] RFI는 예탁기관, 신용기관, 투자기관, 자

---

82) OECD, 앞의 글(제2장 각주 66), Title 7: Definitions, Other Definitions, 37.

83) Id.

84) Id., Schedule A: Supplementary provisions for scope, 3.

85) Id.

86) Id., Art. 1. 4.; 기획재정부, 앞의 글(각주 30).; Reuven S. Avi-Yonah, Young Ran(Christine) Kim, and Karen Sam, A New Framework for Digital Taxation, 63 Harv. Int'l L.J. (2022), p. 19.

산관리, "규제대상금융기관 서비스 법인(RFI service entity, 이하 'RFIS'이라고 한다)[88]"을 의미한다.[89]

제외되는 채굴업 그룹과 규제대상금융기관은 그 그룹 기업 소득의 75%가 채굴업, 금융업에서 발생하는 경우를 뜻한다.[90] 채굴업의 경우에는 광물, 농산물, 수산물을 채취하는 장소에 소득의 원천이 있으므로 과세하는 데 큰 어려움이 없고,[91] 규제대상금융업 역시 정부가 금융회사의 설립 및 운영과 관련하여 별도로 규제하기 때문이라고 한다. 다만, 채굴업, 규제대상금융업을 영위하는 그룹은 해당 사업 부문을 제외한 나머지 사업 부문이 매출액 기준과 수익성 기준을 충족할 때는 Amount A의 적용대상그룹에 포함된다.[92]

Action Plan 1은 디지털 경제의 조세문제를 해결하기 위하여 추진되었으나, 결론적으로 위 2개 업종을 제외하고는 Amount A의 적용대상 업종

---

87) OECD, 앞의 글(제2장 각주 66), Title 7: Definitions, 50.

88) 규제대상금융기관 서비스 법인은 동일한 그룹의 그룹 법인인 다른 규제대상금융기관(RFIS 제외)을 직·간접적으로 완전히 소유하는 그룹의 최종모기업이 95% 이상의 지분을 소유하고, 동일한 그룹의 1개 이상의 다른 규제대상금융기관(RFIS 제외)을 위해 행정 지원 서비스를 수행하는 데 귀속되는 총보고소득이 해당 사업연도 동안 그룹 법인의 총보고소득의 75% 이상이고, 이러한 행정 지원 서비스가 RFI의 활동을 수행하는 데 필요한 경우를 말한다. 그러나 그룹재무법인(Group Treasury Entity) 또는 그룹종속법인(Group Captive Entity)은 포함하지 않는다[OECD, 위의 글(제2장 각주 66), Schedule C, Section 20. 17].

89) Id., Schedule C, Section 20. 16.

90) Id., Schedule B, Section 10: 3, Section 19: 2, Schedule C, Section 20.; 어느 기업 소득의 75% 이상이 채굴업, 또는 금융업에서 발생하면 전체를 Amount A에서 제외하는데, 그 기준을 75%로 삼는 근거가 부족하다는 의견[김정홍, "디지털세 Pillar 1 동향과 향후 전망", 「진선미 국회의원 세미나 자료집」, 서울과학종합대학원대학교·조세금융신문(2022.9.28.), 26면]이 있다.

91) 안종석, "BEPS 2.0: 주요 내용과 시사점", 「재정포럼」, 2020년 6월호(제288호), 한국조세재정연구원(2020), 54면.

92) OECD, 앞의 글(제2장 각주 53), Art. 1. 4.; OECD, 앞의 글(제2장 각주 66), Art. 1. 5.

에 제한이 없으므로 Action Plan 1의 추진 의도와 달리 적용대상 업종이 광범위해진 측면이 있다. Amount A의 적용대상 업종의 확대 과정은 후술하는 제4장 제2절 III. 4.항에서 상세하게 검토한다.

(3) 과세연계점 및 매출귀속기준

(가) 과세연계점의 형성

Amount A는 다국적 기업의 시장 소재국 내 매출액이 일정 금액을 초과하면 다국적 기업의 물리적 실재가 없더라도 그 국가에 과세권을 부여한다. 이를 "과세연계점"이라고 하는데, 이 개념은 지금까지 OECD 모델조세조약에서 인정한 고정사업장과는 다른 개념이다.

특정 국가에 Amount A에 대한 과세권이 형성되려면, Amount A 적용대상그룹의 전체 매출액을 매출귀속기준에 따라서 국가별로 나누었을 때, 해당 사업연도에 특정 국가에서 발생한 매출이 100만 유로(약 13억 원[93]) 이상이어야 한다.[94] 다만, 연간 GDP가 400억 유로 미만인 국가[95]의 과세연계점 요건은 25만 유로이다.[96] Pillar 1 청사진 보고서 등에서는 과세연계점을 완화한 이유로 표면상 법령 준수의 간소화(compliance simplification)를 들고 있으나,[97] 경제 규모가 작은 개발도상국도 일정 세

---

93) 2022년 12월 15일 기준으로 100만 유로는 13억 8,562만 원이다.
94) OECD, 위의 글(제2장 각주 66), Art. 3.
95) 2019년 기준 연간 GDP가 400억 유로 이하인 국가로는 코트디부아르, 요르단, 파라과이, 카메룬, 튀니지, 라트비아, 세네갈, 온두라스, 잠비아 등이 있다[오세경, 최근 디지털세 논의 동향과 시사점(업데이트), 「오늘의 세계경제」, Vol. 21, No. 14-1, 대외경제정책연구원(2021), 4면].
96) 기획재정부, 앞의 글(각주 6).; OECD, 앞의 글(제2장 각주 66), Art. 3.
97) OECD, 앞의 글(제1장 각주 5), para. 193.; OECD의 위 논거에 대해 Amount A의 산정방법은 공식에 따라 이루어지기 때문에, 과세연계점 요건 완화가 법령을 준수하기 위해 지출하는 비용에 아무런 영향을 미치지 않는다는 비판이 있다 [The BEPS Monitoring Group(이하 'BMG'라고 한다), Comments on Pillar 1 Draft

수를 확보할 수 있도록 과세연계점 요건을 완화하였다고 밝히는 것이 더 설득력이 있다. 그리고 과세연계점 형성 기준(100만/25만 유로)은 해당 사업연도의 기간이 12개월 미만 또는 12개월 초과 시 그 기간에 비례해서 조정된다.[98]

예를 들어, 후술하는 〈그림 3〉에서 초과이익이 200만 유로이고, 1국에서 발생한 매출이 200만 유로, 2국에서 발생한 매출이 300만 유로, 3국에서 발생한 매출이 50만 유로라고 가정하자. 이 경우 Amount A는 50만 유로(=200만 유로 × 25%)이고, 매출귀속기준에 따라서 국가별로 배분되는 Amount A는 1국의 경우 20만 유로, 2국은 30만 유로, 3국은 0이다. 3국의 경우는 과세연계점을 형성하는 데 필요한 요건인 "매출 100만 유로 이상"을 갖추지 못하였기 때문에 배분되는 Amount A가 없다.

(나) 매출귀속기준

OECD가 2022년 2월 공개한 매출귀속기준은 매출을 발생시키는 개별 거래[99]마다 매출 원천지를 판정하는 것을 원칙으로 하였다.[100] 그러나 개별 거래마다 매출 원천지를 판정하는 것이 현실적이지 못하다는 비판을 받자,[101] 이 비판을 수용하여 2022년 7월 Pillar 1 경과보고에서는 위 내용을 삭제하였다.

Model Rules for Nexus and Revenue Sourcing (2022.2.18.), pp. 3-4].

98) OECD, 앞의 글(제2장 각주 66), Art. 3.

99) "거래"란 수입을 발생시키는 개별 품목(item, 예를 들어 온라인 광고에 대한 '클릭')을 의미하고, 1개의 계약 내에 여러 재화 또는 용역이 서로 다른 가격으로 공급될 때는 복수의 거래가 있는 것으로 본다[OECD, 앞의 글(각주 24), p. 5. 각주 3].

100) Id., Title 4, Art. [X]: Source rules 2.

101) 미국국제기업협회(United States Council for International Business, 이하 'USCIB'이라고 한다), Comments on the OECD Public Consultation Document "Pillar One-Amount A: Draft Model Rules for Nexus and Revenue Sourcing" (2022.2.17.), p. 6.

Pillar 1 경과보고서는 재화, 용역 등 각 유형에 따른 매출 원천지를 매우 상세하게 규정하고 있다. 매출귀속기준은 과세연계점의 형성 여부를 판단하는 데 필요하지만, 이 글의 논지인 공식배분법의 배분 요소와는 직접적인 관련이 없다.[102] 그러므로 이 글에서는 매출귀속기준의 개략적인 내용만 서술한다〈표 2〉 참조).

〈표 2〉 재화·서비스 유형별 매출귀속기준 개요

유형	매출귀속기준	규정된 신뢰가능한 지표
완제품	최종 소비자에 대한 배송지	· 최종 소비자의 배송지 또는 최종 소비자에게 판매한 소매점의 소재지
부품	부품이 포함된 완제품의 최종 배송지	· 독립적인 판매업자에게 판매 시: 최종 소비자의 배송지, 최종 소매점의 소재지 또는 판매업자가 당해 소재국에 판매한 경우 그 판매업자의 소재국
서비스	서비스의 이용지	· 특정 장소 내 서비스, 광고 서비스, 온라인 중개 서비스, 운송 서비스, 기타 서비스 등 유형별로 각각 규정
기타 (무형자산, 부동산 등)	별도 규정	· 유형별로 각각 규정

〈출처: 기획재정부, "디지털세 필라1 진행상황 보고서 공개-OECD 서면공청회 개시-", 보도자료(2022.7.12.), 5면.〉

Amount A의 적용대상그룹의 매출은 상품(완제품과 부품), 서비스 등 유형별로 각각의 매출귀속기준 및 이에 부합하는 신뢰가능한 지표에 따라 최종 소비된 시장 소재국에 귀속된다.[103] 만일 매출귀속기준에서 규정하고 있는 신뢰가능한 지표의 사용이 어려운 경우 적용대상그룹이 자체적으로 개발한 대안을 신뢰가능한 지표로 사용하는 것도 가능하다.[104] 합리적인 노력을 다해도 신뢰가능한 지표를 모두 사용할 수 없는 경우

---

102) '매출귀속기준'에 관한 상세한 내용은 조필제·김준호, 앞의 글(각주 71)을 참고하길 바란다.

103) OECD, 앞의 글(제2장 각주 66), Art. 4. 3.

104) 기획재정부, "디지털세 필라1 진행상황 보고서 공개", 보도자료(2022.7.12.), 5면.

에는 예외적으로 배분기준으로 간접지표(GDP, 최종소비지출)를 사용하는 것이 허용된다.[105] 그리고 Pillar 1 시행 첫 3년인 초기 전환기에는 간접지표를 사용하는 것이 가능하다.[106]

Pillar 1 경과보고서에서 개별 거래마다 매출 원천지를 판정하도록 하는 내용을 삭제하고, 자체적으로 개발한 대안적인 신뢰가능한 지표, 더나아가서 GDP와 같은 간접지표를 배분기준으로 사용할 수 있도록 하는 등 매출귀속기준을 단순화하려는 노력을 한 것으로 보인다.[107]

(4) Amount A의 배분

(가) Amount A의 산정방법

Amount A는 개별 시장 소재국 배분 대상 과세소득의 '총액'으로서의 의미를 지닌다. Amount A는 초과이익으로만 구성되므로, 통상적 이익(routine profit)은 배분 대상이 아니다.[108]

---

105) 기획재정부, 앞의 글(각주 104).
106) 기획재정부, 위의 글(각주 104).
107) Amazon, 디지털경제그룹(DEG), 디지털유럽, EBIT, 프랑스 산업연맹(Mouvement des Entreprises de France) 등도 OECD 서면공청회에 유사한 내용의 의견을 제출하였다(available at https://web-archive.oecd.org/2022-02-22/625090-public-comments-received-on-the-draft-rules-for-nexus-and-revenue-sourcing-under-pillar-one-amount-a.htm).; 복잡한 매출귀속기준의 개선방안으로 다국적 기업이 수집한 정보를 기초로 원천지를 판단하여 국가별로 귀속될 매출액을 산정한 후 과세당국으로부터 위 내용에 관한 '사전승인'을 받아서 시장 소재국별로 매출액을 귀속시키자는 의견도 있었다(미국국제기업협회(USCIB), available at https://web-archive.oecd.org/2022-02-22/625090-public-comments-received-on-the-draft-rules-for-nexus-and-revenue-sourcing-under-pillar-one-amount-a.htm.; 조필제·김준호, 앞의 글(각주 71), 29-30면). 하지만 이 방안은 조세확실성은 보장되지만, 과세당국으로부터 일일이 개별 시장 소재국에 귀속될 매출액에 관한 사전승인을 받아야 한다는 점에서 행정 편의성이 떨어지고 다국적 기업에 과도한 부담을 지우므로 타당하지 않다.
108) OECD, 앞의 글(각주 31), p. 13, para. 51.; Graeme S. Cooper, Building on the

〈그림 3〉 Pillar 1 Amount A의 도해

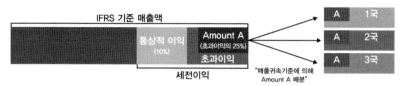

〈출처: 기획재정부, "필라1 주요 구성요소별 OECD 서면공청회 개시", 보도자료 (2022.2.7.), 3면.〉

Amount A를 산정하는 방법은 다음과 같다. 이익배분 단계는 ① 글로 벌 이익(적용대상그룹의 조정후세전이익)의 결정, ② 통상이익을 제거하 여 초과이익 산출, ③ 초과이익 중 시장배분 금액 도출, ④ 매출귀속기준 에 따른 개별 시장 소재국 배분 단계로 이루어진다. 여기서 ③단계까지 가 개별 시장 소재국 배분 대상 과세소득의 총액을 산정하는 것이고, ④ 단계가 개별 시장 소재국에 배분되는 과세소득을 산정하는 것이다.

초과이익을 구하는 순서는 다음과 같다. 먼저 전 세계 매출총액에서 매출원가나 영업비용 등 손비를 공제해서 '적용대상그룹의 조정후세전 이익'을 계산한다(①단계).[109] 그 후, 위 '적용대상그룹의 조정후세전이 익'에서 대상 사업의 수익률을 고려하여 통상이익을 제거하면 초과이익 이 산출된다(②단계). 통상이익률은 10%이다. 그리고, 초과이익 중 시장 소재국의 기여분을 25%로 보아 초과이익의 배분비율을 25%로 정하였 다.[110] 그에 따라 '적용대상그룹의 조정후세전이익' 중 통상이익률 10%

Rubble of Pillar one, Bulletin for International Taxation, November/December (2021), p. 539.; 기획재정부, 앞의 글(제4장 각주 6).

109) OECD, 앞의 글(제2장 각주 66), Art. 5.

110) Pillar 1은 초과이익의 25%를 Amount A로 정하고 있다[Id., Art. 6.; 기획재정부, 앞의 글(각주 22)]. '25%'라는 배분 비율이 자의적이라는 비판도 있지만[Michael J. Graetz, A Major Simplification of the OECD's Pillar 1 Proposal, Tax Notes International, Vol. 101, January 11 (2021), pp. 206-207], 25%는 OECD가 시뮬레이 션을 통해서 정한 비율이므로 그 비율 산정이 정확하지 않을 수 있다는 점은

를 넘는 초과이익에 배분율(시장기여분) 25%를 적용하여 시장 소재국에 과세권을 배분한다(③단계).[111] ④단계는 (다)항에서 후술한다.

$$Amount\,A = (P - R \times 10\%) \times 25\%$$

P: 적용대상그룹의 조정 후 세전이익
R: 해당 사업연도의 적용대상그룹의 매출액

Amount A는 시장 소재국들에 배분될 과세소득의 총액이자, 개별 시장 소재국에 과세소득을 배분할 때는 과세표준으로서 기능한다.

다국적 기업이 시장 소재국에 배분하는 초과이익 부분에 대해서 해당 국가에 이미 납부한 세금이 있는 경우에는 '마케팅 및 유통이익 세이프 하버(MDSH)' 규정을 통해 그 국가에 배분될 이익(Amount A)의 규모를 제한한다.[112]

(나) 적용대상그룹의 과세표준 결정
1) 적용대상그룹의 조정후세전이익 산출

Amount A의 적용대상그룹의 과세표준(tax base)은 회계를 기반으로 하여 결정하는데, 이때 회계기준은 원칙적으로 IFRS와 동등한 수준의 회계기준을 이용하여야 한다.[113] Amount A의 적용대상그룹의 당해 사업연도의 조정 후 세전이익(adjusted profit before tax for a Period)은, 적용대상그룹의 재무회계상 이익과 손실(financial accounting profit or loss)에서 아래 서술한 2)항의 회계·세무조정(book-to-tax adjustments)을 반영하고 3)항의 결손금(net losses)을 공제하여 계산한다.[114]

어느 정도 감안해야 한다.
111) 기획재정부, 앞의 글(각주 22).
112) 기획재정부, 위의 글(각주 22).; OECD, 앞의 글(제2장 각주 66), Art. 6.
113) OECD, 앞의 글(제1장 각주 5), p. 101, para. 420.
114) OECD, 앞의 글(각주 25), Art. 5.; OECD, 위의 글(제2장 각주 66), Art. 5. 1.

2) 회계·세무조정

Pillar 1 경과보고서는 회계·세무조정 항목으로는 10가지를 정하고 있다. 당해 사업연도의 적용대상그룹의 재무회계상 손익에서 a. 조세비용 또는 조세소득(tax expenses or tax income),[115] b. 제외되는 배당(excluded dividend),[116] c. 제외되는 지분평가·처분손익(excluded equity gain or loss), d. 정책상 부인되는 비용(policy disallowed expenses)[117]을 제외한다.[118] e. 전기오류 및 회계정책변경(prior period errors and changes in accounting principles)을 고려하고, f. 제외기업의 재무회계상 이익과 손실[financial accounting profit(or loss) of excluded entities]을 제외한다.[119] g. Schedule F (자산의 공정가치 또는 감손 조정)에서 정하고 있는 규칙에 따라 자산의 공정가치를 조정해야 하고(Asset Fair Value or Impairment Adjustments are made), h. 인수한 주식 기초가액을 조정해야 하며, i. 자산 차익 또는 손실의 분산 조정[Asset Gain (or Loss) Spreading Adjustments][120]을 해야 한다.[121] 마지막으로 j. 비지배 지분에 귀속되는 이익의 처리(treatment of profit attributable to non-controlling interests)를 조정한다.[122]

---

115) 조세비용 또는 조세소득은 회계기준에 따라 적용대상그룹의 재무회계 이익 또는 손실에 포함된 법인세 등(income tax)을 의미하고, 당기 및 이연된 비용은 포함되나 가산금이 포함되지 않는다[OECD, 앞의 글(제2장 각주 66), Title 7: Definitions, 22].

116) 분배금(distributions)을 제외한 배당금을 의미한다.

117) 정책상 부인되는 비용은 재무회계 이익(손실)에 포함된 뇌물 등 불법비용 및 그룹 실체별로 5만 유로가 넘는 벌과금(fines and penalties)을 의미한다[OECD, 위의 글(제2장 각주 66), Title 7: Definitions, 20].

118) Id., Art. 5. 2.

119) Id.; 제외기업의 의미는 이 글 제4장 각주 66 참조.

120) '자산 차익 또는 손실의 분산 조정'은 재고자산을 제외한 자산 처분 시 발생 연도와 후속 4개 연도에 차익(손실)을 균등 분산하여 인식하는 것을 뜻한다 [OECD, 위의 글(제2장 각주 66), Title 7, 17].

121) Id., Art. 5. 2.

122) Id., Art. 5. 2.

3) 결손금

Amount A의 적용대상그룹의 과세표준을 결정함에 있어 이월결손금 (carry-over losses)을 인정하고 일정한 요건을 갖춘 적격 사업결합 또는 적격 분할에서 결손금의 승계를 인정한다.[123] 적용대상그룹 조정 후 세전이익 계산에서 차감되는 결손금에는 ⅰ) 적용대상그룹이 된 이후 발생한 손실(post-implementation loss)과 ⅱ) 3년 이내 손실(pre-implementation loss)이 포함된다.[124]

이월결손금의 공제기간[125]은 10년이며,[126] 이월결손금이 발생하였으면 이후 사업연도에 이익이 발생해도 과거 이월된 손실이 없어질 때까지 Amount A를 배분하지 않는다(earn-out mechanism).[127]

(다) 개별 시장 소재국 배분 과세소득

1) 개별 시장 소재국 배분 과세소득의 산정방법

개별 시장 소재국에는 Amount A에서 적용대상그룹의 전체 매출액(R)에서 매출귀속기준을 적용하였을 때 과세연계점(nexus)이 형성된 개별시장 소재국에 귀속되는 매출액(L)의 비율에 해당하는 값이 배분된다(④단계).

---

123) Id., Art. 5.

124) Id., Title 7: Definitions, 29.

125) OECD 서면공청회에는 이월결손금의 공제기간과 관련하여 다양한 의견들이 제출되었다. 복잡성을 줄이기 위해서 5년의 이월결손금 공제기간을 인정하자는 견해[The Coalition for a Prosperous America, Comment in the Pillar One-Amount A: Draft Model Rules for Tax Base Determinations (2022.3.4.), p. 3.; 조필제·김준호, 앞의 글(각주 71), 40면도 있었으나, 이월결손금 공제기간에 제한을 두어서는 안 된다는 취지의 의견이 대부분이었다[BDI, BDO, Bundessteuerberaterkammer, Business Roundtable, Deloitte London, Business at OECD, National Foreign Trade Council, International Chamber of Commerce 등.; 조필제·김준호, 위의 글(각주 71), 38면].

126) 김정홍, 앞의 글(각주 90), 23면.

127) OECD, 앞의 글(제1장 각주 5), p. 100, para. 415.

$$Q = Amount\,A \times \frac{L}{R} = (P - R \times 10\%) \times 25\% \times \frac{L}{R}$$

Q: 개별시장소재국배분과세소득
P: 적용대상그룹의 조정 후 세전이익
R: 해당사업연도의 적용대상그룹의 매출액
L: 해당 사업연도에 매출귀속기준을 적용한
   개별 시장 소재국에서 발생하는 매출액

2) 마케팅 및 유통이익 세이프 하버

"마케팅 및 유통이익 세이프 하버(MDSH)"는 적용대상그룹의 초과이익에 대해서 이미 과세하고 있는 개별 시장 소재국이라면, 그 시장 소재국에 Amount A에 관한 과세소득을 배분하지 않거나 감축해서 배분하는 것이다.[128]

Pillar 1 경과보고서는 복잡한 MDSH 산식에 관하여 상세하게 서술하고 있으나, 이를 축약해서 설명하면 MDSH는 이중과세를 방지하기 위해 만든 조치란 설명이 가능하다. 그 범위 내에서 MDSH를 설명하면, Amount A의 '적용대상그룹의 특정 국가 내 초과이익 중 일정한 비율[129]에 해당하는 이익(①)'과 '특정 국가에 배분될 Amount A(②)'를 비교하여, ①〉②인 경우 특정 국가에 대한 Amount A를 배분하지 않고, ①〈②인 경우 특정 국가에 "②-①"에 해당하는 금액을 배분한다.[130]

기획재정부 보도자료에 의하면 MDSH와 후술하는 "이중과세제거"와의 상호 관계 등은 추가로 논의가 될 예정이다.[131]

---

128) 기획재정부, 앞의 글(각주 104), 6면.
129) 초과이익 중 일정한 비율에 따른 이익 등은 추가로 논의할 예정이다[기획재정부, 위의 글(각주 104), 6면].
130) 기획재정부, 위의 글(각주 104), 6면.
131) 기획재정부, 위의 글(각주 104), 6면.

(5) "이중과세제거"

(가) 이중과세제거 과세표준

"이중과세제거(Elimination of double taxation)"는 적용대상그룹의 Amount A를 시장 소재국에 재배분함에 따라 '다른 국가'에서 과세한 부분에 대한 이중과세를 조정하는 절차이다.[132] 정상가격원칙에 따라서 다국적 기업 그룹의 이익 전체가 배분된 상태에서 Amount A를 다시 배분하므로 이중과세를 제거할 필요가 있다.[133] 'MDSH'는 해당 시장 소재국에서의 이중과세를 방지하기 위한 내용임에 반해, '이중과세제거'는 '다른 국가'와의 세수를 고려한 것이라는 점에서 차이가 있다.

이중과세제거 과세표준은 적용대상그룹의 최종모기업이 연결재무제표 작성 시 적용하는 회계기준을 사용하여 국가별로 재산정한 회계상 손익에서 일정한 세무조정 및 결손금 공제를 거쳐 산정한다. 제4장 제2절 Ⅲ. 3. 나. (4) (나)항에서 '조정후세전이익'은 그룹 전체의 과세소득을 대상으로 하나, '이중과세제거 과세표준'은 국가를 기준으로 하여 산정하기 때문에 세무조정 항목 등에서 일부 차이가 있다.[134]

(나) "이중과세제거 부담국가 식별"

이중과세제거를 부담하는 국가는, 적용대상그룹의 국가별 이중과세제거 과세표준 이익의 총합이 95%에 해당하는 국가들과 개별 과세표준 이익이 5천만 유로 이상인 국가들이다.[135] 나머지 국가들은 이중과세제거 부담에서 배제된다.[136] 즉, 적용대상그룹의 특정국 내 이익이 높은 국가 위주로 이중과세제거 부담을 지며, 최소기준에 미달하는 낮은 이익

---

132) 기획재정부, 앞의 글(각주 104), 7면.; OECD, 앞의 글(제2장 각주 66), Title 5.
133) 김정홍, 앞의 글(각주 90), 24면.
134) 기획재정부, 위의 글(각주 104), 7면.
135) 기획재정부, 위의 글(각주 104), 7면.; OECD, 앞의 글(제2장 각주 66), Art. 8.
136) 기획재정부, 위의 글(각주 104), 7면.

의 국가들은 이중과세제거 부담에서 배제된다.[137]

(다) 이중과세제거 부담 배분

　이중과세제거 부담은 적용대상그룹의 "감가상각비 및 인건비 대비 이익률(Return on Depreciation and Payroll, 이하 'RoDP'라고 한다)"이 높은 국가 위주로 일정한 공식에 따라 이중과세제거 부담을 배분한다.[138] 위 공식은 3단계 방식으로 진행되는데, 특정 국가 내 그룹 RoDP의 1,500%를 초과하는 국가들이 1단계(Tier 1)로,[139] 특정 국가 내 그룹 RoDP가 그룹 전체 RoDP의 150%를 초과하는 국가들이 2단계(Tier 2)로,[140] 특정 국가 내 그룹 RoDP가 40% 등을 초과하는 국가들이 3단계(Tier 3)로 이중과세 제거 부담을 배분받는다.[141] 위 부담액을 배분받은 국가들은 소득공제 나 세액공제 등으로 이중과세를 제거할 의무가 있다.[142]

　Tier 1 내에서는 RoDP가 가장 높은 국가부터 이중과세제거 부담을 배 분받는다(waterfall approach 방식[143]).[144] Tier 2는 특정 국가 내 그룹

137) 기획재정부, 앞의 글(각주 104), 7면.
138) 기획재정부, 위의 글(각주 104), 7면.; OECD, 앞의 글(제2장 각주 66), Art. 9.
139) OECD, 위의 글(제2장 각주 66), Art. 9. 5.a.
140) OECD, 위의 글(제2장 각주 66), Art. 9. 5.b.
141) Id., Art. 9. 5.c.
142) 기획재정부, 위의 글(각주 104), 7면.
143) OECD, Progress Report on Amount A of Pillar One, Frequently asked questions (2022.7.), p. 4.
144) OECD, 위의 글(제2장 각주 66), Art. 9. 6-8.; 예를 들어, Tier 1에 속하는 그룹 RoDP의 3,000%, 2,500%, 2,000%인 A, B, C 국가가 존재한다고 가정하자. A국 RoDP가 그룹 RoDP의 2,500%가 될 때까지 이중과세제거 부담을 우선 배분하 여 A국가의 이익을 감소시킨다. A국 RoDP가 그룹 RoDP의 2,500%가 되었으나 이중과세제거가 완료되지 않았다면, A·B국의 RoDP가 그룹 RoDP의 2,000%가 될 때까지 Tier 1의 잔여이익 비중에 비례하여 이중과세제거 부담을 배분한 다. 만일 A·B국 RoDP가 그룹 RoDP의 2,000%가 되기 전에 이중과세제거가 완 료되지 않았다면, A·B·C국 RoDP가 그룹 RoDP의 1,500%가 될 때까지 Tier 1의 잔여이익 비중에 비례하여 이중과세제거 부담을 배분한다[김정홍, 앞의 글(각

RoDP가 그룹 전체 RoDP의 150%를 초과하는 국가이다.[145] Tier 2 내에서는 국가별 Tier 2 잔여이익 비중[146]에 비례하여 이중과세제거 부담을 각 국에 배분한다(pro rata 방식). 3단계는 Tier 3A와 Tier 3B로 구분되어 있는데, Tier 3A는 특정 국가 내 그룹 RoDP가 적용대상그룹의 이중과세제거 기준 RoDP 보다 높고 40%를 초과하는 국가를 의미하고,[147] Tier 3B는 특정 국가 내 그룹 RoDP가 적용대상그룹의 이중과세 제거 기준 RoDP 보다 높은 국가를 의미한다.[148] Tier 3A, Tier 3B 모두 Tier 2와 마찬가지로 국가별 Tier 3A·Tier 3B 잔여이익 비중에 비례하여 이중과세제거 부담을 각 국가에 배분한다(pro rata 방식).[149] 이중과세 제거방법 및 제거 기업(entities)은 현재로서는 미확정 상태이다.[150]

다. Amount B

(1) Amount B의 목적

Amount B 산정방법에 관한 모델규정은 2022년 말까지 제정하는 것이 목표였는데,[151] 2022년 12월 8일에 비로소 그 초안(이하 'Amount B 초안'이라고 한다)이 발표되었다.[152] Amount B는 2023년 중순까지 최종안을 마련하고 2024년에 시행할 계획이다.[153]

주 90), 24면).

145) OECD, 앞의 글(제2장 각주 66), Art. 9. 5.b.

146) '잔여이익 비중'은 특정 국가의 이중과세 제거이익의 과세표준에서 적용대상 그룹 RoDP 150%에 해당하는 이익과 Tier 1 내에서 이중과세제거 부담이 배분된 이익의 합을 차감한 금액을 의미한다(김정홍, 위의 글(각주 90), 25면).

147) OECD, 위의 글(제2장 각주 66), Art. 9. 5.c.

148) Id., Art. 9. 5.d.

149) Id., Art. 9. 11-14.

150) Id., Art. 10, Art. 11.

151) OECD, 앞의 글(각주 30), p. 3.

152) OECD, Public Consultation Document, Pillar One-Amount B, 8 December 2022 - 25 January 2023 (2022.12.8.).

Amount B의 목적은 2가지이다. 첫째, Amount B는 과세당국의 이전가격 분석업무를 단순화하고, 납세자의 납세협력 비용을 경감하는 것이다.[154] 즉, Amount B의 산정방법은 이전가격의 표준화, 이전가격지침의 간소화와 관련이 있다. 참고로, 이전가격지침의 간소화 방안은 2011년부터 추진되었고,[155] 이전가격지침 간소화 방안의 일환으로 우리나라는 2020년 국제조세조정법 시행령에 "저부가가치용역에 대한 간소화된 정상가격 계산방식(low value-adding intra-group services)[156]"을 도입하였다.[157]

둘째, 조세확실성(tax certainty)을 제고하여 과세당국과 납세의무자 간의 분쟁을 최소화하는 것이다.[158] Amount B에서 말하는 '조세확실성'은 후술하는 라.항의 'Amount A의 조세확실성'과 '분쟁해결'이라는 측면에서는 공통점을 지니지만, 그 분쟁해결 방식은 전혀 다르다. Amount A의 조

---

153) 기획재정부, "OECD 필라1 Amount B 서면공청회 개시", 보도자료(2022.12.9.), 1면.

154) OECD, 앞의 글(제1장 각주 5), p. 14, p. 155, para. 650.

155) 주OECD 대한민국 대표부 홈페이지, available at https://overseas.mofa.go.kr/oecd-ko/brd/m_20809/view.do?seq=1135872.

156) 저부가가치용역거래에 대하여 해당 용역의 원가에 5퍼센트를 가산한 금액을 용역거래의 가격으로 적용한 경우에는 그 금액을 정상가격으로 본다(국제조세조정법 시행령 제12조 제2항). "저부가가치용역거래"는 ① 거주자와 국외특수관계인의 핵심사업활동과 직접 관련되지 않는 '지원적 성격'의 용역(회계, 감사, 법률자문, 인사관리 등)이고, ② 용역이 제공되는 과정에서 무형자산의 사용 또는 창출 등이 없어야 한다. 그리고 ③ 용역 제공자 및 용역을 제공받는 자는 특수관계가 없는 제3자와 유사한 용역거래를 하지 않아야 한다(국제조세조정법 시행령 제12조 제2항 제1호, 제2호, 제3호). 지원적 성격의 용역에서 ㉮ 연구개발, ㉯ 천연자원의 탐사·채취 및 가공, ㉰ 원재료 구입, 제조, 판매, 마케팅 및 홍보, ㉱ 금융, 보험 및 재보험은 제외된다(국제조세조정법 시행령 제12조 제2항 제1호).

157) "저부가가치용역거래에 대한 정상가격 산출방법"의 경우에는 이전가격지침 제7장에 "그룹 내부 용역 제공에 대한 특별 고려사항(Special Consideration for Intra-Group Services)"이라는 표제 하에 관련 내용을 규정하고 있다.

158) OECD, 위의 글(제1장 각주 5), p. 14, para. 11.

세확실성은 여러 가지 요소로 구성된다. 반면, Amount B에서 말하는 조세확실성은 APA, 상호합의(MAP) 등 기존 이전가격세제의 분쟁해결 방식을 통하여 해결한다는 의미다.[159] 그도 그럴 것이 Amount B 초안에 의하면, Amount B는 정상가격 산출방법 중 TNMM을 적용하고, 구현방식은 아직 논의 중이나 이전가격지침에 반영할 예정이므로 Amount B는 Amount A처럼 기존과 다른 방식을 사용할 필요가 없기 때문이다.[160]

(2) Amount B의 적용 프로세스와 적용대상

Amount B의 적용 프로세스는 3단계로 이루어진다. 첫째, 기본적인 마케팅 및 유통활동을 수행하는 기업들을 식별한 후 둘째, 산업·지역 간 차이 등을 반영하여 비교대상기업들을 선정한다.[161] 셋째, 위 기업들의 수익률 등을 기준으로 정상가격으로 식별한다.[162]

Amount B는 Amount A와 다른 목적과 사고방식을 지니므로 Amount A와 적용대상이 다르다.[163] Amount B는 업종, 매출액 등에 관한 요건은 없으나 특정 거래 조건을 충족해야 한다.[164] Amount B는 ① 유형상품 관련 도매업을 영위하며 ② 사업 관련 위험(신용위험 등)을 제한적으로 부담하는 ③ 현지 재판매업자에게 적용된다.[165] 이를 부연 설명하면, ① 유

---

159) 기획재정부, 앞의 글(각주 153), 6면.
160) 참고로, 조세확실성의 적용 범위를 Amount A로 한정할 것인가에 관하여 견해 대립이 있었다. 이 견해의 차이를 좁히기 위해서 Pillar 1 청사진 보고서는 이 중과세 위험이 있는 Amount B의 적용에 관한 분쟁의 경우, 예를 들어 어떤 납세의무자가 '기본적인 마케팅과 유통 활동'의 개념에 해당하는지를 따질 때 분쟁해결절차에 구속된다고 정하였다[OECD, 앞의 글(제1장 각주 5), p. 169, para. 709].
161) 기획재정부, 위의 글(각주 153), 4면.
162) Id.
163) Ian F. Dykes and Louise H.Keegan, 앞의 글(각주 51), p. 124.
164) 기획재정부, 위의 글(각주 153), 3면.
165) OECD, 위의 글(제1장 각주 5), p. 156, para. 658.; Ian F. Dykes and Louise H.Keegan, 위의 글(각주 51), p. 124.; 기획재정부, 위의 글(각주 153), 4면.

형상품에서 농산물 등 원재료 및 무형상품은 제외하며, 기본 마케팅 및 유통 활동 이외에 R&D, 제조 등 다른 기능을 수행하지 않아야 한다.[166] 기본적인 마케팅 및 유통 활동에 해당하는지는 기업의 재무제표 정보를 기반으로 하여 양적·질적 기준 평가를 통해서 판단한다.[167] 현재 IF에서 고려 중인 양적·질적 기준은 다음과 같다.[168] ⅰ) 소매업 등 부수적 활동의 비율이 총매출의 일정비율을 초과하지 않아야 하며, ⅱ) 상표권 등 주요 무형자산을 보유하지 않아야 한다.[169] ⅲ) 시장위험 등 사업과 관련된 위험을 제한적으로 부담해야 하고, ⅳ) 쌍방·다자간 APA 대상인 경우 Amount B 적용대상에서 제외한다.[170]

② 기업의 보상에 영향을 주는 경제적으로 중요한 위험을 제한적으로 부담해야 한다.[171] 그리고 ③ '현지 재판매업자'란 다른 국가에 소재하는 한 개 이상의 특수관계기업으로부터 상품을 매입하여 주로 국내에서 제3자에게 판매하는 기업을 뜻하며, 기본적으로 다국적 기업 그룹의 내부거래가 대상이다.[172] 현지 재판매업자에는 수행기능 등 경제적 특성이 재판매업자와 유사한 위탁판매업자, 판매대리인도 포함된다.[173] 다만, 특수관계기업의 상품 도매 유통활동에 공헌하는 경우로 한정한다.[174]

(3) Amount B의 가격산정 방법

Amount B는 기업의 경제적 특성을 고려하고 산업·지역 등의 영향을 정량화하여 정상가격을 산정한다.[175] Amount B는 기본적인 마케팅 및

---

166) 기획재정부, 앞의 글(각주 153), 4면.
167) 기획재정부, 위의 글(각주 153), 4면.
168) 기획재정부, 위의 글(각주 153), 4면.
169) 기획재정부, 위의 글(각주 153), 4면.
170) 기획재정부, 위의 글(각주 153), 4면.
171) 기획재정부, 위의 글(각주 153), 4면.
172) 기획재정부, 위의 글(각주 153), 4면.
173) 기획재정부, 위의 글(각주 153), 4면.
174) 기획재정부, 위의 글(각주 153), 4면.

유통활동을 하는 비교대상기업들의 수익률 등을 기준으로 정상가격 범위를 도출한다.[176] 위 수익률은 여러 가지 정상가격 산출방법 중 TNMM을 적용하는 것을 원칙으로 한다. 적합한 비교대상거래가 존재하거나 TNMM이 아닌 비교가능 제3자가격 방법 등 다른 정상가격 산출방법이 더 적절한 경우에는 Amount B의 적용대상에서 제외한다.[177][178]

　위 내용을 종합하면, Amount A는 공식배분법으로 산정하고, Amount B는 정상가격원칙에 따라 산정한다.

　　라. "조세확실성"

　"조세확실성(Tax Certainty)"은 Amount A의 중요한 구성 요소로서, 새로운 과세제도로 인해 생기는 조세분쟁의 효율적인 해결절차를 마련하는 것을 의미한다.[179] 2019년 10월 OECD가 발표한 자료에는 'Amount C'라는

---

175) 기획재정부, 앞의 글(각주 153), 4면.
176) 기획재정부, 위의 글(각주 153), 4면.
177) OECD, 앞의 글(각주 152), para. 11.; 기획재정부, 위의 글(각주 153), 5면.
178) Amount B 초안에는 Pillar 1 청사진 보고서에 있던 "시장 소재국 자회사 등에 대하여 '고정된 이익률(fixed rate)'로 Amount B를 배분한다."라는 표현이 보이지 않는다[OECD, 앞의 글(각주 52), p. 8.; OECD, 앞의 글(제1장 각주 5), p. 156, para. 659.; 기획재정부, "디지털세 국제 논의 최근 동향", 보도자료(2019.10.30.), 5면]. Amount B의 산정방법에 대하여 고정된 이익률에 따라 과세권을 배분하는 것은 정상가격원칙에서 상당히 벗어난 방법이라는 비판이 있자, 이를 의식해서 문구를 수정한 것으로 추측된다[OECD, 위의 글(제1장 각주 5), p. 162, para. 685.; Jinyan Li, The Legal Challenges of Creating a Global Tax Regime with the OECD Pillar 1 Blueprint, Bulletin for International Taxation, February (2021.2.), p. 87.]; Amount B의 산정방법이 원가가산법에 가깝다고 보는 견해도 있었다[Ryan Finley and Stephanie Soong Johnston, OECD Digital Economy Proposal, Tax Notes International, October 14 (2019), pp. 111-112.]; Michael C. Durst, 앞의 글(제2장 각주 112)(2020), p. 13.; Ian F. Dykes and Louise H.Keegan, 앞의 글(각주 51), p. 124.
179) OECD, 위의 글(제1장 각주 5), pp. 11-12, p. 15, para. 16.

개념이 있었는데, Pillar 1 청사진 보고서에서는 'Amount C'라는 용어 자체
가 언급되지 않고, 조세확실성이란 용어만 언급되고 있다.[180] 당시
Amount C는 Amount B가 적용되는 기본 기능을 초과하는 추가 이익을 포
함하여 시장 소재국에서 분쟁 발생 시의 분쟁해결 절차를 의미하였는
데,[181] 이것은 위에서 언급한 조세확실성의 의미와 유사하다. 그러므로
Amount C의 개념은 조세확실성으로 대체된 것으로 추측된다.

조세확실성은 Amount A와 관련하여 안정적인 새로운 국제조세 체제
를 확립하는 데 중요한 역할을 한다.[182] OECD가 2022년 10월 6일 공개한
"Progress Report on the Administration and Tax Certainty Aspects of Pillar
one(이하 '행정·조세확실성 경과보고서'라고 한다)"에 의하면, 조세확실
성은 ① "적용대상 확실성 검토(scope certainty review)", ② "사전 확실성
검토(advance certainty review)", ③ "포괄적 확실성 검토(comprehensive
certainty review)", 이 3가지로 구성된다.[183] ① '적용대상 확실성 검토'는
Amount A의 적용대상그룹이 아닌 다국적 기업이 일정 기간 Pillar 1 모델
규정의 적용을 받지 않는다는 확실성을 제공하는 절차로서, 원천지국에
서 일방적으로 과세할 위험성을 제거한다.[184] ② '사전 확실성 검토'는 적
용대상그룹의 Amount A에 관한 새로운 규칙을 제공하는 방법의 확실성
을 제공하는 절차이다.[185] 매출귀속기준, 적용제외매출 등이 이에 해당한
다.[186] ③ '포괄적 확실성 검토'는 적용대상그룹에게 해당 사업연도 동안

---

180) OECD, 앞의 글(제1장 각주 5).
181) OECD, 앞의 글(제4장 각주 31), pp. 5-6.; 김영순, 앞의 책(각주 43), 321면.;
    OECD, 앞의 글(각주 52), p. 8.
182) OECD, Progress Report on the Administration and Tax Certainty Aspects of Pillar
    One, OECD/G20 Base Erosion and Profit Shifting Project (2022.10.6.), p. 155.
183) Id., pp. 53-54.
184) Id.; Michael Smith, Group Notes Concerns With Amount A Tax Certainty Under
    Pillar 1, Tax Notes International, Vol. 106 (2022.6.20.), p. 1,572.
185) OECD, 위의 글(각주 182), pp. 53-54.
186) Id.

새로운 규칙에 대한 구속력이 있다는 확실성을 여러 국가(multilateral)에 제공하는 절차이다.[187] 포괄적 확실성 검토는 표준화된 서류화 작업과 해당 사업연도에 적용되는 사전 확실성 검토의 산출물을 기반으로 해서 이루어진다.[188] 이것은 그룹에 대한 일관성 있는 처리와 조약에 참여하는 모든 당사자에게 완전한 이중과세제거를 보장한다.[189]

　　Amount A는 기존 국제조세 체제와 다르므로 전통적인 상호합의절차(MAP)를 통해서 Amount A에 관한 분쟁을 해결하는 데 어려움이 있을 수밖에 없다.[190] 이를 해결하기 위해 행정·조세확실성 경과보고서는 기존에 체결한 조세조약에 따른 과세권과 Amount A 간 상호합의절차 등 "Amount A에 관련된 쟁점에 관한 조세확실성 조항(Provisions for Tax Certainty for Issues Related to Amount A)"을 별도로 규정하고 있다.[191]

　　Amount A가 일정 규모 이상의 다국적 기업 그룹에만 적용되고, 공식배분법과 정상가격원칙이 병존하는 상황에서는 과세제도로 인한 분쟁을 해결하는 절차(조세확실성)가 지니는 의미가 크다. 모든 다국적 기업 그룹을 대상으로 하여 공식배분법을 적용하는 경우에도 분쟁해결절차는 필요하지만, 모든 다국적 기업 그룹을 일관된 방식으로 과세하기 때문에 Amount A처럼 조세확실성이 차지하는 비중은 크지 않을 것이다.

4. Amount A의 적용대상 업종의 확대 및 적용 기준

가. 적용대상 업종: 모든 업종

　　Amount A의 적용대상(scope)은 공개 토론을 거치는 과정에서 조금씩

---

187) Id., p. 54.
188) Id.
189) Id.; Michael Smith, 앞의 글(각주 184), p. 1,572.
190) OECD, 앞의 글(각주 182), p. 53.
191) Id., p. 156 이하.

변경됐다. Amount A의 적용대상 업종[192]에서 간략하게 검토하였으나, Amount A의 적용대상 업종은 후술하는 제5장 제3절 Ⅲ.항의 공식배분법의 적용대상과도 관련이 있으므로, 적용대상 업종이 변경되어 온 과정과 이유를 상세하게 분석한다.

Action Plan 1은 디지털 경제의 조세문제를 해결하기 위한 방안으로 디지털 기업을 적용대상으로 한다는 전제하에 시작되었으나, 이중과세나 비과세 문제는 그 성질이 디지털 기업에만 국한되는 것이 아니다.[193] 그리하여 OECD는 2019년 10월, Amount A의 적용대상 업종으로 "고도로 디지털화된 기업"과 디지털 경제와 무관한 "소비자 대상 기업(consumer facing business)"으로 확대해서 제안하였다.[194] 이는 미국이 Amount A의 적용 범위를 디지털 기업으로 한정하는 것에 대하여 강하게 반대하였기 때문이다.[195] Amount A의 적용 범위를 변경하자는 제안이 나왔을 당시 아직 소비자 대상 기업에 관한 정의가 구체적으로 논의되지는 않았으나, 소비자를 대상으로 하여 직접 디지털 서비스를 제공하거나 최종 소비자에게 제품을 공급하여 수익을 창출하는 기업들을 Amount A의 적용대상으로 하기로 잠정적으로 정하였다.[196] 당시 OECD는 지하자원 채굴업과 원자재(commodities)를 Amount A의 적용대상에서 제외할 것이라고 발표하였는데, 지하자원 채굴업을 제외한 이유는 자원이 풍부한 국가의 과세권이 유지될 수 있도록 하기 위함이었다.[197] 그리고 규제대상금융업을

---

192) 이 글 제4장 제2절 Ⅲ. 3. 나. (2) (다)항 참조.
193) OECD, 앞의 글(제1장 각주 4).
194) OECD는 같은 날 과세연계점을 통한 과세권 배분은 디지털 경제에서 소비자 (사용자 포함)의 일상생활을 반영할 수 있어야 한다는 내용을 함께 언급했다 [OECD, 앞의 글(각주 31), p. 7, para. 20].
195) 디지털 기업의 상당수가 미국 회사이므로 Amount A의 적용대상을 디지털 기업으로 한정하면 미국의 세수가 감소하게 된다[S. Soong Johnston, U.S. Offers Key to Unlock Scope Issue in Global Tax Reform Talks, Tax Notes (12 Apr. 2021), p. 1].
196) OECD, 위의 글(각주 31), p. 7. para. 20.

제외할 필요성이 있는지에 관해서도 추가적으로 검토하기로 하였다.[198] 왜냐하면 규제대상금융업의 경우 과세대상 이익이 실현되었는지를 결정 하는 핵심 지표가 규제를 받는 자본이 있는 장소로, 규제대상금융업의 경우 거래 구조를 이용하여 과세대상 이익이 실현되는 곳을 바꾸기가 어렵기 때문이다.[199]

그 후 2020년 1월, IF가 발표한 성명서는 "자동화된 디지털 서비스[200]" 와 "소비자 대상 기업"이 Amount A의 적용대상 업종이라고 밝혔다. 위 성명서는 "고도로 디지털화된 기업"이란 표현을 "자동화된 디지털 서비 스"로 표현을 변경하였다. 위 업종을 선정한 이유는 자동화된 디지털 서 비스 기업의 경우 물리적 실재가 없더라도 소비자에게 자동화된 디지털 서비스를 제공할 수 있고, 많은 이익 창출이 가능하며, 소비자에 의해서 만들어진 데이터로부터 얻는 혜택이 많기 때문이다.[201] 그리고 "소비자 대상 기업[202]"의 경우 예전에는 전통적인 유통 채널을 통해서 판매하였 으나, 최근에는 소셜미디어와 같은 플랫폼 기업 등을 통해 소비자 데이 터에 접근하여 개인 고객과 지속적인 관계를 형성하여 그 소비자를 대

---

197) 제5장 제3절 II. 4. 라.항 참조.; 지속 가능한 개발을 위한 국제협회(International Institute for Sustainable Development), available at https://www.iisd.org/articles/ policy-analysis/what-stake-mining-sector-global-digital-tax-reforms.

198) OECD, 앞의 글(각주 31), p. 7. para. 20.

199) Macfarlanes, available at https://blog.macfarlanes.com/post/102ho6d/pillar-one-asses sing-the-asset-management-carve-out. Macfarlanes는 EU 법을 주로 다루는 로펌으 로 런던에 본점을 두고 있다.

200) '자동화된 디지털 서비스'는 표준화된 기반으로 여러 국가의 많은 사용자에게 표준화된 서비스를 제공해서 이익을 창출하는 것으로, 온라인 검색엔진, 소셜 미디어 플랫폼, 온라인 중개 플랫폼, 디지털 콘텐츠 스트리밍, 클라우드 컴퓨 팅 서비스, 온라인 게임, 온라인 광고 서비스 등이 포함된다[OECD, 앞의 글(각 주 52), p. 10, para. 22].

201) Id., pp. 9-10, para. 18.

202) '소비자 대상 기업'에는 휴대폰, 전자 및 가전제품, 화장품, 의류, 명품, 브랜 드, 음식료품, 자동차 등 제조업이 포함된다[Id., p. 11, para. 28].

상으로 하는 타겟 마케팅(target marketing)을 하는 경우가 많으므로 적용 대상 업종으로 선정되었다.[203] 즉, 상품 판매 역시 디지털 기술과 연결 되어 있어서 소비자 대상 기업도 적용대상 업종으로 고려하게 된 것이 다. 공식배분법에 위 내용을 대입해 보았을 때, 소비자 대상 기업은 소 비지, 생산지와의 관련성은 없는 것으로 보이고, 단지 디지털 기술과의 연계 가능성을 고려해서 선정된 것으로 추측된다.

그런데, 기업 또는 산업마다 디지털화된 정도가 다르므로 '고도로 디 지털화된 기업', '자동화된 디지털 기업'을 특정해서 제한하는 것이 현실 적으로 불가능하다.[204] 이러한 지적을 받아들여, IF는 2021년 7월 1일 채 굴업과 규제대상금융업만 Amount A의 적용 범위에서 제외하기로 정하 였다.[205] 이러한 결정은 OECD가 2019년에 제안했던 내용보다 Amount A 의 적용대상 업종을 확대한 것이다.[206]

대신 적용대상그룹의 매출액 기준을 상향해서 조정하였다. OECD가 2022년 4월 발표한 Pillar 1 모델규정 초안은 위 내용을 반영하여 채굴업, 규제대상금융업을 영위하는 그룹은 Amount A의 적용대상(적용 범위)에 서 제외하되, 해당 사업 부문을 제외한 나머지 사업 부문이 매출액 기준 과 수익성 기준을 충족할 때에는 Amount A의 적용대상그룹에 포함된 다[207]는 조항을 마련하였다.

---

203) Id., p. 10, para. 19.
204) Id., p. 6, para. 1.; OECD, 앞의 글(각주 20), p. 1.
205) OECD, 앞의 글(각주 79), p. 1.; 기획재정부, 앞의 글(각주 30), 2면.
206) 미국은 Amount A의 적용대상을 '매출액'과 '이익률'로 구분할 것을 제안하면서 업종 분류나 사업모델에 의한 구별을 부인했다. 그러면서 미국은 업종 구분을 강하게 반대하며, '매출액', '이익률'을 기준으로 하여 Amount A의 적용대상을 100개 사 이하로 할 것을 제안하였는데, 2021년 7월 IF 합의는 결과적으로 미국 의 제안을 수용한 것이대최용환·홍욱선, "디지털 경제의 국제조세 과세원칙 개정논의와 향후 과제-미국 바이든 세제개혁 및 OECD 2 필라 IF 합의를 중심 으로-", 「조세학술논집」, 제37집 제3호, 한국국제조세협회(2021), 29면].
207) OECD, 앞의 글(제2장 각주 53), Art. 1. 4.; OECD, 앞의 글(제2장 각주 66), Art. 1.

〈표 3〉 Amount A 적용 범위의 확대 과정

	정책 참고 사항 (2019년 1월)	통합 접근법 (2019년 10월)	Pillar 1 청사진 보고서 (2020년 10월)	Two-Pillar 해결책 (2021년 7월)
적용 대상	·시장 소재국에서 제한된 위험 분배 구조를 가진 고도로 디지털화된 사업을 하는 다국적 기업	·사용자와 원격으로 상호작용하는 고도로 디지털화된 사업, 상품을 소비자에게 판매하고 사용자 기반으로 디지털 기술을 개발하는 사업	·자동화된 디지털 서비스 ·소비자 대상 기업	업종 제한 無
제외 산업	제외 대상 별도로 정하지 않음	·채굴업 ·원자재 (commodities) ·금융업 제외 가능성 有	·천연 자원 ·금융업 ·주거용 부동산의 건설, 판매 및 임대 ·국제 항공 및 배송 ·약품 제외 가능성 有	·채굴업 ·규제대상금융업
매출액 기준	매출액 기준에 관한 사항 無	전 세계 매출액이 7억 5천만 유로 초과	전 세계 매출액이 7억 5천만 유로 초과	전 세계 매출액이 200억 유로 초과
수익성 기준	최소 수익성 기준에 관한 사항 無	시장 소재국으로 분배되는 이익에서 합의된 수준에서의 이익은 제외될 예정	수량화되지 않은 수익성 기준 총수입에 대한 세전 이익의 비율로 결정	세전 이익률이 10% 초과
세분화	Amount A를 사업부문 또는 전체 그룹으로 결정할 것인지에 대한 논의 無	사업부문을 기준으로 하여 영업부문 별로 수익을 정할 수 있는지에 관한 향후 작업이 필요	적용대상을 적절하게 정하려면 세분화가 필요하지만, 세분화는 최소로 제한할 필요 有	재무제표에 공개되는 사업부문에 따라 세분화할 필요 有

〈출처: Graeme S. Cooper, Building on the Rubble of Pillar one, Bulletin for International Taxation, November/December (2021), p. 537 참조하여 일부 수정〉

〈표 3〉은 Amount A의 적용 범위의 확대 과정을 간략하게 나타낸 것이다.

결론적으로 처음에는 Amount A의 적용대상 업종으로 '자동화된 디지털 서비스'와 '소비자 대상 기업'이 논의되었으나, IF 합의에서 업종 구분을 없애는 것으로 귀결되었다.

나. 적용 기준: 매출액 기준과 수익성 기준

〈표 3〉에 의하면, 2019년 1월 당시에는 Amount A의 적용을 받는 다국적 기업의 범위를 정함에 있어 다국적 기업의 매출액과 수익성은 고려 대상이 아니었다. 그런데 2019년 10월 공개한 통합 접근법에 관한 보고서에서는 매출액 기준과 수익성 기준을 언급하면서, 매출액 기준을 '전세계 매출액 7억 5천만 유로 초과'로 정하였는데, 이는 Action Plan 13(이전가격 문서화 및 국가별보고서에 대한 지침)에서 정하고 있는 기준을 그대로 가지고 온 것이다.[208]

트럼프 행정부 때 위 논의가 진행되었으나, 디지털 기업 대부분이 미국 기업이었기 때문에 트럼프 행정부는 미국의 세수 손실을 우려하여 Pillar 1을 지지하지 않았다.[209] 2021년 1월, 바이든 행정부로 바뀌면서 Pillar 1에 대한 미국의 태도가 바뀌었으나, 결론적으로 Amount A의 적용대상그룹은 축소되었다. 바이든 행정부는 "포괄적 범위(comprehensive scoping)"라는 대안을 제시하였는데,[210] 포괄적인 범위 제안은 업종

---

208) OECD, 앞의 글(각주 31), p. 7.

209) Reuven S. Avi-Yonah, The International Tax Regime at 100: Reflections on the OECD's BEPS Project, Bulletin for International Taxation, November/December (2021), p. 523.; Tax Journal, US Suggests Safe Harbour Regime for OECD Pillar One Proposal (11 Dec. 2019), available at https://www.taxjournal.com/articles/us-suggests-safe-harbour-regime-for-oecd-pillar-one-proposal.

210) Reuven S. Avi-Yonah, 위의 글(각주 209), p. 523.; 최용환·홍욱선, 앞의 글(각주

(industry classification) 및 사업모델을 불문하고 Pillar 1의 적용대상으로 하되 매출액(revenue)과 수익성(profit margin) 기준을 사용하여[211] Amount A의 적용 범위를 제한하는 것이다.[212] 현재는 Amount A의 적용대상그룹을 상위 100대 다국적 기업으로 한정하였으나[213] 향후 매출액 기준 등을 하향 조정하여 Pillar 1의 적용대상그룹의 범위를 확대할 예정이므로, 종국적으로는 공식배분법의 전면 도입을 목표로 하는 것이라고 해석할 여지가 있다.

그런데, 매출액 기준과 수익성 기준으로 Amount A의 적용대상그룹을 한정하는 것은 이론상 형평에 맞지 않는 측면이 있다.[214] 이는 오히려 일정 규모 이상의 다국적 기업 그룹을 역차별하는 것이다. 그러므로 공식배분법의 적용대상그룹을 매출액 기준과 수익성 기준을 별도로 선정하여 한정하는 것은 타당하지 않다. 이에 관하여는 제5장 제3절에서 후술한다.

IV. Pillar 1의 국내 수용

우리 정부는 일단 Pillar 1에 대한 범세계적 합의가 이루어져 국제적 규범으로 자리 잡을 가능성이 크다고 보고 그에 맞추어 수용작업을 준

---

206), 8면.

211) Reuven S. Avi-Yonah, 앞의 글(각주 209), p. 523.; US Treasury Department, Presentation by the United States to the Steering Group of the Inclusive Framework Meeting (2021), p. 11, available at https://www.politico.com/f/?id=00000178-b389-d098-a97a-f79960510001.

212) Reuven S. Avi-Yonah, 위의 글(각주 209), p. 523.

213) Amount A의 적용대상그룹을 상위 100대 다국적 기업으로 한정한 것에 대해서 비판하는 견해가 있다[Id.].

214) Assaf Harpaz, The OECD Unified Approach: Nexus, Scope, and Coexisting With DSTs, Tax Notes International, December 9 (2019), p. 909.

비 중이다. Pillar 1은 우리나라의 현행 법령이나 조약과 충돌하는 부분이 있으므로 당연히 법령이나 조약의 제정 또는 개정 문제를 낳는다. Pillar 1만이 아니라 이 글이 제시하는 전통적인 3요소 공식배분법도 똑같은 제·개정 문제를 낳는 것은 같으므로 나중에 따로 논하지는 않는다.

1. 국내 세법의 제정 또는 개정

공식배분법에 해당하는 Pillar 1의 Amount A 산정방법에 따라 개별 시장 소재국에 배분되는 과세권 창설은 각 국가의 국내 세법에 이에 관한 내용이 있어야 가능하다.[215] 그러므로 Pillar 1을 도입하려면 국내 세법을 개정 또는 제정해야 한다.

Pillar 1 도입 시 국내 세법 개정 또는 신법 제정의 어떠한 형태를 취하여도 크게 문제가 되지 않을 것으로 보인다. 공식배분법에 관하여 규율하는 법률을 별도로 입법하고자 시도한 예로 EU의 CCCTB를 들 수 있다. EU는 공식배분법을 시행하기 위하여 별도 지침(Directive)[216]의 형태로 CCCTB 지침안을 제정하였다. EU 지침은 EU 회원국에 대하여 구속력을 갖지만, 지침의 내용을 국내법 제도로 편입하려면 이에 관한 개별 법률을 제정해야 한다.[217]

우리 정부는 2022년 9월 1일 Pillar 2에 관한 GloBE 모델규정의 내용을 반영한 「국제조세조정법 일부개정법률안」(의안번호 2117157)을 국회에 제출하여 2022년 12월 현재 위 법률안이 기획재정위원회에 계류 중이다.[218] 위 「국제조세조정법 일부개정법률안」은 국제조세조정법에 별도

---

215) 조필제·김준호, 앞의 글(각주 71), 48면.
216) EU에서 지침은 규칙(Regulation)과 함께 중요한 법규범으로, 달성 목적과 관련하여 EU 회원국들에 구속력이 있다(클라우스-디터 보카르트, 『EU법 입문』, 전남대학교 출판부(2014), 114-116면).
217) 클라우스-디터 보카르트, 위의 책(각주 216), 114-121면.
218) 국회 의안정보시스템(http://likms.assembly.go.kr/bill/main.do).

의 장을 만들어서 '글로벌최저한세의 과세'에 관한 내용을 규정하는 형식을 취하였다.

GloBE 모델규정이 「국제조세조정법 일부개정법률안」에 추가된 점, 국세와 지방세에 관하여 국제조세조정법이 우선하여 적용된다는 점(국제조세조정법 제4조 제1항) 등을 고려하면 Pillar 1의 내용도 국제조세조정법에 추가하는 것이 현행법 체계에 부합하는 것으로 보인다. 그러므로 Pillar 1 도입 시 국제조세조정법에 추가되어야 하는 내용에 관하여 검토한다.

가. 국제조세조정법의 개정

(1) 정의 규정

Pillar 1의 Amount A는 그룹 접근법에 따른 과세방법이므로, '그룹', '다국적기업그룹', '최종모기업', '구성기업' 등의 개념을 정의 규정에 신설해야 한다.[219] 또한 Pillar 1의 Amount A를 개별 시장 소재국에 배분 시 과세연계점, 매출귀속기준이 중요한 내용이므로 이에 관한 개념 역시 정의 규정에 신설해야 한다.

(2) 공식배분법 관련 내용

이전가격세제는 국제조세조정법 제8조(정상가격의 산출방법)에서 규정하고 있으나, 공식배분법은 그룹 접근법에 따라 다국적 기업 그룹 내부 간 거래를 특수관계인 간 거래로 보지 않으므로 국제조세조정법 제8조가 적용되지 않는다.

공식배분법은 '넓은 의미의 이전가격세제'와 관련이 있는 점 등을 고

---

219) 현재 국회에 계류 중인 「국제조세조정법 일부개정법률안」(의안번호 2117157)은 Pillar 2에 관한 내용이나 Pillar 1에도 동일하게 적용되는 '그룹', '다국적기업그룹', '최종모기업' 등의 개념을 제61조(정의)에 규정하고 있다.

려하여 Pillar 1을 도입하는 경우에는 국제조세조정법 내에 별도의 장을 만들어서 Pillar 1의 과세단위(그룹의 범위), 과세대상소득(과세표준), 배분 공식(Amount A 산정방법), 신고납부 등에 관하여 규정하는 것이 가능할 것으로 생각된다. 그 외에도 납세의무자가 누구인지가 문제 될 수 있는데, 이 글에서 제안하는 공식배분법은 그룹과세의 일종이므로 소득통산형 연결납세제도의 입법례를 참고하여 납세의무자는 최종모기업이라고 보는 것이 타당할 것으로 생각된다.[220] 손익대체형은 단순·명료하다는 장점이 있으나, 결손금 대체를 통한 조세회피가 용이하므로[221] BEPS 방지 프로젝트의 취지에 부합하지 않는 측면이 있기 때문이다. 이 외에 국제조세조정법 시행령도 국제조세조정법의 내용에 맞게 개정해야 한다.

나. 법인세법·조세특례제한법의 개정

특정 다국적 기업 그룹이 Pillar 1의 적용대상그룹이 아니었으나, 매출액 증가로 인하여 Pillar 1의 적용을 받게 되는 경우, 또는 이와 반대로 공식배분법의 적용대상이었으나 매출액 감소로 더 이상 공식배분법의 적용을 받지 않게 되는 경우에는 공식배분법과 정상가격원칙을 함께 적용받는 사업연도가 있을 수 있다. 이 경우 법인세법, 조세특례제한법 등의 개정을 통해 이중과세 방지를 위한 외국납부세액 공제 또는 다른 형태의 세액 공제·감면 제도를 마련할 필요가 있다.

2. 조세조약

IF 참여국 간에는 Pillar 1의 'Amount A'에 관한 과세권 배분을 일관되게 시행하기 위하여 다자조약 체결이 예정되어 있다.[222]

---

220) 소득통산형 연결납세제도는 이 글 제2장 각주 61 참조.
221) 임동원, 앞의 글(제2장 각주 61), 4면.

우선 Pillar 1과 기존 양자조약의 관계를 살펴보자. OECD 모델조세조약 제7조는 사업소득에 관하여 정하고 있고, OECD 모델조세조약 제9조는 이전가격세제에 관하여 정하고 있다. 양자는 다국적 기업 그룹 과세와 관련하여 떼려야 뗄 수 없는 관계에 있다. 한편, Pillar 1은 국제조세 체제의 개혁이라고 할 수 있을 정도로 이전에는 다루지 않았던 내용을 다루고 있다. 이에 Pillar 1과 OECD 모델조세조약의 관계가 문제 된다.

Pillar 1은 공식배분법의 일종의 적용을 받는 Amount A, 표면상 정상가격원칙의 적용을 받는 Amount B 등으로 구성되므로, Pillar 1이 시행되더라도 공식배분법과 정상가격원칙이 병존하게 된다. Pillar 1 경과보고서는 기존의 과세권 배분 규칙은 그대로 적용되고, Amount A의 산정방법은 초과이익에 관하여서만 적용한다(overlay)고 밝히고 있다.[223] 그 외에도 Pillar 1은 기존 체제가 유지된다는 전제하에서 MDSH, 이중과세제거 등을 규정하고 있다.[224] 그러므로, Pillar 1이 시행되더라도 OECD 모델조세조약은 현재와 동일하게 적용된다. 다만, Amount A의 과세권 배분에 관한 내용은 개정이 필요하다.

현행 조세조약 체계에서는 외국법인이 원천지국에 물리적 실체가 있

---

222) OECD, 앞의 글(제1장 각주 5), para. 824.-829, 836.-842.; IF는 2023년 상반기까지 Pillar 1 모델규정과 다자조약(협약) 체결을 마무리하기로 했다(최혜령, "디지털세 '필라1' 도입, 2024년으로 1년 연기", 동아일보, 2022.7.13.자 기사).

223) OECD, 앞의 글(제2장 각주 66), p. 8.

224) 공식배분법을 전면 도입할 때는 적용되는 OECD 모델조세조약의 조문이 달라진다. 이전가격세제는 OECD 모델조세조약 제9조에서 정하고 있고, 다국적 기업 그룹의 내부거래를 독립 기업이라는 원칙에 따라서 규정하고 있다. 그런데 공식배분법은 다국적 기업 그룹 내부 간 거래(특수관계자 간 거래)를 무시하고 다국적 기업 그룹을 단일 기업으로 취급한다. 그러므로 공식배분법이 적용되는 상황에서는 OECD 모델조세조약 제9조(특수관계기업)의 적용을 받지 않고, OECD 모델조세조약 제7조(사업소득)의 적용을 받는다(Reuven S. Avi-Yonah and Zachee Pouga Tinhaga, Formulary Apportionment and International Tax Rules, In Taxing Multinational Enterprises as Unitary Firms, edited by S. Picciotto, 67-74, Brighton, UK: Institute of Development Studies (2017), p. 67].

는 고정사업장이 있어야 원천지국에 과세권이 있다(OECD 모델조세조약
제5조 및 제7조). 그런데 Pillar 1의 Amount A는 매출귀속기준에 따라 개
별 시장 소재국에 '과세연계점'이 형성되면 해당 국가에 과세권이 귀속
된다. 과세연계점은 고정사업장과는 다른 개념이다. 즉, Amount A는 앞
에서 여러 차례 설명하였듯이 개별 시장 소재국에 다국적 기업 그룹의
고정사업장이 없더라도 과세권이 창출되는 결과를 낳는다. 이러한 내용
은 현행 조세조약에 반한다. 비록 Action Plan 7(고정사업장)에서 이전보
다 고정사업장의 개념을 확대하여 판단할 수 있도록 하는 근거225)를 마
련하였지만, 소비지 기준 매출액 요소로 인해서 발생하는 문제를 근본적
으로 해결할 수 없다. 그러므로 Pillar 1의 Amount A 산정방법에 따라 과
세권을 배분하기 위해서는 조세조약의 개정이 필요하다.226)227)

　　Pillar 1 시행에 따라 IF 참여국 간에 과세권 귀속이 변경되는 부분은
다자조약을 활용할 필요가 있다. 조세조약은 전통적으로 일부 인접 국가
간의 다자간 조약을 제외하고는 양자조약으로 체결됐다.228) 그런데 일
반적으로 양자조약을 개정하는 데에는 상당히 많은 시간이 소요된다.

---

225) BEPS 방지 프로젝트의 일환으로 OECD 모델조세조약 제5조에 4.1항이 추가되
　　었다(OECD 모델조세조약 주석 제5조 4문단). 4.1항의 목적은 한 기업이나 밀
　　접한 관계기업들이 그룹의 통합된 사업활동을 여러 개의 작은 활동으로 쪼개
　　어서 각 부분이 단지 예비적 보조적 활동을 수행한다고 주장하는 것을 방지
　　하기 위한 것이다(OECD 모델조세조약 주석 제5조 79문단).
226) Michael C. Durst, 앞의 글(제2장 각주 112)(2020), p. 10.; Thornton Matheson et
　　al., 앞의 글(제3장 각주 59), p. 301.
227) 개발도상국은 UN 모델조세조약에 근거하여 조세조약을 체결하는 경우가 많
　　은데, UN 모델조세조약 제7조 제4항은 국내사업장에 귀속될 소득을 결정하는
　　데 총소득배분방법(on the basis of an apportionment of the total profits of the
　　enterprise)을 적용할 수 있으므로 위 조항에 근거하여 공식배분법을 사용할
　　수 있다는 견해[Reuven S. Avi-Yonah and Zachee Pouga Tinhaga, 앞의 글(각주
　　224), p. 73]가 있다.
228) 김정홍, "BEPS 이행 다자협약의 현황과 전망", 「조세학술논집」, 제34집 제1호,
　　한국국제조세협회(2018), 93면.

이러한 점을 고려하여, OECD는 2016년 11월 BEPS Action Plan 중 조세
조약 개정이 필요한 내용을 담은 "BEPS 방지 프로젝트 이행을 위한 다자
조약(Multilateral Convention to Implement Tax Treaties Related Measures to
Prevent Base Erosion and Profit Shifting, 이하 'BEPS 다자조약'이라고 한다)"
을 채택하였는데, BEPS 다자조약 가입 시 가입국 간에는 개별 양자 협상
이 없더라도 BEPS Action Plan의 내용이 현행 조세조약에 자동으로 반영
되는 효과가 있다.[229] 그 결과 양자 조세조약 개정 시 일반적으로 소요
되는 시간과 비용을 크게 절감할 수 있다.[230] 다자조약의 국제법적 근거
는 「조약법에 관한 비엔나협약」(Vienna Convention on the Law of Treaties)
제30조 제3항(후법우선의 원칙)이다.[231] '후법우선의 원칙'은 동일한 주
제를 다루는 두 조약의 당사자가 동일하다면 나중에 체결된 조약이 우
선한다는 것을 뜻한다.[232]

　　Pillar 1은 2~3개 국가를 대상으로 하여 적용하는 것이 아니라 IF에 참
여하는 140여 개 국가를 대상으로 하여 적용하는 것이다. 그러므로 공식

---

229) OECD, Developing a Multilateral Instrument to Modify Bilateral Tax Treaties, Action
　　15: 2015 Final Report, OECD/G20 Base Erosion and Profit Shifting Project (2015.
　　10.), p. 24, para 30.; 이재호, "이른바 BEPS 대책 다자조약 체제에서의 우리나
　　라의 정책방향", 「서울법학」, 제24권 제1호, 서울시립대학교 법학연구소(2016),
　　377면.; 우리나라는 2017년 6월 7일 BEPS 다자조약에 서명한 후 2019년 12월
　　10일 국회 비준 동의를 완료하였고, 2020년 5월 13일 OECD 사무국에 비준서
　　를 기탁하였다. BEPS 다자조약은 2020년 9월 1일부터 국내에 발효되었다(기획
　　재정부 홈페이지, available at https://www.moef.go.kr/lw/taxtrt/mltAgremnPrgs.do?
　　menuNo=7050200).
230) 이상엽·박수진·유현영·이형미·조승수, "우리나라의 조세조약 체결 현황 분석
　　및 정책적 시사점", 한국조세재정연구원(2017), 99면.
231) 김정홍, 앞의 글(각주 228), 93-94면.; 「조약법에 관한 비엔나협약」 제30조(동일
　　한 주제에 관한 계승적 조약의 적용) ③ 전조약의 모든 당사국이 동시에 후조
　　약의 당사국이나, 전조약이 제59조에 따라 종료되지 아니하거나 또는 시행
　　정지되지 아니하는 경우에, 전조약은 그 규정이 후조약의 규정과 양립하는
　　범위 내에서만 적용된다.
232) 김정홍, 위의 글(각주 228), 100면.

배분법이 조속한 시일 내에 시행되도록 하려면 양자 조세조약을 수정하는 효과를 지닌 다자조약을 활용할 필요가 있다. Pillar 1 역시 신속성을 도모하기 위하여 IF 참여국 간 다자조약의 체결을 통해서 Pillar 1을 시행할 예정이다.

3. Pillar 1 수용의 경제적 효과

Pillar 1은 다국적 기업의 초과이익의 일부를 시장 소재국에 배분하도록 제도를 설계하였기 때문에 점차적으로 산업 기반이 강한 선진국들이 시장 규모가 큰 개발도상국에 과세권 일부를 배분하게 된다.[233] Pillar 1에 의한 과세권 배분과 관련하여 우리나라는 선진국에 해당한다.

우리나라 정부는 삼성전자(주), SK하이닉스(주) 등이 Pillar 1의 적용을 받고,[234] 그로 인하여 수천억 원의 세수가 감소할 것으로 예상하고 있다.[235] 하지만, Pillar 1의 적용을 받는 다국적 기업 그룹이더라도 별도로 마련된 이중과세 조정 절차로 해당 기업의 세 부담은 Pillar 1 도입 전과 크게 달라지지는 않을 것으로 예상된다.[236]

---

233) Robert Goulder, The Cost of Change: Pillar 1 Reduced to the Back of a Napkin, Tax Notes International, Vol. 103 (2021.7.5.), p. 111.

234) 기획재정부, 앞의 글(각주 30), 3면.; 우리나라 정부는 삼성전자(주)와 SK하이닉스(주) 등이 Pillar 1의 적용을 받아 해외에서 납세의무를 부담하게 되지만, 국내에서 활동하는 거대 플랫폼 외국법인 중 80여 개 정도에 대해 한국 정부에 과세권이 생길 것으로 전망하고 있다[뉴시스, "홍남기, '디지털세, 필라 1·2 결합하면 세수 소폭 플러스'", 2021.10.14.자 기사.; Martin A. Sullivan, Which Companies Could Be Caught In the Pillar 1 Net?, Tax Notes International, Vol. 104, October 25 (2021), p. 387]. 다만, Pillar 2 시행 시에는 수천억 원의 세수가 증가할 것으로 예상된다[변혜정, "디지털 경제에서의 조세: OECD/G20 성명서 주요 내용과 앞으로의 과제", 「KISO저널」, 제45호, 한국인터넷자율정책기구(2021), 29면].

235) 뉴시스, 위의 글(각주 234).

236) 기획재정부, 위의 글(각주 30).

V. 소결: Pillar 1과 공식배분법

Pillar 1은 왜 나왔는가? 독립기업원칙은 각 국가에 있는 다국적 기업 그룹 내 기업들이 독립된 기업이라는 가정하에서 계산했을 가격에 따라 소득을 분배한다. 이 원칙에 대한 합의는 100여 년 전에 이루어졌다.[237] 그런데, 디지털 경제에서는 동일한 장소와 시간이 아니더라도 생산요소의 유기적인 결합이 가능해지므로, 각 국가에 있는 기업들이 서로 다른 독립된 기업이라는 가정이 불가능해진다.[238] 즉, 독립기업원칙을 적용하기가 어려워지게 된다. 더욱이 플랫폼의 발달로 인하여 전자상거래를 병행해서 하는 기업들이 증가하는 추세에 있고, 전자상거래 등 디지털 거래만 하는 기업들도 존재한다. 실제로 지난 10년간 인터넷상에서 거래하는 기업의 수가 기하급수적으로 증가하였다.[239] 전자상거래의 성장으로 인하여 앞으로 다국적 기업 그룹 내부거래의 정상가격을 산출하는 것이 불가능한 경우가 더욱 빈번해질 것이다.

Pillar 1 같은 공식배분법을 시행하기 위해서는 국가별 다국적 기업 그룹의 소득에 관한 정보가 있어야 한다. 그런데, 과거에는 다국적 기업이 자발적으로 정보를 제공하지 않는 이상 과세당국이 다국적 기업 그룹의 국가별 소득 정보를 일일이 알기가 쉽지 않았다. 그러므로 그룹 접근법에 따라 다국적 기업 그룹의 소득을 여러 국가에 배분하는 것이 현실적으로 쉽지 않았을 것이다. 그러나 오늘날은 BEPS 방지 프로젝트 Action Plan 13[240]에서 과세당국과 다국적 기업 간 정보 비대칭을 해소할 수 있

---

237) Mitchell B. Caroll, Taxation of Foreign and National Enterprises, Vol. Ⅳ: Methods of Allocation of Taxable Income (1933).; Gert Greve, The Arm's-Length Principle Ignores the Economic Reality of Modern MNEs, Tax Notes International, Vol. 104, November 15 (2021), p. 769.

238) 이창희 외 5인, 앞의 글(제1장 각주 9), 145면.

239) OECD, 앞의 글(제2장 각주 10), pp. 75-76.

240) OECD, Guidance on Transfer Pricing Documentation and Country-by-Country

도록 이전가격 문서화를 강화하고, 다국적 기업으로 하여금 '국가별보고서(Country-by-Country Reporting, 이하 'CbCR'이라고 한다)[241] 등'을 과세당국에 제출하도록 함으로써 다국적 기업 그룹의 소득에 관한 정보를 과거보다 쉽게 파악할 수 있게 되었다. 또한 과세당국은 정보교환협정 등을 통해서 해당 과세당국에 제출된 국가별보고서 등의 내용을 다른 관련 국가의 과세당국과 공유하는 것이 가능해졌다.[242]

이 절에서는 BEPS 방지 프로젝트, 특히 Pillar 1의 Amount A에 적용한 공식배분법에 관하여 살펴보았다. Pillar 1은 통합접근법이라고 하여 새로운 이익배분 기준을 제시한다. 통합접근법은 사용자 참여 접근법, 마케팅 무형자산 접근법, 과세연계점으로 구성되는데, 그 중 과세연계점은 고정사업장의 개념을 확대한 것으로, 고정사업장 없이 과세할 수 있는 일반적인 공식배분법과도 연관이 있는 개념이다.

Pillar 1은 Amount A, Amount B, 조세확실성으로 구성된다. 그중 Amount A의 산정방법은 공식배분법의 일종으로 볼 수 있기 때문에 이 글에서 중요한 의미가 있다. Amount A의 내용 중 제5장에서 언급한 공식배분법과 관련된 내용에 관해서 살펴보자. 공식배분법의 구성 요소에는 ① 과세단위, ② 과세대상소득, ③ 배분 요소와 배분 공식이 있다.[243]

① 과세단위는 그룹의 범위라고 할 수 있다. Pillar 1에서 Amount A의 적용대상그룹, 즉 과세단위는 최종모기업의 연결재무제표[244]에 자산, 부

Reporting, OECD/G20 Base Erosion and Profit Shifting Project (2014.9.).

241) '국가별보고서(CbCR)'는 다국적 기업 그룹 구성원이 소재한 국가별 소득배분, 법인세 납부, 잉여금 누적 등이 어떻게 이루어지는지를 보여주며, 해당 국가별 다국적 기업 그룹의 구성원 목록 및 수행기능에 관한 정보를 제공한대한국조세재정연구원, "이전가격문서화 관련 BEPS 프로젝트 주요 권고사항 및 국내외 입법동향", 한국조세재정연구원 세법센터(2016), 2면.

242) 한국조세재정연구원, 위의 글(각주 241), 2면.

243) 이 글 제5장 제3절 Ⅱ.항 참조.

244) 연결재무제표는 허용되는 재무회계기준에 따라서 작성된 것으로 IFRS, GAAP를 의미한대OECD, 앞의 글(제2장 각주 66), p. 23, Title 7: Definitions, 7. 허용

채, 수입, 비용 및 현금흐름이 포함되는 그룹 단체 등을 의미한다.[245] 앞에서 공식배분법의 과세단위는 법적 통제 개념에 따르는 것이 타당하다는 점을 살펴보았다.

연결재무제표를 작성하는 기준이 되는 '지배력'은 법적 통제 개념을 따른 것이다. 연결재무제표를 작성하는 지배기업(모기업)[246]은 1개 이상의 기업을 지배[247]하는 기업[248]을 의미하며, 특정 기업의 의결권 있는

되는 재무회계기준에는 한국채택국제회계기준도 포함되는데[OECD, 앞의 글(제2장 각주 66), Title 7: Definitions, 7], 한국채택국제회계기준은 IFRS를 번역한 것으로 IFRS와 내용이 같다.

245) OECD, 위의 글(제2장 각주 66), Title 7: Definitions, 4.

246) IFRS 10, para. 4.

247) IFRS는 투자자가 3가지 요건을 모두 충족할 때 지배력이 있다고 정하고 있는데, 3가지 요건은 다음과 같다. ① 피투자자에 대한 힘이 있고, ② 피투자자에 관여함에 따라 변동이익에 노출되거나 변동이익에 대한 권리가 있고, ③ 투자자의 이익금액에 영향을 미치기 위하여 피투자자에 대한 자신의 힘을 사용할 수 있는 능력이 있다[IFRS 10, para 7.; 한국채택국제회계기준(K-IFRS) 제1110호 연결재무제표 7문단]. IFRS의 지배력은 일반기업회계기준의 내용을 보면 이해하기가 쉽다. "지배기업"은 하나 이상의 종속기업을 가지고 있는 기업을 말하고, "종속기업"은 지배기업의 지배를 받는 기업으로 파트너십과 같은 법인격이 없는 실체와 특수목적기업을 포함한다(일반기업회계기준 제4장 연결재무제표 4.4. 문단). 지배기업이 직접 또는 종속기업을 통하여 간접적으로 기업 의결권의 과반수를 소유한 경우에는 지배기업이 그 기업을 지배한다고 본다. 다만, 지배기업이 다른 기업 의결권의 절반 또는 그 미만을 소유하더라도 지배력이 있다고 보는 예외 사유가 있는데, ① 다른 투자자와의 약정으로 과반수의 의결권을 행사할 수 있는 능력이 있는 경우, ② 법규나 약정에 따라 기업의 재무정책과 영업정책을 결정할 수 있는 능력이 있는 경우, ③ 이사회나 이에 준하는 의사결정기구가 기업을 지배한다면, 그 이사회나 이에 준하는 의사결정기구 구성원의 과반수를 임명하거나 해임할 수 있는 능력이 있는 경우, ④ 이사회나 이에 준하는 의사결정기구가 기업을 지배한다면, 그 이사회나 이에 준하는 의사결정기구의 의사결정에서 과반수의 의결권을 행사할 수 있는 능력이 있는 경우가 이에 해당한다(일반기업회계기준 제4장 연결재무제표 4.5. 문단).

248) IFRS 10, Appendix A, Defined terms.

주식의 과반수를 보유하고 있다면 특정기업을 지배하는 지배기업에 해당한다고 보는 경우가 많기 때문이다.[249] Pillar 1의 그룹 개념은 연결재무제표의 작성 기준에 따라서 정하고 있고, 연결재무제표의 작성 기준인 지배력은 의결권 있는 주식의 과반수 보유 여부라는 법적 통제 개념에 따라 판단하므로, 공식배분법에서 말하는 과세단위 개념에 부합한다. 다만, Amount A는 Amount A의 적용대상그룹을 매출액 기준과 수익성 기준을 사용해서 제한한다. 또한 채굴업, 규제대상금융업은 각 업종의 고유한 특성을 고려하여 Amount A의 적용대상 업종에서 제외한다.

② Amount A의 과세대상소득은 다국적 기업 그룹 수준에서 소득을 통합하는 것을 의미하므로, 종래 공식배분법에서 말하는 과세대상소득의 개념에 부합한다. 다만, 배분대상이익에서 차이가 있다.

③ Pillar 1의 Amount A는 개별 시장 소재국에 과세권을 배분하는 기준으로 '매출액'만 사용한다. 공식배분법의 배분 공식으로는 3요소 공식을 사용하는 경우가 많은데, Pillar 1의 Amount A는 단일 매출액 요소를 사용하였다는 점에서 차이가 있다.

이처럼 Pillar 1의 Amount A는 공식배분법의 구성 요소를 모두 갖추고 있다.

---

249) IFRS 10, para. 10.-11.

제5장
공식배분법의 입장에서 본 Pillar 1 비판

제1절 공식배분법을 인정해야 하는 이유

Ⅰ. 공식배분법에 대한 비판과 반론

1. 개관

이론상 공식배분법이 우수함에도 불구하고 OECD 이전가격지침은 공식배분법의 자의성, 높은 조작 가능성, 현행 조세조약과 양립 불가능성, 전 세계적인 합의 도출의 어려움을 들어 공식배분법을 비판한다. 그리고 이를 OECD가 공식배분법을 인정하지 않는 이유로 활용한다(이전가격지침 1.15. 문단).

이 절에서는 공식배분법에 대한 비판의 부당성과 공식배분법의 이점에 대한 분석을 한다. 이를 통해 이전가격지침에 공식배분법을 전면으로 인정해야 하는 이유를 논증한다.

2. 공식배분법에 대한 비판의 부당성

가. 공식배분법의 자의성

OECD는 공식배분법의 자의성(arbitrariness)을 문제 삼는다(이전가격지침 1.25. 문단). 공식배분법의 자의성은 2가지 측면에서 생각해 볼 수 있다. ① 배분 요소로 무엇을 선택할 것인가와 ② 모든 산업에 동일한 공식을 사용할 것인가이다.

① 공식배분법의 공식에 어떤 요소를 사용할 것인가는 선택의 문제이기 때문에 어느 정도는 자의적일 수밖에 없다.[1] 배분 요소의 선택에 논리 필연성이 없는 것은 사실이다. 배분 요소로는 자산, 급여, 매출액이

사용되는 경우가 많은데, 자산의 경우 무형자산을 포함할 것인지와 무형
자산을 자산 요소에 포함한다면 가치평가를 어떻게 할 것인지의 문제가
있다(이전가격지침 1.28. 문단). 공식배분법의 배분 요소에 따른 세수 배
분은 합의를 통해서 해결할 수밖에 없다.[2] 공식배분법은 합의를 통해서
일단 배분 공식을 정하였다면, 그 이후 적용 단계에서는 자의성이 개입
될 여지가 적다.[3]

　② 다음으로 공식배분법의 공식이 특정 산업에는 맞지 않을 수 있으
므로 자의적인 면이 있을 수 있다.[4] 그러나 특정 산업의 경우 그 산업의
고유한 특성을 반영한 공식을 사용하거나, 공식배분법의 적용대상에서
그 산업을 제외하기로 합의하면 되므로 위 비판은 어느 정도 해결할 수
있다. 공식배분법에서 특정 산업을 제외한 예로 후술하는 Pillar 1을 들
수 있다. Pillar 1은 Amount A의 적용대상그룹에서 채굴업, 규제대상금융
업을 제외하였다.

나. 높은 조작 가능성

　OECD는 공식배분법에 대하여 조작 가능성이 매우 크다고 비판한다
(이전가격지침 1.23. 문단). OECD는 다국적 기업이 거래구조를 재구성하
여 여러 관할 구역의 요소를 혼합해서 변경하는 것이 가능한데, 공식배
분법은 이러한 거래구조 재구성에 취약하다고 주장한다.[5] 공식배분법

---

1) 이창희 외 5인, 앞의 글(제1장 각주 9), 171면.
2) 이창희 외 5인, 위의 글(제1장 각주 9), 171면.
3) 정상가격원칙은 산출방법 자체에는 자의성이 개입될 여지가 적지만, 어떠한
　비교대상을 선택하는지에 따라서 그 값이 달라지므로 '적용 단계'에서 자의성
　이 개입된다고 볼 수 있다[Reuven S. Avi-Yonah, Kimberly A. Clausing and Michael
　C. Durst, 앞의 글(제3장 각주 16), p. 516].
4) Id.
5) Reuven S. Avi-Yonah and Ilan Benshalom, 앞의 글(제2장 각주 100), pp. 390-392.

시행 시 다국적 기업들은 공식배분법의 배분 요소인 인건비, 자산을 고세율 국가에서 저세율 국가로 이동시켜서 세금을 감소시킬 수 있다는 것이다.[6)]

물론 위와 같은 사례가 발생할 가능성이 전혀 없다고 장담할 수는 없다. 하지만, 공식배분법에 들어갈 배분 요소는 조작이 용이하지 않아야 한다는 전제가 깔려 있다. 배분 요소에 관하여는 제5장 제3절에서 상세하게 후술한다. 여러 개의 배분 요소를 사용하는 경우 그중 하나를 조작해서 큰 세금 혜택을 얻기는 어렵다.[7)] 단일 매출액 요소를 사용하는 경우에도 조작이 쉽지 않은 소비지 기준 매출액 요소를 선택하는 경우가 많다. 자산, 급여를 저세율 국가로 이전시킨다고 하더라도 소비지 기준 매출액 요소와 함께 사용된다면 세수의 변동 폭이 크지 않을 것이다. 그러므로 공식배분법의 배분 요소는 조작 가능성이 크다는 비판은 타당하지 않다.

다. 현행 조세조약과 양립 불가능

OECD는 공식배분법이 조세조약, 국제법 등과 양립하기 어렵다고 주장한다.[8)] 그런데 BEPS 현상이 나타나는 현실에 비추어 볼 때, 이전가격세제는 개혁이 불가피하다. 이전가격세제를 개혁하기 위해서 공식배분법을 논의하는 것이다.

조세조약은 얼마든지 변경할 수 있다. 현행 조세조약과 현행 법률하에서 조세 개혁이 불가능하다면, 당연히 필요한 범위 내에서 조세조약, 법률, 시행령, 규칙 등을 명확하게 변경할 필요가 있다. 공식배분법이 현행

---

6) Alistair Pepper, Jessie Coleman and Thomas D. Bettge, 앞의 글(제3장 각주 12), p. 920.

7) Id., p. 391.

8) Id., pp. 390-395.; Yariv Brauner, 앞의 책(제2장 각주 107), p. 221.

조세조약과 양립이 불가능하다면 조세조약을 수정9) 또는 개정하면 된다. Pillar 1 역시 Pillar 1의 시행을 위해 다자간 조약(multilateral convention)10)을 체결할 예정이다.11)

공식배분법은 다자간 조약을 통한 도입이 가능하므로, 공식배분법이 현행 조세조약과 양립이 불가능하다는 OECD의 위 주장은 설득력이 없다.

라. 전 세계적인 합의 도출의 어려움

OECD는, 공식배분법에서 사용하는 단일 공식은 '전 세계적인 합의' 도출이 필요한데 전 세계의 합의를 얻는 것이 불가능하다고 비판한다 (이전가격지침 1.22., 1.24. 문단).

공식배분법은 공식배분법을 구성하는 요소에 대한 참여국의 합의가 있고 난 뒤에 비로소 시행할 수 있다. 일단 배분 공식에 관한 합의에 이르렀다면, 시행 과정에서 배분 요소 등을 조정하기가 어렵다.12) 공식배분법 시행과 관련된 모든 국가가, 배분 공식의 변경으로 인해 세수가 증가하는 국가가 있다면, 필연적으로 세수가 감소하는 국가가 발생한다는 사실을 인지하고 있기 때문이다.13) 그래서 공식배분법의 도입이 어려운

---

9) BEPS 방지 프로젝트와 관련한 다자협약 해설서는 '개정'이 아닌 '수정'이라는 표현을 사용한다[김정홍, 앞의 글(제4장 각주 228), 100면].
10) 'Multilateral convention'을 '다자협약'이라고 번역하는 경우가 많다[김정홍, 위의 글(제4장 각주 228)]. 그러나 조약(Treaty)의 유형은 매우 다양하고[외교통상부, 「알기쉬운 조약업무」, 외교통상부 조약국 조약과(2006), 17-18면], 협약(Convention)은 조약의 한 유형에 해당하므로 이 글에서는 조약 유형의 큰 틀에서 multilateral convention을 '다자간 조약' 또는 '다자조약'으로 번역한다.; 조약의 주요 유형으로 규약(Covenant), 협정(Agreement), 협약(Convention), 의정서(Protocol), 교환각서(Exchange of Notes), 양해각서(Memorandum of Understanding) 등이 있다[외교통상부, 위의 글(각주 10)].
11) OECD, 앞의 글(제1장 각주 5), para. 824.-829., 836.-842.
12) Alistair Pepper, Jessie Coleman and Thomas D. Bettge, 앞의 글(제3장 각주 12), p. 920.

것이다.

과거 캘리포니아주는 사전 합의 없이 다국적 기업의 전 세계 소득에 대하여 일방적으로 공식배분법을 적용하였으나, 다른 국가들의 반대에 부딪힌 바 있다. 또한 EU의 CCCTB 역시 제안된 지 10여 년이 경과하였으나 회원국 전체의 합의를 얻지 못하여 시행되지 못하고 있으며,14) 최근 EU는 CCCTB의 내용을 일부 수정한 BEFIT(Business in Europe: Framework for Income Taxation, 유럽 사업소득세 체계)을 다시 제안하였으나 크게 진전된 바가 없다. 왜냐하면, 공식배분법 시행에 따른 세수 증가국과 세수 감소국 간에 합의 도출이 어려울 수밖에 없기 때문이다.

이처럼 현실적으로 합의 도출에 어려움이 있는 것은 맞지만, 전 세계적인 합의 도출 가능성이 전혀 없다고 단정하기는 어렵다.15) 현재 진행 중인 Pillar 1의 합의 과정을 보자. OECD는 BEPS 방지 프로젝트를 추진하면서 OECD 회원국이 아닌 국가들의 참여를 유도하였고, 그 결과 2022년 기준으로 140여 개 국가가 BEPS 방지 프로젝트에 참여하였다. Pillar 1에 관한 합의가 이루어진다면 후일 공식배분법에 대한 전 세계적인 합의 도출이 가능할 것이다. 혹은 Pillar 1이 실패하더라도 이처럼 전 세계의 합의를 얻는 경험이 계속해서 쌓인다면 공식배분법에 대한 전 세계적인 합의 도출이 가능할 것이다.

---

13) Id.

14) 2011년 기준으로 독일, 프랑스, 이탈리아, 스페인을 포함한 27개 EU 회원국 중 20개 회원국이 CCCTB 도입에 찬성했다[Kimberly A. Clausing and Yaron Lahav, Corporate tax payments under formulary apportionment: Evidence from the financial reports of 50 major U.S. multinational firms, Journal of International Accounting, Auditing and Taxation 20 (2011), p. 98].

15) CCCTB가 발의된 후 현재까지 많은 논의를 거쳤기 때문에 현재 유럽의 정책 입안자들은 CCCTB의 도입을 적극적으로 고려하고 있다는 연구 자료[Alex Cobham, Petr Janský, Chris Jones and Yama Temouri, 앞의 글(제3장 각주 115), p. 22]가 있다.

3. 공식배분법의 이점

가. 비교대상 탐색 불필요

정상가격원칙은, 정상가격 산출 시 비교대상 탐색이 선행되어야 한다. 납세의무자 또는 과세당국이 비교대상을 찾을 수 없는 경우가 많은데, 이를 요구하는 것은 결론적으로 집행이 불가능함을 의미하는 것이다.[16) 공식배분법의 이점은, 다국적 기업의 글로벌 소득을 기반으로 하여, 관찰이 가능한 경제적 요소를 활용해서 각 국가에 과세권을 배분한다는 점이다.[17) 그러므로 공식배분법은 정상가격원칙처럼 비교대상이 없는 경우에 유사한 정상가격을 추정하기 위하여 광범위하게 비교가능성 분석을 할 필요가 없다.[18) 즉, 상품 또는 용역의 정확한 가치평가가 어려운 상황에서 다국적 기업 그룹의 소득 전체를 기반으로 해서 배분하는 방법은 합리적인 결과를 제공한다고 할 수 있다.[19)

나. 저세율 국가로의 무형자산 이전 유인의 감소

공식배분법은 특허, 라이센스 등의 무형자산, 그 외 법적·회계적 장치를 이용하여 세금이 없거나 저세율 국가에 소재하는 자회사로 소득을 이전하고자 하는 유인을 감소시킨다.[20) 이러한 소득 이전은 단지 문서 (on paper)로만 이루어지는 경우가 많다.[21)

---

16) Reuven S. Avi-Yonah, Kimberly A. Clausing and Michael C. Durst, 앞의 글(제3장 각주 16), p. 511.

17) Id.

18) Id.

19) Id.

20) Id.; Kimberly A. Clausing and Yaron Lahav, 앞의 글(각주 14), p. 99.

21) Reuven S. Avi-Yonah, Kimberly A. Clausing and Michael C. Durst, 위의 글(제3장

공식배분법은 다국적 기업 그룹의 과세대상소득을 공식에 따라서 관련 국가에 세수를 배분하므로 위와 같은 소득 왜곡 현상이 없어지게 된다.[22] 공식배분법은 조세피난처 국가들이 다른 국가의 과세기반으로부터 소득을 이전하여 유치하는 능력을 감소시킴으로써, 다른 국가들이 조세 정책을 보다 중립적으로 설정할 수 있도록 한다.[23]

다. 세무관리 비용의 절감

공식배분법은 세무관리 비용을 절감할 수 있다는 이점이 있다. 다국적 기업은 현행 이전가격세제 하에서 이전가격에 관한 문서화 작업 등을 하는 데 많은 시간과 비용을 투입해야 한다.[24]

반면, 공식배분법은 상대적으로 정상가격원칙보다 간단하다. 공식배분법을 적용할 때에는 국가 간 소득을 분배하기 위하여 최적의 정상가격에 해당하는지 따질 필요 없이 공식에 따라서 세금을 분배하면 되므로 다국적 기업은 이전가격을 문서화하는 작업에 들어가는 비용, 각국 세법의 내용을 파악하는 데 투입하는 시간 등의 세무관리 비용을 절감할 수 있다.[25] 과세당국 역시 구체적인 사실관계를 파악해서 정상가격을 도출하지 않아도 되므로 세무관리 비용을 절감할 수 있다. 유럽 집행

각주 16), p. 511.

22) Id.

23) Id.

24) 그 결과 대형 회계법인이 다국적 기업의 이전가격에 관한 문서화 작업을 대신 수행하는 경우가 많아지게 되었고, 수행한 다국적 기업의 문서화 작업이 누적됨에 따라 대형 회계법인이 방대한 데이터베이스를 보유하게 되었다(Reuven S. Avi-Yonah, Kimberly A. Clausing and Michael C. Durst, 앞의 글(제3장 각주 16), p. 513.; 이창희, 앞의 책(제1장 각주 2), 374-376면]. '이전가격 문서화 작업'이란 사업이 생겼다고도 볼 수 있다.

25) Reuven S. Avi-Yonah, Kimberly A. Clausing and Michael C. Durst, 위의 글(제3장 각주 16), p. 511.

위원회는 2011년 CCCTB 지침안을 제안할 당시 CCCTB의 시행을 가정했을 때 CCCTB를 적용받는 기업들은 2011년 기준으로 7억 유로 상당의 규정 준수 비용(compliance costs)을 절감할 수 있다고 보도한 바 있다.[26]

실상 Pillar 1이 세무관리 비용을 절감한다는 점을 잘 보여주는 것으로, OECD가 2019년 2월 공개한 '디지털 경제의 조세문제'에 관한 의견을 서면공청회 형식으로 수렴하는 과정에서 회계법인이 정상가격원칙에 대한 철저한 평가 없이 공식배분법의 성격을 지닌 Pillar 1의 도입에 대한 우려를 표명한 것을 들 수 있다.[27] PwC는 Pillar 1과 정상가격원칙이 병존하는 것이 어렵다는 견해를 밝히기도 했다.[28] 이처럼 회계법인들이 Pillar 1 도입을 달가워하지 않는 것은 회계법인들이 이전가격팀을 별도로 두고 자문업무를 수행하는 것과 무관하지 않다.[29] Pillar 1 도입으로 인하여 이전가격세제 업무가 줄어들 것이므로 이전가격 자문업무에서 발생하는 회계법인의 소득이 감소할 것이기 때문이다. Pillar 1 도입의 효율성을 고려하기에 앞서 이전가격세제의 이해관계자들은 Pillar 1에 관한 자신의 이해관계를 먼저 고려할 수밖에 없다.

공식배분법을 도입한다면, 공식배분법의 배분 공식에 의해서 자동적

---

26) European Commission, 'European Corporate Tax Base: Making Business Easier and Cheaper', press release, March 16, 2011, https://ec.europa.eu/commission/presscorner/detail/en/IP_11_319.

27) Ernst & Young, LLP, Comments on Public Consultation Document "Addressing the Tax Challenges of the Digitalisation of the Economy" (2019.3.6.), pp. 2-3.; PricewaterhouseCoopers International Limited (이하 'PwC'라고 한다) (2019.3.6.), p. 2, available at https://www.dropbox.com/s/zrj1e14mdxd7fmv/OECD-Comments-Received-Digital-March-2019.zip?dl=0&file_subpath=%2FPWC.pdf

28) PwC, 위의 글(각주 27), p. 2.

29) PwC, available at https://www.dropbox.com/s/zrj1e14mdxd7fmv/OECD-Comments-Received-Digital-March-2019.zip?dl=0&file_subpath=%2FPWC.pdf.; KPMG, available at https://kpmg.com/kr/ko/home/services/tax/transfer-pricing-services.html.; Deloitte, available at https://www2.deloitte.com/kr/ko/pages/tax/solutions/Transfer-pricing.html?icid=top_Transfer-pricing 등.

으로 배분되는 세수의 값이 정해지므로 회계법인의 자문을 받는 경우가 많이 감소할 것으로 예상된다. 그로 인하여 현행 국제조세체제에서 발생하는 세무관리 비용이 크게 경감될 것으로 예상된다. 회계법인들이 Pillar 1의 도입에 반대한 사실은 공식배분법의 이점 중 세무관리 비용의 절감과 맥락을 같이 한다.

라. 세수의 증대

공식배분법 도입으로 인한 세수 효과에 대해서는 여러 가지 전망이 있다. 첫째, 공식배분법의 도입은 다국적 기업의 특성에 따라서 개별 시장 소재국의 세수가 감소하는 경우도 있으나 전반적으로 증가할 것이라는 전망이 많다.[30] 2008년 Michael Devereux와 Simon Loretz는 CCCTB를 시행한다는 가정하에 EU 세수 변화에 관한 연구를 진행한 바 있다.[31] 위 연구 결과에 의하면, 기업에 CCCTB 참여 여부에 대한 선택권이 있는 경우 EU의 세수는 2.5% 정도 감소하지만, 기업에 CCCTB 참여 여부에 대한 선택권이 없는 경우에는 EU의 세수가 2% 정도 증가하는 것으로 나타났다.[32] 그리고 공식배분법 시행 시 잠재적으로 2~4%의 세수 증가가 있을 것이라는 연구 결과[33]도 존재한다.

둘째, 공식배분법 하에서 글로벌 수준에서 기업 소득을 통합하면 다

---

30) Kimberly A. Clausing and Yaron Lahav, 앞의 글(각주 14), pp. 101-102.

31) Devereux Michael and Simon Loretz, The Effects of EU Formula Apportionment on Corporate Tax Revenues, Fiscal Studies 29 (2008).

32) 기업에 CCCTB 참여 여부에 대한 선택권이 있는 경우 EU의 세수는 2.5% 정도 감소하는 것으로 나타났다(Id., p. 3).

33) Alex Cobham and Simon Loretz, International Distribution of the Corporate Tax Base: Implications of Different Apportionment Factors under Unitary Taxation, ICTD Working Paper 27 (2014).; Kimberly A. Clausing and Yaron Lahav, 앞의 글(각주 14) 도 공식배분법 시행으로 세수가 증가한다는 연구 결과이다.; Thornton Matheson et al., 앞의 글(제3장 각주 59), p. 290.

국적 기업 그룹은 전 세계 수익과 손실의 상쇄가 가능하므로 다국적 기업 그룹의 전체 과세표준이 감소하고 이에 따라 세수가 줄어들 수 있다는 전망도 있다.[34] 법인세는 일반적으로 기업의 결손금을 이월하여 미래 발생할 이익에서 현재 발생한 손실을 공제하는 것이 가능하기 때문이다.

셋째, 공식배분법 사용으로 인해 다국적 기업 그룹의 과세표준이 감소하더라도 공식배분법은 국가 간 과세표준을 재분배하는 기능을 하므로 저세율 국가에서 고세율 국가로 과세기반이 이전됨에 따라 총세수는 증가한다는 연구 결과가 있다.[35]

결론적으로 공식배분법은 참여국들의 법인세 수입의 총합계와 그 분배에 모두 영향을 미친다고 할 수 있다.[36] 다만, 앞에서 살펴본 연구 결과들은 공통적으로 사용한 배분 요소에 따라 조세 수입의 규모가 달라졌다. 그러므로 공식배분법에 사용되는 배분 요소를 신중하게 결정할 필요가 있다.

II. 소결

공식배분법의 문제점으로 지적되는 내용의 부당성에 대해서 논증하였다. 공식배분법의 자의성은 공식배분법의 기본 전제를 비판하는 것이므로 타당하지 않다. 배분 요소의 선택에는 어느 정도 자의성이 수반될 수밖에 없고, 결국 합의를 통해서 배분 요소를 선택해야 한다. 조작 가능성이 크다는 비판은 공식배분법의 공식을 산업 부문별로 세분화하고,

---

34) Thornton Matheson et al., 앞의 글(제3장 각주 59), p. 289.

35) Ruud De Mooij, Ms. Li Liu, Dinar Prihardini1 and Mr. Michael Keen, An Assessment of Global Formula Apportionment, IMF Working Paper 19/213, IMF (2019), pp. 21-22.; Thornton Matheson et al., 위의 글(제3장 각주 59), p. 289.

36) Thornton Matheson et al., 위의 글(제3장 각주 59), p. 289.

조작이 어려운 배분 요소를 선택하면 해결할 수 있다. 또한 현행 조세조약과 양립이 불가능하다는 비판은 국제조세 개혁을 위해서 필요하다면 조세조약을 개정하면 되는 것이기 때문에 설득력이 없다.

다만, 공식배분법에 대한 비판 중에서 국제적인 합의를 도출하기 어렵다는 비판은 어느 정도 설득력이 있다. 현실적으로 합의 도출에 어려움이 있는 것은 맞지만, 현재 진행 중인 Pillar 1처럼 전 세계의 합의를 얻는 경험이 쌓인다면 향후 공식배분법에 대한 전 세계적인 합의 도출이 가능할 것이다.

한편, 공식배분법은 많은 이점을 지니고 있다. 무엇보다 공식배분법은 다국적 기업의 입장에서 존재하지 않는 비교대상 분석에 불필요한 시간과 노력을 소모하지 않아도 된다는 큰 이점이 있다. 비록 공식배분법의 배분 요소로 어떠한 변수를 선택하는지에 따라서 각 국가 간 배분 요소 항목을 유치하기 위한 현상이 발생할 수도 있으나, 다국적 기업이 무형자산을 저세율 국가로 이전하여 세원을 잠식하는 현상은 줄어들 것으로 예상된다. 세무관리 비용을 절감할 수 있다는 점에 대해서는 이견이 있기 어렵다. 이는 현행 이전가격세제에서 수혜를 입는 회계법인들이 Action Plan 1의 후속 작업을 하던 초기에 Pillar 1의 도입을 반대한 사실로도 뒷받침된다. 마지막으로 공식배분법의 도입은 세수 증대 효과를 꾀할 수 있다는 전망은 여러 연구 결과로 뒷받침된다.

이처럼 OECD가 지적하는 공식배분법의 문제점은 어느 정도 해결이 가능하다. 가장 중요한 것은 합의 도출이다. 합의 도출은 공식배분법의 배분 요소를 선택하고, 공식배분법을 시행하는 데 필요한 것이다. 그러므로, OECD가 합의 도출이 어렵다는 이유로 공식배분법 자체를 인정하지 않는 것은 타당하지 못하다. OECD가 공식배분법을 비판하는 논거들은 설득력이 부족하므로, 이전가격지침에 공식배분법을 전면으로 인정해야 한다. 그렇게 된다면, Amount A의 산정방법을 공식배분법으로 보더라도 이전가격지침과 모순되지 않게 된다.

제2절 Pillar 1의 문제점

Action Plan 1은 BEPS 방지 프로젝트의 핵심이고, Pillar 1과 Pillar 2는 Action Plan 1의 핵심이 되는 축이다. Pillar 1은 그룹 접근법을 따르고는 있으나,[37] Pillar 1 모델규정 초안은 그 내용이 너무 복잡하여 이를 시행하더라도 BEPS 현상은 해결하지 못하고 실패한 채 국제조세 체제의 복잡성만 초래할 가능성이 크다.

공식배분법의 입장에서 보았을 때 Pillar 1은 다음과 같은 문제점이 있다. Pillar 1은 BEPS 방지 프로젝트의 목적인 이중 비과세를 방지할 수 있어야 한다. 그런데, Pillar 1은 과세권 배분에 치중하고 있어 이중 비과세 방지라는 목적에 부합하지 못하는 측면이 있다.

그 외에도 Pillar 1에는 Pillar 1의 구성 요소인 Amount A와 관련하여 과세연계점을 형성하는 데 사용되는 사용자 참여 접근법에 이론상 문제점이 있고, Amount A의 산정방법에 후술하는 여러 가지 문제점이 존재한다. Amount B의 경우에는 이중과세의 위험이 있고, Amount B의 적용대상이 불분명하다는 등의 문제점이 있다.

I. BEPS 방지 프로젝트의 목적 위배

1. 국제적 이중과세 위험

BEPS 방지 프로젝트의 목적은 이중 비과세를 방지하고[38] BEPS에 대

---

37) Johanna Hey and Arne Schnitger, 앞의 책(제2장 각주 18), p. 54.
38) 국제조세의 핵심 원칙은 단일세 원칙으로 이중과세와 이중 비과세가 모두 없어야 한다. 그런데 정부와 다국적 기업은 이중과세에 관하여 반대하는 입장을

항함으로써 단일세 원칙을 지키는 것이다. 그런데 BEPS 방지 프로젝트의 이념적 기초라고 할 수 있는 Action Plan 1은 이중 비과세를 방지하는 방법, BEPS의 해결 방법을 다루기보다는 디지털 경제에서 다국적 기업의 국경을 넘나드는 활동에서 창출된 소득에 대한 국가 간 과세권 배분 방법을 주로 다루고 있다.[39]

앞에서 Pillar 1의 구성 요소인 Amount A, Amount B, 조세확실성에 관하여 이미 살펴보았다. Amount B 초안에 의하면, Amount B의 적용대상에서 Amount A의 적용대상그룹이 제외되지 않는다.[40] Pillar 1의 구조하에서는 이미 초과이익(Amount A)에 대한 과세권을 배분받은 국가(甲국가)임에도 불구하고 자국(甲국가)에 소재한 다국적 기업의 자회사의 기본기능인 마케팅·판매 및 유통 활동(통상이익)에 대한 Amount B를 배분받는 경우가 있을 수 있다. 실제로 Amount B의 문제점으로 과세권의 중복 배분을 지적하는 견해[41]도 존재한다.

BEPS 방지 프로젝트는 이중 비과세를 예방하기 위한 목적에서 시작되었지만, 원천지국의 과세권 강화라는 프로젝트의 방향성 때문에 과세권 배분에만 치중한 결과물을 낳았고, 결론적으로는 자본수입국의 과세

적극적으로 표명했지만, 이중 비과세에 대해서는 크게 신경을 쓰지 않았다. 그 결과 전통적인 국제조세 체제에서 주요 관심사는 이중 비과세 근절이 아닌 이중과세 근절 방안이었다(Reuven S. Avi-Yonah and Haiyan Xu, Evaluating BEPS, 10 Erasmus L.REV.3 (2017.8.), p. 6.).

39) 김신언, 앞의 글(제4장 각주 32), 370-371면.; Pillar 1의 시행으로 중국, 인도의 세수가 증대될 것으로 예상된다는 연구 결과도 존재한다(Jinyan Li, China's Rising (and America's Declining) Influence in Global Tax Governance? (2021), Articles & Book Chapters. 2863, para. 5.2.2. https://digitalcommons.osgoode.yorku. ca/scholarly_works/2863.; Robert Goulder, 앞의 글(제4장 각주 233), pp. 115-117].; Robert Goulder, 위의 글(제4장 각주 233), p. 117에 의하면 인도의 세수 증가분이 가장 크게 나타났다.

40) OECD, 앞의 글(제4장 각주 152).

41) Ian F. Dykes and Louise H.Keegan, 앞의 글(제4장 각주 51), p. 124.; Ulrich Schreiber, 앞의 글(제4장 각주 54), p. 339.

권을 강화해 준 결과가 되었다.

2. 가치 창출 개념의 모호성

BEPS 방지 프로젝트는 2013년 "경제 활동이 발생하고 가치가 창출되는 곳에서 발생한 이익에 대한 과세가 이루어지도록 한다."라는 슬로건을 내걸고 시작되었다.[42] '가치 창출'이란 용어를 사용한 주요 목적은 '이윤을 창출하는 실질적인 기능을 하는 곳'이란 의미를 강조하기 위함이었다.[43]

그런데, 가치 창출이라는 개념은 OECD 이전가격지침에 명확한 근거를 두고 있지 않고, 이 개념의 해석에 관한 합의가 존재하지 않기 때문에 이해관계자들이 각자 달리 규정을 해석하고 있어 분쟁과 불확실성을 야기하고 있다.[44]

OECD는 Action Plan 1(디지털 경제의 조세문제)의 후속 작업에 관한 2018년 중간보고서(Interim Report)에서 가치 창출 프로세스를 설명하면서, 가치 창출을 '가치사슬(value chains)', '가치네트워크(value networks)' 및 '가치상점(value shops)'의 3가지 그룹으로 분류한다(〈표 4〉 참조).[45] 그런데 그 분류 기준은 매우 인위적이며, 3가지 그룹의 경계 역시 모호하다.

---

42) OECD, 앞의 글(제4장 각주 19), pp. 17-18.; 가치는 자본(capital)뿐만 아니라 노동으로 창출되지만, 이익(profit)은 오직 자본과 연계되어서 창출되기 때문에 OECD의 가정이 잘못되었다는 견해로 J. Gregory Ballentine, BEPS, Economic Activity, and Value Creation, Tax Notes International, Vol. 105 (2022.3.28.), p. 1,553 이 있다.

43) Richard S. Collier and Ian F. Dykes, On the Apparent Widespread Misapplication of the OECD Transfer Pricing Guidelines, Bulletin for International Taxation (2022.1.), p. 34.

44) Id., p. 41.

45) OECD, 위의 글(제4장 각주 19), para. 65.

가치 창출은 '가치사슬'로부터 시작되는데, '가치사슬'에서 말하는 주요 활동은 제품을 생산해서 최종 소비자에게 전달하는 과정으로, 국내 물류(inbound logistics), 운영(operations), 국외 물류(outbound logistics), 마케팅과 판매, 서비스로 구성된다.[46] 가치사슬에 해당하는 사업모델로는 유형자산을 만드는 수직적으로 통합된 제조업체, 예를 들어 자동차 회사 등을 들 수 있다.[47]

'가치네트워크'는 플랫폼을 토대로 고객을 연결하는 것이다.[48] 가치네트워크의 주요 활동은 네트워크 홍보와 계약 관리, 서비스 권한 설정(service provisioning), 네트워크 기반시설 운영으로 구성된다.[49] 가치네트워크의 매출은 앱 구독료에서 발생하거나 에어비앤비처럼 서비스를 사용한 후 지불하는 수수료에서 발생한다.[50] 한편, Instagram, Meta, Twitter와 같은 소셜네트워크서비스(Social Network Service, 이하 'SNS'라고 한다)는 해당 SNS 사용료를 지불하지 않지만, 사용자가 SNS에 올린 관심사를 토대로 타겟 마케팅이 행해지고 그 타겟 마케팅에서 매출이 발생한다.[51]

'가치상점'은 가장 고도화된 형태로, 특정 고객의 요구 또는 문제를 해결하기 위해서 집약적인 기술을 사용한다.[52] 가치상점의 주요 활동은 문제 발견, 문제 해결, 선택, 실행, 통제와 평가로 구성된다.[53] 그런데, 가치사슬, 가치네트워크와 가치상점의 일반 특징을 보면 양자의 구분은 쉽지 않다〈표 4〉 참조). 왜냐하면, 가치사슬, 가치네트워크, 가치상점은 판매자와 구매자 양자를 연결해 준다는 점에서 동일하기 때문이다. 가치

---

46) Id., para. 75-76.
47) Id., para. 79.
48) Id., para. 81.
49) Id., para. 85.
50) Id., para. 87.
51) Id.
52) Id., para. 89.
53) Id., para. 94.

사슬의 경우 직접적이지는 않지만, 결론적으로는 제조업체와 최종소비
자가 선형으로 연결되어 있다는 것이다. 또한, Amazon처럼 한 기업이 여
러 사업을 해서 사업부문별로 따지면 3가지 유형에 모두 해당하는 경우
도 존재하기 때문에,[54] 가치 창출 프로세스를 분류하는 실익도 크지 않
다고 생각된다. 가치 창출이라는 개념은 과세권을 배분하는 데 사용할
기준에 대한 명분이 필요했기 때문에 도입된 개념에 불과하다.

〈표 4〉 가치 창출 개념의 주요 특징

	가치사슬	가치네트워크	가치상점
일반 특징	가치사슬의 목표는 개별 적이지만 순차적인 활동 (각각. 생산 기능으로 생 각할 수 있음)을 통해 입 력을 출력으로 변환하는 것임. 최종 제품은 회사 자체에서 제조하거나 인 수할 수 있음. 일반적으 로 최종 제품은 표준화됨	가치네트워크의 목표는 중개자 역할을 하여 그 자체와 고객 간의 양방 향 상호작용, 고객 간의 다자간 상호작용을 촉진 하는 것임. 가치 창출은 고객 간의 직·간접적인 연결의 형성일 수 있음	가치상점의 목표는 문제 를 해결하여 기존 상태 를 더 원하는 상태로 변 환하는 것임
주요 기술	long-linked: 입력(input)으 로 시작하여 최종 소비 자에게 완제품을 전달하 는 선형 프로세스	중개: 거래에 참여하는 데 관심이 있는 사용자 또는 고객을 연결하기 위한 조직에서 사용	intensive: 특정 대상을 변 경하는 데 사용되는 하 드웨어 및 지식의 형태
가치 창출 논리	기업에서 고객으로 제품 을 이전함으로써 가치가 창출됨	고객 간의 (연결) 교환을 조직하고 촉진하여 가치 를 창출함	고객의 문제나 요구를 (재) 해결함으로써 가치가 창 출됨
전통 사업 모델	생산설비 제조 도매 유통사업	고용주와 구직자를 모으 는 고용 agency	질병 진단 및 치료에 사 용되는 의료기술 전문서비스(법률 등)

---

54) Amazon의 소매업은 가치사슬에 해당하고, 오디오북은 판매자와 구매자를 연
결해 주므로 가치네트워크에 해당하며, 아마존 웹 서비스는 가치상점에 해당
한다(Id., para. 98).

	상품 제조(수직통합기업) ○유형자산: 애플(PC, 태블릿, 아이폰) 등 ○무형자산 및 디지털 콘텐츠: -창작 콘텐츠: Disney, Netflix -소프트웨어: MS 재판매업자 ○유형자산: 아마존 소매 등 ○무형자산 및 디지털 콘텐츠: -창작 콘텐츠: Netflix, Sony -소프트웨어: Amazon 입력 공급자 -재판매자에게 판매할 상품을 만드는 회사 -앱 스토어에 공급할 앱을 만드는 회사	다면 플랫폼 ○전자상거래 중개자 ○서비스 중개자 -소셜네트워크 -온라인게임 및 도박 -검색엔진 -이메일 -온라인콘텐츠 -e-payments 등	클라우드 컴퓨팅/ 타사에 컴퓨팅 성능을 입력하는 공급업체 전문서비스(수직통합기업) -IoT 컨설팅: GE, Simens -데이터 분석
디지털 경제 사업 모델			

<출처: OECD, Tax Challenges Arising from Digitalisation – Interim Report 2018: Inclusive Framework on BEPS, OECD/G20 Base Erosion and Profit Shifting Project (2018), p. 43 참조하여 일부 수정>

현재 공개된 매출귀속기준을 보더라도 원천지 판정 기준과 가치 창출 간에 연관성은 크게 보이지 않는다. 가치 창출 개념의 유용성과 필요성은 아직 명확하게 입증되지 않았다. 가치 창출 접근법을 사용하려면 무엇보다 '가치 창출'의 의미에 관한 합의가 선행되어야 한다.[55]

만일, OECD가 이전가격지침에 공식배분법의 도입을 정면으로 인정하였다면 '가치 창출'이란 개념을 도입할 필요가 없었다고 보인다.

---

55) Richard S. Collier and Ian F. Dykes, 앞의 글(각주 43), p. 41.

II. 주관적 적용범위의 자의성

애초 수사(修辭)에 불과한 '가치'나 '가치 창출'이라는 개념으로 세수 싸움에 겉 포장을 씌운 채 미국과 유럽 각국의 패권 경쟁으로 논의를 끌어나온 결과 생긴 문제점의 대표 격이 Pillar 1 Amount A의 주관적 적용범위다.

현재 정상가격원칙을 적용하기 어려운 대표적인 영역은 전자상거래와 관련된 영역이라고 할 수 있고, 업종으로 말하자면 "자동화된 디지털 서비스56)" 등이라고 할 수 있다. 그런데, 인터넷 기술의 발달, 전자상거래의 활성화 등으로 인해서 규모가 큰 다국적 기업 그룹의 대부분은 디지털화가 되었다. 상당수의 다국적 기업 그룹이 디지털 거래를 하고 있으므로 디지털 기업과 비디지털 기업을 구분하는 것이 현실적으로 어렵다. 이러한 문제점을 해결한다는 명분으로 BEPS 방지 프로젝트와 Pillar 1이 나왔다.57)

공식배분법의 도입은 여러 가지 형태로 이루어질 수 있다. ① 다국적 기업 그룹의 통상이익과 초과이익을 일정 기준에 따라서 나눈 후 초과

---

56) 디지털 경제에 관하여 별도로 정의하고 있는 바는 없는 것으로 보인다. 다만, 2020년 10월 발간된 Pillar 1 청사진 보고서는 "자동화된 디지털 서비스(automated digital services)"의 예로 온라인 광고 서비스, 사용자 데이터의 판매 또는 양도, 온라인 검색엔진, 소셜미디어 플랫폼, 온라인 중개 플랫폼, 디지털 콘텐츠 서비스, 온라인 게임, 표준화된 온라인 교육 서비스 및 클라우드 컴퓨팅 서비스 등을 들고 있다(OECD, 앞의 글(제1장 각주 5), para. 29). 그리고 2021년 UN 모델조세조약을 개정하면서 신설된 제12B조는 "디지털 서비스"에 관한 정의 규정을 두고 있는데, 위 정의 규정에 따르면 "자동화된 디지털 서비스"는 서비스 공급자로부터 인간의 개입을 최소한으로 필요로 하는 인터넷 또는 전자 네트워크에서 제공하는 서비스를 의미한다(UN 모델조세조약 제12B조 제5항). 또한, UN 모델조세조약 제12B조 제6항은 자동화된 디지털 서비스에 관하여 열거하고 있는데, 열거한 내용은 Pillar 1 청사진 보고서의 내용과 같다.

57) Sol Picciotto, Towards Unitary Taxation of Transnational Corporations, Tax Justice Network, 9 December (2012), p. 16.

이익에만 공식배분법을 적용하는 방안, ② 다국적 기업 그룹에 공식배분법의 적용에 관한 선택권을 부여하는 방안, ③ 일정 규모 이상의 다국적 기업 그룹에 공식배분법을 적용하는 방안, ④ 모든 다국적 기업 그룹에 공식배분법을 적용하는 방안 등이 이에 해당한다. Pillar 1의 경우 일정 규모 이상의 다국적 기업 그룹에 한해 초과이익에만 공식배분법을 적용하고 있고(①과 ③을 결합한 형태),58) EU가 2016년에 다시 제안한 CCCTB 지침안은 일정 규모 이상의 다국적 기업 그룹을 공식배분법의 의무적용대상으로 하되, 공식배분법의 의무적용대상이 아닌 다국적 기업 그룹은 공식배분법을 선택할 수 있도록 하고 있다(②와 ③을 결합한 형태).59) Pillar 1과 CCCTB 지침안을 보면 공통적으로 일정 규모 이상의 다국적 기업 그룹만 공식배분법의 적용대상으로 정하고 있다.

그런데, "일정 규모"라는 기준을 임의로 정하는 것은 매우 자의적이다. 그리고 공식배분법과 독립기업원칙이 병존하는 경우에는 오히려 국제조세 체제를 복잡하게 한다. Pillar 1은 기존 국제조세 체제를 그대로 유지한다는 전제하에 Amount A를 중첩적으로 적용하기 때문에, 이중과세 방지와 "이중과세제거"에 관한 내용을 상세하게 정하고 있다. 그 결과 Amount A의 산정방법이 매우 복잡해졌다.

제4장 제2절 III. 4.항에서 Amount A의 적용대상 업종의 확대 및 Amount A의 적용 기준에 관하여 상세하게 검토하였다. 앞에서도 언급하였으나, 매출액 기준과 수익성 기준으로 Amount A의 적용대상그룹을 한정하는 것은 이론상 형평에 맞지 않는다.60) 또한 〈표 3〉에 의하면 매출액 기준과 수익성 기준을 정하는 과정이 매우 자의적이다. 처음 제시하였던 '전 세계 매출액 7억 5천만 유로 초과'란 매출액 기준은 적어도 Action Plan 13(국가별 보고서)에서 가져온 것으로 이론적인 근거가 있다고 할 것이

---

58) 이 글 제4장 제2절 III. 3. 나.항 참조.
59) 이 글 제3장 제3절 II. 1.항 참조.
60) Assaf Harpaz, 앞의 글(제4장 각주 214), p. 909.

나, 최종 확정된 매출액 기준인 '전 세계 매출액 200억 유로 초과'는 단지 Amount A의 적용대상그룹을 상위 100개 기업으로 한정하기 위해 설정한 기준으로, 이를 뒷받침할 만한 아무런 이론적인 근거가 없다. '세전 이익률 10% 초과'라는 수익성 기준 역시 자의적인 기준이다.

위와 같은 Amount A의 적용대상그룹 선정 기준은 오히려 규모가 크다는 이유로 일정 규모 이상의 다국적 기업 그룹을 역차별하는 것이다. 그러므로 Amount A의 적용대상그룹과 Amount A의 적용을 받지 않는 그룹을 별도로 정한 매출액 기준과 수익성 기준으로 구분하는 것은 타당하지 않다. 공식배분법은 모든 다국적 기업 그룹을 적용대상으로 하여 시행하는 것이 형평에 맞다.

III. Amount A의 문제점

Amount A의 핵심적 문제점으로 주관적 적용범위의 자의성은 이미 보았다. 그 밖에도 여러 가지 문제가 있다. Amount A는 일정한 원칙에 따라 만들어졌다기보다는 정치적 협상의 산물이기 때문이다.

1. "사용자 참여 접근법"의 이론상 문제점

Pillar 1이 취하고 있는 통합접근법은 과세연계점의 형성과 관련하여 '사용자 참여(user participation)'를 고려해서 사용자가 소재하고 있는 국가에 이익을 배분해야 한다는 '사용자 참여 접근법'을 과세권의 배분 기준의 하나로 사용한다.[61] 그런데, 사용자 참여 접근법에는 몇 가지 이론상 문제점이 있다.

---

61) Andrés Báez Moreno and Yariv Brauner, 앞의 글(제2장 각주 11), p. 174.

첫째, '사용자 참여'라는 개념은 명확하지 않다. '사용자 참여'라는 개념은 OECD가 내세우는 가치 창출 개념에서 나온 것이다.[62] OECD는 '사용자 참여'가 가치를 창출한다고 본다. '가치 창출'은 BEPS 방지 프로젝트에서 OECD가 지지하는 개념이기 때문에,[63] '사용자 참여'란 개념이 BEPS 방지 프로젝트에 부합하는 것처럼 보이지만, 앞에서 지적하였듯이 가치 창출 개념의 모호성 때문에 실제로 이 개념을 적용하는 데 어려움이 있다. 일례로 영국 재무부(HM Treasury)에서 발간한 보고서에 의하면, 디지털 경제에서 말하는 '사용자 참여'는 사용자가 플랫폼 등을 이용하여 데이터를 생성하는 것을 의미한다.[64] 사용자가 참여하여 생성한 데이터를 대량으로 수집하여 사업 수익을 창출하는 것이 가능하므로, 영국 정부는 사용자의 데이터가 있는 경우 사용자가 데이터를 통해 가치 창출에 참여하고 있는 것으로 해석한다.[65]

그런데, Pillar 1의 매출귀속기준은 디지털 재화, 온라인 중개 서비스 등의 원천지 판정 기준을 정하고 있지만, 그 내용을 살펴보면 소비가 발생한 곳을 원천지로 판단하는 것에 불과할 뿐 위 영국 재무부 발간 보고서에서 말하는 '사용자 참여'에 해당하는 '데이터 생성'과 관련된 내용은 그렇게 많지 않다.[66]

둘째, Pillar 1에서 사용하는 소비지 기반 접근법(destination-based approach)은 '가치 창출'과 '가치 교환'을 혼동한다는 점에서 문제가 있다.[67] '사용자 참여 접근법'은 '소비지 기반 접근법'과 유사한 개념이라고 할 수 있

62) Id., p. 176.

63) OECD, Aligning Transfer Pricing Outcomes with Value Creation, Actions 8-10: 2015 Final Reports, OECD/G20 Base Erosion and Profit Shifting Project (2015).

64) HM Treasury, 앞의 글(제4장 각주 33), para. 2.33.-2.35.

65) Id., para. 2.36.-2.37.

66) OECD, 앞의 글(제1장 각주 5).

67) Angelo Nikolakakis, International Aligning the Location of Taxation with the Location of Value Creation: Are We There Yet!?!, Bulletin for International Taxation, November/December (2021), p. 559.

다. 수익을 발생시키는 판매 거래는 가치 "창출" 거래가 아니라,[68] 이미
생성된 가치를 당사자들 간에 "교환"하는 것에 불과하다.[69] 그러므로 소
비가 발생하는 곳에서 가치가 창출된다는 전제하에 가치 창출과 소비지
기반 접근법을 연계시키는 것은 타당하지 않다. 소비지 기반 접근법이
틀렸다는 말은 아니다. 요지는 OECD가 전면에 내세운 이념인 "가치 창
출"과 소비지 기반 접근법은 전혀 연관성이 없다는 것이다.

셋째, '디지털 경제의 사용자 참여도'가 '비디지털 경제(일반 경제)의
사용자 참여도'와 크게 다르지 않다는 점이다.[70] 디지털 경제에서 사용
자가 개입한 정도와 사용자가 제작한 콘텐츠가 비디지털 경제에서 사용
자가 제작한 콘텐츠와 질적인 차별성을 정당화시킬 수 있어야 하는데,
실상은 그렇지 않다.[71] 이는 위에서 언급한 '사용자 참여'에 해당하는
'데이터 생성'과 관련된 내용이 많지 않다는 점, 디지털 재화나 일반 재
화의 매출귀속기준에 큰 차이가 없다는 점으로 뒷받침된다.

결론적으로 과세권 배분에 있어 사용자 참여 접근법이 지니는 의미
는 크지 않다. 사용자 참여 접근법을 취하지 않고도 디지털 경제의 조세
문제를 해결할 수 있기 때문이다. 사용자 참여 접근법은 '매출'을 배분
요소로 사용하는 이유를 설명하고, 시장 소재국의 과세권 강화를 위한
이념적 근거로서 기능을 하는 것에 불과하다. 일례로, 2021년 신설된 UN
모델조세조약 제12B조는 물리적 실재가 없더라도 자동화된 디지털 서비
스 소득에 대한 시장 소재국의 과세권을 확대한다는 내용인데, 사용자
참여 접근법을 도입하고 있지 않다.[72] 앞에서 언급하였듯이 과세권 배
분에 있어 사용자 참여 접근법은 꼭 필요한 개념은 아니다.

---

68) Id.
69) Id.
70) Andrés Báez Moreno and Yariv Brauner, 앞의 글(제2장 각주 11), p. 175.
71) Id.
72) Reuven S. Avi-Yonah, Young Ran(Christine) Kim, and Karen Sam, 앞의 글(제4장 각
     주 86), p. 64.

2. 복잡한 매출귀속기준

Pillar 1 경과보고서에서 2022년 2월 공개한 매출귀속기준에서 "거래별로 매출 귀속을 판정해야 한다."라는 내용을 삭제하였음에도 불구하고 여전히 매출귀속기준은 복잡하다. 또한 거래 유형별로 매출 귀속을 따져야 하는 매출귀속기준은 다국적 기업 그룹에 과도한 부담을 지운다.[73] 왜냐하면 최종 소비자의 소재 장소를 매출 발생의 원천지로 하는 거래 유형(완제품, 부품, B2B 서비스 등)은 독립된 공급자(제3자)를 통해서 재화, 서비스 등이 공급되었다면 현실적으로 최종 소비자의 소재 장소를 파악하는 것이 불가능하고, 제3자 정보를 입수해야 하는 부담이 있으며,[74] 해당 정보의 정확성을 사후적으로 검증하기가 어려우므로 매출귀속기준의 내용을 그대로 이행하기 어렵기 때문이다.[75]

또한 매출귀속기준을 논하기 위해서 추적할 수 있는 정보에 대한 접근이 가능한지가 불분명하며, 위 정보에 대한 접근이 가능하다고 하더라도 법률 위반 여부 등을 따져야 하는 등 집행가능성 측면에서 문제가 있다.[76]

최종 소비자의 소재 장소를 파악, 제3자 정보의 입수에 관한 다국적 기업 그룹의 부담을 경감하기 위해서 그 대안으로 합리적인 수준에서 기업에 매출귀속을 판단하는 방법에 관한 선택권을 부여하는 것을 고려해 볼 수 있다.[77]

---

73) 조필제·김준호, 앞의 글(제4장 각주 71), 29-30면.
74) 김정홍, 앞의 글(제4장 각주 90), 26면.
75) 조필제·김준호, 위의 글(제4장 각주 71), 29-30면.; Amazon, 디지털유럽(DIGITAL EUROPE), 세제 계획에 관한 유럽 산업 협회(EBIT), 일본 경제단체 연합회(Keidanren), NESTLE, PwC, Siemens, 비엔나 경제경영대학 이전가격 센터(WU TP Center) 등이 OECD 서면공청회에 제출한 의견이다. https://www.oecd.org/tax/beps/public-comments-received-on-the-draft-rules-for-nexus-and-revenue-sourcing-under-pillar-one-amount-a.htm.
76) 김용준, "디지털세 Pillar 1 동향과 향후 전망에 관한 토론문", 「진선미 국회의원 세미나 자료집」, 서울과학종합대학원대학교·조세금융신문(2022.9.28.), 52면.

실상 이 어려움은 배분 요소로 매출액을 쓰는 이상 어떤 공식배분법
에서도 마찬가지이다. 한 가지만 지적하자면 3요소 공식에서는 매출액
의 중요성이 Pillar 1보다 낮다는 점에서는 전자가 우월하다.

3. "이중과세제거" 방법의 난해성

Pillar 1 경과보고서에는 이중과세 방지 관련하여 "마케팅 및 유통이익
세이프 하버 규정(MDSH)"과 "이중과세제거"를 규정하고 있는데,[78] 양자
모두 그 내용이 매우 복잡하다. 특히 Amount A의 이중과세제거 방법은
난해할 뿐만 아니라[79] 이론적 근거를 찾기 어렵다는 비판이 있다.[80]

위 비판의 내용은 "이중과세제거"는 다국적 기업의 특성과 관계없이
수익성 RoDP Test를 통해서 이중과세제거 대상 '국가'를 먼저 선별하는
구조인데, 초과이익을 창출하는 주체는 다국적 기업 그룹에 속하는 법인
이므로 국가를 선별하는 절차는 진정한 납세의무자를 식별하기가 어렵
다는 것이다.[81] 그뿐만 아니라 RoDP를 기준으로 삼는 이유가 합리적이
지 않고,[82] 이중과세제거 부담을 배분하기 위하여 국가들을 3단계로 나
누는 기준을 RoDP의 1,500%, 150%, 40%로 정하고 있는데 위 수치에 대한
이론적 근거를 찾기 어렵다는 점을 지적한다.[83]

현재까지는 Pillar 1의 이중과세제거 방법은 무슨 말인지조차 알기가
어렵다. 3요소 공식으로 배분 대상을 그룹의 연결과세소득 전체로 한다

---

77) 김정홍, 앞의 글(제4장 각주 90), 26면.
78) OECD, 앞의 글(제2장 각주 66).
79) 김용준, 앞의 글(각주 76), 52면.; 김정홍, 위의 글(제4장 각주 90), 25-28면, 43면.
80) 전원엽, "디지털세 Pillar 1 동향과 향후 전망에 관한 토론문", 「진선미 국회의원
    세미나 자료집」, 서울과학종합대학원대학교·조세금융신문(2022.9.28.), 41-43면.
81) 전원엽, 위의 글(각주 80), 42면.
82) 전원엽, 위의 글(각주 80), 43면.
83) 전원엽, 위의 글(각주 80), 42면.

면, 적어도 Pillar 1 경과보고서처럼 이중과세제거 방법이 복잡하지는 않을 것이다.

4. 초과이익으로 Amount A의 범위 제한

무슨 말인지조차 알기 어려운 Pillar 1의 이중과세 제거방법은 아마 배분 대상을 전체 매출액으로 볼 것인지, 초과이익(excess profit, 초과이윤)으로 한정하여 볼 것인지와 연관이 있다. 이 문제는 협상 과정에서 중요 쟁점이 되었다.[84] Pillar 1은 Amount A를 초과이익의 25%로 정하여 그 범위를 제한하고 있다. BEPS 방지 프로젝트 참여국 간에 합의한 비율이 25%라고는 하나, 이것은 자의적으로 정한 값으로 실제 현실과 일치하지 않는다. 개별 국가마다 그 시장의 특성에 따라서 다국적 기업 그룹이 해당 국가에서 벌어들인 초과이익이 다를 것이기 때문이다.

그러므로 초과이익만 배분 대상으로 할 것이 아니라 다국적 기업의 전체이익을 대상으로 할 필요가 있다.[85] Pillar 1의 배분대상이익을 초과이익으로 제한하는 것은 현행 정상가격원칙을 유지하기 위함이다.[86] 배분대상이익을 '초과이익'으로 제한하는 데 다른 특별한 이유는 없다. 실제로, Pillar 1에 관한 최근 토론에서, G-24는 Pillar 1에 관하여 다국적 기업의 소득을 통상이익(routine profit)과 초과이익(잔여이익)을 구분할 필요 없이 글로벌 연결소득에 적절한 공식을 적용해서 구하는 것이 타당하다고 주장한 바 있다.[87] 또한, 아프리카 조세행정포럼(African Tax

---

84) Itai Grinberg, User Participation in Value Creation, British Tax Review, Issue 4 (2018), p. 411.

85) Michael J. Graetz, 앞의 글(제4장 각주 110), p. 206.

86) Id., p. 205.

87) Michael C. Durst, 앞의 글(제2장 각주 112)(2020), p. 15.; BMG, Comments on the OECD Secretariat Proposal for a 'Unified Approach' under Pillar 1 (2019.11.), p. 8.; Independent Commission for the Reform of International Corporate Taxation(이하

Administration Forum, 이하 'ATAF'이라고 한다) 역시 초과이익과 통상이익을 구분해서 배분하는 것은 형평에 맞지 않고 전체이익을 배분 대상으로 하여 과세권을 배분할 필요가 있다고 주장하였으나,[88] 주장한 내용이 Pillar 1에 반영되지 못하였다. Pillar 1에서 Amount A의 적용대상그룹을 향후 확대할 것으로 밝히고 있으므로, 공식배분법의 점진적인 도입이라는 가정하에서 일시적으로 Amount A의 범위를 초과이익으로 제한한 것이라면 Pillar 1을 수용할 수 있는 측면이 있으나 궁극적으로는 다국적 기업그룹의 전체이익을 배분 대상으로 하는 것이 타당하다. 이에 관한 구체적인 이유에 관하여서는 제5장 제3절 III.항에서 후술한다. 배분대상이익을 전체이익으로 한다면 정상가격원칙을 적용받는 부분이 없어지게 되므로, MDSH, 이중과세제거에 관한 내용을 현행 Pillar 1처럼 복잡하게 설계하지 않아도 될 것이다.

IV. Amount B의 문제점

Amount B에 관하여 Pillar 1 청사진 보고서에서 밝힌 Amount B의 산정방법은 이전가격지침에 위반된다는 비판이 있었는데, 이러한 비판을 의식해서인지 Amount B 초안은 Pillar 1 청사진 보고서에서 문제가 된 문구를 수정하였다.[89]

'ICRICT'라고 한다) (2019.11.11.).; G-24, Comments of the G-24 on the OECD Secretariat Proposal for a Unified Approach to the Nexus and Profit Allocation Challenges Arising from the Digitalisation (Pillar 1) (2019.11.9.), p. 3.; G-24의 의미는 이 글 제2장 각주 109 참조.

88) ATAF Sends Revised Pillar One Proposals to the Inclusive Framework (2021.5.12.), available here.; BMG, Comments on Progress Report on Amount A of Pillar One (2022.8.19.), p. 4.

89) 이 글 제4장 각주 178 참조.

그러므로 이 글에서는 Amount A와의 관계에서 문제가 되는 Amount B의 문제점만 살펴본다. Amount B는 이중과세의 위험이 있고, 적용대상이 불분명하다는 문제점이 있다.

1. 이중과세의 위험

Amount B는 기본적인 마케팅과 유통 활동(baseline marketing and distribution activities)을 하는 다국적 기업 그룹이 소재하는 국가에 별도로 고정된 이익률(고정 이익)을 배분하는 것으로, Amount B는 Amount A와 마찬가지로 시장 소재국의 과세권 강화와 관련이 있다.[90]

Amount B에 관한 여러 가지 비판이 있는데, 그중에는 ⅰ) Amount A와 중복으로 계산될 위험이 있다는 비판,[91] 이와 반대로 ⅱ) Amount B로 배분될 금액이 거의 없다는 비판[92] 등이 있다. ⅰ)은 Amount A, Amount B가 모두 시장 소재국의 과세권 배분에 관한 것으로 이중과세의 위험성이 있다는 것이고, ⅱ)는 개발도상국에서 현지 지점 또는 자회사가 완제품에 대한 마케팅 및 유통 기능을 수행하는 경우가 드물어서[93] 현지에 배분될 금액이 거의 없다는 것이다. ⅱ)는 현지 지점은 판매 작업을 수행하는 소수의 사람을 고용하고, 현지 지점에는 최소한의 설비와 부지가 있을 뿐이라는 점,[94] 이러한 내용은 계약으로 얼마든지 변경될 수 있다는 점[95] 등을 논거로 든다.

어느 쪽 방향이든 이 문제점은 Amount A와 Amount B 식으로 그룹 전

---

90) Michael C. Durst, 앞의 글(제2장 각주 112)(2020), p. 9.
91) Ian F. Dykes and Louise H.Keegan, 앞의 글(제4장 각주 51), p. 124.; Ulrich Schreiber, 앞의 글(제4장 각주 54), p. 339.
92) Graeme S. Cooper, 앞의 글(제4장 각주 108), p. 534.
93) Id.
94) Id.
95) Id.

체의 소득에서 갈라낸 금액을 과세소득으로 삼는다는 데에서 비롯한다.
두 가지의 합이 전체보다 더 클 가능성도 생기고 역으로 두 가지 및 잔
여이익의 합이 전체이익과 어떤 관계에 있는가도 불분명하다. 한번 배분
하면 될 것을 인위적으로 여럿으로 갈라내기 때문이다.

2. 불분명한 Amount B의 적용대상

  그룹의 소득 가운데 일부를 인위적으로 떼어낸 금액인 만큼 Amount
B의 적용대상 역시 자의적이다. 현재 Amount B의 적용대상은 Amount A
와 달리 충족시켜야 하는 매출액 또는 수익성 기준이 없기 때문에, 기본
마케팅과 유통 활동을 하는 다국적 기업이라면 모두 Amount B의 적용대
상이 된다.[96] 2022년 12월 8일 Amount B 초안이 공개되면서 Amount B의
적용대상을 가늠할 수 있게 되었으나, 여전히 불분명한 측면이 있다.
  '기본 마케팅과 유통 활동'은 다음과 같은 이유로 그 의미를 명확하게
정해야 한다. 첫째, 기본(baseline) 마케팅과 유통 활동은 산업마다 매우
다르다.[97] Amount B의 적용대상을 명확히 하기 위해서, 적용대상 업종
을 소비재(consumer goods) 중에서도 유통 활동의 비중이 높은 업종인 제
약 산업 등으로 제한하고, 제한되는 업종에 맞게 기본 마케팅과 유통의
의미를 재정의할 필요가 있다는 견해[98]가 있다.
  둘째, '기본 마케팅'에 해당하는 통상적인(routine) 마케팅과 비통상적
인(non-routine) 마케팅의 경계가 모호하다.[99] '기본 마케팅'의 개념을 명
확하게 하려면 Pillar 1 모델규정에서 '기본 마케팅' 개념을 정의할 필요가

---

96) Alistair Pepper, Thomas D. Bettge, and Jessie Coleman, Amount B: The Forgotten
    Piece of the Pillar 1 Jigsaw, Tax Notes International, Vol. 107 (2022.7.11.), p. 144.
97) Id.
98) Id.
99) Id.

있고, 그룹 내부 계약서에 Pillar 1 모델규정에 따른 정의 규정 또는 업무 범위에 관한 규정을 둘 필요가 있다. 또한, 분쟁의 소지를 줄이기 위해서 그룹 내부거래에서도 표준화된 계약서를 사용할 필요가 있다.[100]

셋째, Amount B에서 사용하는 '기본 마케팅과 유통 활동'이란 기준은 Amount A처럼 양적인 기준이 아니기 때문에, 자의적으로 해석할 여지가 많다.[101] 그 결과 과세당국에서 Amount B의 적용대상이 될 수 있는 기업을 배제하는 일이 발생할 수도 있다.[102]

기존에 있었던 Amount B가 이전가격 지침에 어긋나느니 안 나느니 하는 논란 자체와 최근 공개한 Amount B 초안은 실상 Pillar 1의 정치적 성격을 보여줄 뿐이다. 소득 대부분을 Amount A 계산을 통해서 분배하는 마당에 사소한 금액인 Amount B를 놓고 논란을 벌이는 자체가 이치에 맞지 않는다. Amount A, Amount B 같은 자의적 개념을 없애면 그로써 충분하다.

---

100) Id.
101) Id., p. 145.
102) Id.

제3절 Pillar 1을 대체할 공식배분법

이상의 논의에서 Pillar 1보다는 3요소 배분법 등 전통적 공식배분법이 우월하다는 점은 이미 드러났다. 이하에서 Pillar 1을 대체하려면 공식배분법을 어떻게 설계해야 하는가를 생각해보자. 우선 Ⅰ.항에서는 공식배분법의 핵심적 문제로 과세연계점을 어떻게 설정할 것인가를 따져본다. Ⅱ.항에서는 공식의 구체적 요소를 생각해보고, 그에 터 잡아 Ⅲ.항에서는 공식배분법이 갖추어야 할 요건을 살펴보고, Ⅳ.항에서는 Pillar 1에 갈음할 방법을 구체적으로 마련해보기로 한다.

Ⅰ. 공식배분법, 고정사업장, 과세연계점

1. 공식배분법과 고정사업장의 관계

가. 고정사업장의 의의와 유형

현행 OECD 모델조세조약 하에서 조세조약을 체결한 상대방 체약국 기업의 사업소득은 국내에 고정사업장[103])이 있는 경우에만 국내 세법에 따라서 종합과세가 되고,[104]) 고정사업장이 없는 경우에는 비과세된

---

103) 고정사업장은 법인세법상 비거주자·외국법인의 국내사업장과 비슷한 개념이기는 하지만 기능이 같지는 않다. 우리 국내법에서는 국내사업장의 존재 여부에 따라 외국법인을 '순소득' 기준으로 과세할 것인지 '총지급 금액' 기준으로 과세할 것인지, 과세기준이 달라진대이창희, 앞의 책(제1장 각주 2), 283-284면].; 고정사업장의 형태는 매우 다양한데, 일반적으로 지점, 사무소, 공장 등이 이에 해당한다(OECD 모델조세조약 제5조 제1항 및 제2항).

104) 우리나라 법인세법 제94조 제1항은 '사업장' 기준을 택하고 있어 국내사업장

다.[105] 즉, 현행 국제조세 체제는 원천지국의 고정사업장의 유무에 따라 해당 국가의 과세권 유무가 달라지는 구조이다(OECD 모델조세조약 제7조 제1항). 그러므로 고정사업장의 판단 기준이 문제 되는데, 고정사업장의 유형으로는 '물리적 고정사업장[106]'과 '간주 고정사업장[107]'이 있다.

2017년 OECD 모델조세조약이 개정되기 전에는 거주지국의 관점에서 고정사업장의 범위를 넓게 인정하지 않았으나, BEPS 방지 프로젝트 Action Plan 7의 논의를 반영하여 2017년 OECD 모델조세조약을 개정하면서 고정사업장의 인정 범위가 예전보다 넓어졌다.[108]

나. 공식배분법과 고정사업장의 관계

공식배분법은 과세단위, 과세표준, 배분 요소와 배분 공식으로 구성된다. 공식배분법의 구성 요소로 고정사업장을 언급하지는 않는다. 공식배분법은 배분 공식에 따라서 과세권을 배분하기 때문에 고정사업장의 존재를 고려할 필요가 없다.

한편, 공식배분법의 배분 공식에는 소비지(destination state[109]) 기준

과 고정사업장 개념 간에 큰 차이가 있지는 않으나, 미국의 경우에는 외국법인에 대한 과세여부를 사업장 개념이 아닌 국내사업의 유무로 정한다[이창희, 앞의 책(제1장 각주 2), 283-284면].

105) 이창희, 위의 책(제1장 각주 2), 283-284면.
106) "물리적 고정사업장"은 외국법인이 사용권을 가진 '고정된 물적 시설'에서 '본질적이고 중요한 활동'을 하는 장소를 의미하며(OECD 모델조세조약 제5조), 물리적 고정사업장이 있는 외국법인이 법인세 신고납부의무를 진다[김범준, "고정사업장 과세의 해석상 쟁점 및 정책적 과제-2010·2017년 OECD 모델조약 이후의 동향과 전망-", 「사법」, 통권 60호, 사법발전재단(2022), 65-66면].
107) 조세를 회피하기 위해 물리적 고정사업장을 두지 않는 것을 방지하기 위해서, 외국법인이 원천지국에 '종속대리인'을 통하여 사업을 하는 경우 고정사업장이 있다고 간주한다. 이를 "간주 고정사업장"이라고 한다[김범준, 위의 글(각주 106)].
108) 김범준, 위의 글(각주 106), 66-69면.

매출액 등이 배분 요소로 많이 활용된다. 소비지 기준 매출액 요소를 배분 요소로 선택하면 매출액이 발생한 판매지국에 고정사업장이 없더라도 과세권이 배분되므로, 현행 OECD 모델조세조약에 위반되게 된다. 고정사업장이 공식배분법의 구성 요소는 아니지만, 공식배분법은 현행 국제조세 체제와 달리 새로운 과세권을 창출하기 때문에 공식배분법과 고정사업장은 함께 논의될 수밖에 없는 구조이다.

2. '고정사업장'에서 '과세연계점'으로

공식배분법은 OECD 모델조세조약에서 정한 고정사업장과 무관하게 과세권을 배분하므로, 공식배분법 도입 시 현행 거주지주의, 원천지주의와 고정사업장 과세원칙을 대체해야 하는가가 문제 된다.

공식배분법은 고정사업장이 없어도 자산, 인건비, 매출액 등의 배분 요소에 따라 과세권을 배분할 수 있다는 것으로, 현행법 및 판례상 위 내용에 가장 부합하는 개념은 고정사업장 개념을 확대한 과세연계점(nexus),[110] 보다 구체적으로는 '경제적 연계점(Economic Nexus)'이라고 할 수 있다. '경제적 연계점'은 판매수준, 총수입액 등 판매업자의 사업 활동과의 연관성을 고려하여 정해지는데, 물리적 실재가 없더라도 경제적 실재 요건을 충족하였다면 과세할 수 있다는 개념이다.[111]

과거 미국 주들은 주 간 통상 과세요건인 '실질적 연계점(substantial nexus)'을 입증하기 위해 주(州) 내 물리적 실재에 의존하는 경향을 보였

---

109) "destination state"를 직역하면 '목적지'이지만, 이를 '소비지'로 의역하였다.

110) 과세연계점의 유형으로 "역외 판매자 연계점(Remote Seller Nexus)", "클릭 연계점(Click-Through Nexus)", "특수관계인 연계점(Affiliate Nexus)", "경제적 연계점(Economic Nexus)", "시장 연계점(Marketplace Nexus)"의 5가지 유형을 들 수 있다. 각 과세연계점에 관한 설명은 류지민, 앞의 글(제3장 각주 10), 198-199면을 참고하길 바란다.

111) 류지민, 위의 글(제3장 각주 10), 198-199면.

으나, 최근에는 미국의 많은 주들이 '경제적 연계점'을 채택하는 경향이 높아졌다.[112] 그리고 2018년 South Dakota v. Wayfair, Inc.(이하 'Wayfair 판결'이라고 한다)는 '판매세(sales tax)'의 경우에도 '경제적 연계점'을 인정하여 과세할 수 있다고 판시하였다.[113] Wayfair 판결은 그동안 Quill 판결[114]에 의해서 유지되어 온 물리적 실재 원칙을 폐기하였다는 점에서 의미가 있다.[115] 다만, 상거래가 존재한다는 사실만으로 경제적 연계점이 있다고 판단하는 것은 아니고, 상거래와 관련하여 거래수량이나 판매금액 등이 일정 수준의 기준 요건(threshold)을 충족해야 한다.[116] 하지만, Wayfair 판결에서 경제적 연계점이 형성되기 위한 구체적인 질적·양적 기준까지 제시한 것은 아니다.[117]

그러므로 3요소 공식의 경우에는 특정 국가에 3요소가 존재한다면 그 국가에 과세연계점이 형성된 것으로 볼 수 있다. 다만, Wayfair 판결에 비추어 보았을 때 해당 국가에 3요소가 존재하면 바로 과세연계점이 형성되는 것으로 볼 것인지, 아니면 자산, 급여, 매출액이 각 일정 수준의 기준 요건(threshold)을 충족하는 경우에만 과세연계점이 형성되는 것으로 볼 것인지가 문제 된다. 이와 관련하여 3요소 공식을 사용한 미국의 현황을 살펴보자. 미국의 주 간 과세위원회(MTC)는 2002년 10월 17일 '요소 존재 연계점 기준(factor presence nexus standard)' 모델(model statute)을 마련하였는데,[118] 요소 존재 연계점 기준에 의하면 특정 주 밖에 있는

---

112) Julie Roman Lackner, The Evolution and Future of Substantial Nexus in State Taxation of Corporate Income, Boston College Law Review, Vol. 48 (2007), p. 1,389.; 류지민, 앞의 글(제3장 각주 10), 199-200면.

113) South Dakota v. Wayfair, Inc. (2018).; 류지민, 위의 글(제3장 각주 10), 198-199면.

114) Quill Corp. v. North Dakota, 504 U.S. 298 (1992).

115) 그 결과 미국 개별 주는 해당 주에 사업장을 두지 않는 회사에 대해서도 '판매세'를 징수할 수 있게 되었다(류지민, 위의 글(제3장 각주 10), 194면, 198면).

116) 류지민, 위의 글(제3장 각주 10), 206면.

117) 류지민, 위의 글(제3장 각주 10), 206면.

118) Jay Forester and Mike Drumm, Income Tax Nexus: No Physical Presence Necessary,

기업이라고 하더라도 회계기간 동안 해당 주에 일정 기준을 초과하는
자산, 급여, 매출액이 있다면 연계점이 형성된다.[119] 과세연계점이 형성
되는 기준은 ① 5만 달러를 초과하는 자산, 5만 달러를 초과하는 급여,
50만 달러를 초과하는 매출액이 있거나, ② 총자산, 총급여, 총매출액의
각 25%를 초과하는 경우이다.[120] 둘 중 한 가지 기준을 충족하면 과세연
계점이 형성된다.[121] 그런데 요소 존재 연계점 기준을 사용한 주들은 그
리 많지 않았다.[122] 9개 주 정도가 위 기준을 사용했는데,[123] 위 기준을
사용한 역사가 오래되지 않았다. 요소 존재 연계점 기준을 최초로 사용
한 오하이오주는 2005년부터 위 기준을 사용하기 시작했고, 캘리포니아
주는 2014년부터, 나머지 7개 주는 2016년부터 위 기준을 사용하기 시작
했다.[124] 그리고 각 주에서 채택한 요소 존재 연계점 기준은 미국 주 간
과세위원회가 제시한 기준과는 차이가 있다.[125] 참고로, South Dakota는
Wayfair 판결을 받을 당시 요소 존재 연계점 기준을 사용하지 않았다.[126]
요소 존재 연계점 기준 중 매출액 요소에 관한 것은 Wayfair 판결의 '경
제적 연계점'과 매우 유사하다.[127]

Franchise Law Journal, Vol. 37, No. 1 (2017), p. 70.; https://www.wolterskluwer.com/
en/expert-insights/income-tax-factor-presence-nexus-standard.; MTC, Factor Presence
Nexus Standard for Business Activity Taxes (Oct. 17, 2002).

119) Jay Forester and Mike Drumm, 위의 글(각주 118), p. 70.

120) Id.

121) Id.

122) Id.

123) Ohio, Alabama, California, Colorado, Connecticut, Michigan, New York, Tennessee,
Washington이 요소 존재 연계점 기준을 도입했다(Jay Forester and Mike Drumm,
위의 글(각주 118), p. 70).

124) 캘리포니아주 영업세 위원회(FTB), available at https://www.ftb.ca.gov/file/busi
ness/doing-business-in-california.html.; Jay Forester and Mike Drumm, 위의 글(각
주 118), p. 70.

125) 캘리포니아주 영업세 위원회(FTB), available at https://www.ftb.ca.gov/file/busi
ness/doing-business-in-california.html.

126) Jay Forester and Mike Drumm, 위의 글(각주 118), p. 70.

3요소 공식의 경우에는 시장 소재지 국가에 3요소 중 하나가 존재한 다면 과세연계점이 형성된다고 보더라도 이론상 아무런 문제가 없다.[128] 다만, 일정 기준 요건을 두지 않는다면, 납세의무자는 시장 소재국에서 차지하는 자산, 급여, 매출액의 비중이 매우 미미해서 그 값이 '0'에 수렴 하더라도 법인세를 신고할 의무가 있으므로[129] 행정절차가 복잡해질 가 능성이 크다. 그러므로 납세의무자가 법인세를 신고해야 하는 경우를 명 확하게 하기 위해 일정 기준 요건을 초과할 경우에 과세연계점이 형성 된다고 보아야 한다. 국가마다 경제 규모가 다르므로, 3요소 공식 역시 요소 존재 연계점 기준처럼 각 요소별로 초과해야 하는 구체적인 기준 점(①)과 각 요소별로 일정 비율을 초과하는 경우(②)에 과세연계점이 형 성되는 것으로 보는 것이 합리적이다. 제1장 제1절 Ⅲ.항에서 언급하였 듯이 구체적인 수치까지는 제시하지 않는다. 요소 존재 연계점 기준은 Pillar 1과 달리 시장 소재국에 존재하는 요소별로 그 비율을 함께 고려한 다는 점에서 차이가 있다. Pillar 1은 연간 GDP가 400억 유로를 기준으로 하여 시장 소재국의 연간 GDP가 400억 유로 이상일 때는 100만 유로, 연 간 GDP가 400억 유로 미만일 때는 25만 유로로 과세연계점 형성 기준을 일률적으로 정하고 있다. 각 국가별로 GDP가 다르므로 해당 국가에서 요소별로 차지하는 비율을 함께 고려하는 것이 타당하다. 다만, 위와 같 은 과세방법은 자국의 산업과 일자리 보호를 위해서 보호무역정책의 일 환으로 사용하는 "비관세장벽"과 관련하여 문제 될 소지가 있다.

다른 한편 앞에서 말하는 물리적 실재, 국제조세법의 개념으로는 고 정사업장이 있는 경우에는 과세연계점이 생기도록 해도 아무런 무리가

---

127) https://gagnontax.com/2021/07/07/wayfair-nexus-and-income-tax/

128) Id.

129) Joe Garrett, Amber Rutherford, Olivia Schulte, and Sherfón Coles-Williams, Income Tax Nexus Limitations in a Post-Wayfair World, Tax Notes State, Vol. 100 (2021. 5.24.), p. 790.

없다. 공식배분법에서 고정사업장을 과세연계점의 충분 요건으로 삼으면 된다. 애초 고정사업장이라는 개념은 소득세제가 국제무역을 저해하면 안 된다는 생각이다.[130] 그러다가 고정사업장이 없더라도 대규모 무역을 하는 기업이라면 원천지국 또는 수입국에 과세권이 생겨야 한다는 생각에서 '가상 고정사업장' 등으로 고정사업장의 요건을 낮춘다든가 일정 규모 이상의 매출이 있으면 과세할 수 있어야 한다든가 이런 생각이 나타난 것이다.

II. 공식배분법의 설계

1. 공식배분법의 구성 요소

공식배분법은 그룹 접근법에 입각한 방법으로, 국제적으로 통용될 수 있는 규범으로서의 법인세제가 있어야 한다.[131]

공식배분법의 구성 요소는 이를 채택하고 있는 국가나 이를 주장하는 학자들에 따라 차이가 있는 부분이 존재하지만, 일반적으로 ① 과세단위 혹은 단일 사업(unitary business)의 범위, ② 분배대상 소득의 범위(tax base), 즉 과세대상소득, ③ 과세대상소득을 배분할 때 사용하는 배분 요소(factors)와 배분 공식(formula) 3가지를 언급한다.[132] 과세대상소득이 결정된 후에는 배분 공식에 따라서 소득을 배분하면 된다.

---

130) 이창희, 앞의 책(제1장 각주 2), 414-416면.

131) Susan C. Morse, Revisiting Global Formulary Apportionment, 29, Virginia Tax Review (2010), p. 637.

132) 김석환, 앞의 글(제1장 각주 2), 184면.

2. 과세단위

공식배분법을 적용하려면 '과세단위(taxable unit)', 즉 그룹의 범위를 정해야 한다. 혹은 '과세단위'를 사업 활동의 관점에서 '통합된 사업의 범위'라고 표현하기도 한다. 그룹은 여러 가지 방법으로 정의할 수 있다. 과세단위가 될 다국적 기업의 그룹 범위는 ① 양적 기준 또는 ② 질적 기준에 따라서 정할 수 있다.[133]

① 양적 기준은 '법적 통제 개념'이라고도 하는데, 모회사가 보유한 자회사의 지분 비율을 기준으로 하는 것이 일반적이다.[134] 이 방법은 그 기준이 명확하므로 분쟁의 소지가 적다.

② 질적 기준은 '경제적 활동(economic line)'을 기준으로 그룹을 설정하는 방안으로 독립기업원칙이 다국적 기업의 시너지 효과 등을 제대로 반영하지 못하는 점을 해결하고자 하는 방안이다.[135] '경제적 활동'은 규모의 경제, 내부거래, 수직적 통합 또는 다른 경제적 상호 의존성(economic interdependence) 등을 말한다.[136] 질적 기준에서는 '경제적 상호 의존성'의 유무가 중요한 개념이므로, 다국적 기업의 구성 부분이더라도 경제적으로 상호 의존하는 부분이 없다면 과세단위에 포함되지 않는다.[137] 경제적 활동, 경제적 상호 의존성의 유무로 '그룹의 범위'를 정하는 것이 공식배분법의 근간이 되는 그룹 접근법에 충실한 방안이기는 하지만, 기업 간에 어느 정도의 관련성이 있어야 경제적 상호 의존성이 있다고 볼 것인지 그 판단 기준을 정립하고 그 기준을 실제로 적용하는 데에 어려움이 있다.

---

133) Cristoph Sommer, Separate Accounting or Unitary Apportionment?, Josef Eul Verlag GmbH (2011), p. 118.

134) Id.

135) Id., pp. 118-119.

136) Joann Martens Weiner, 앞의 글(제3장 각주 31), p. 31.

137) Id.

그러므로 양적 기준에 따라 모회사가 보유하고 있는 지분비율로 공식배분법의 과세단위를 정하는 것이 합리적이다. 제3장 제3절 II.항에서 살펴본 EU의 CCCTB 지침안은 EU 회원국에 설립된 기업은 연결 그룹에 속해야 하는데, 연결 그룹의 적격성을 따질 때 연결재무제표의 요건인 '지배력'을 지표로 삼고 있고, Pillar 1 역시 최종모기업의 연결재무제표에 포함되는 기업들을 과세단위(그룹의 범위)[138]로 보고 있으므로 양적 기준을 따르고 있다고 볼 수 있다.

3. 과세대상소득

공식배분법에서 배분할 수 있는 소득(apportionable income), 즉 과세대상소득의 금액(과세표준, tax base)을 정하는 것은 중요하다. 그리고 공식배분법 시행 시 참여하는 국가들의 관할권 내에 있는 다국적 기업의 과세대상소득을 ① 기업 그룹 수준에서 통합할 것인지 아니면 ② 사업활동(부문) 기준으로 통합할 것인지, ③ 참여 관할 구역 내로 제한할 것인지 전 세계적 수준으로 통합할 것인지를 결정해야 한다.[139]

① 기업 그룹 수준에서 과세대상소득을 통합하는 경우 기업 그룹의 총수입을 통합해야 하는데, 이때 기업 그룹은 법적 통제 개념에 따라서 합산하면 된다.[140]

---

138) 이 글 제4장 제2절 III. 3. 나. (2)항 참조.
139) Thornton Matheson et al., 앞의 글(제3장 각주 59), p. 285.
140) 기업 그룹 수준에서 통합하는 경우에는 세분화된 접근 방식에 비해 오히려 기업 입장에서 관리 및 규정을 준수하는데 들어가는 비용이 줄어든다. 상장회사들은 이미 과반수의 주식을 소유한 계열사에 대한 연결재무회계(consolidated financial accounts)를 사용하고 있으므로 별도로 준비해야 할 사항이 많지 않기 때문이다(Thornton Matheson et al., 위의 글(제3장 각주 59), p. 285].; 한국의 경우에는 회사와 다른 회사가 지배·종속 관계에 있는 경우 지배회사가 연결재무제표를 작성하는데「주식회사 등의 외부감사에 관한 법률」(이하 '외감법'이라고 한다) 제2조 제3회], 지배기업이 직접적으로 또는 종속

다음으로 ② 사업 활동(부문)을 기준으로 한 과세대상소득 통합은 활
동(activity), 사업(business) 또는 제품 부문별(product-line basis)로 과세대
상소득을 통합하는 것을 의미한다.[141]

마지막으로 ③ 그룹 소득의 통합은 공식배분법 시행에 참여하는 국가
로 제한하거나 전 세계 국가를 대상으로 하는 방법이 있다.[142] 지금까지
전 세계 국가를 대상으로 그룹 소득을 통합하는 입법례는 없다. 참여국
으로 제한한 예로 EU의 CCCTB, 미국, 캐나다 등의 공식배분법이 있
다.[143] 동시에 EU, 미국, 캐나다에서 사용하는 공식배분법은 기업 그룹
수준에서 과세대상소득을 통합한 것이기도 하다.

이처럼 현재까지는 과세대상소득을 결정함에 있어서는 ①과 ③을 혼
용해서 사용하는 경우가 많다. Pillar 1 역시 기업 그룹 수준에서 과세대
상소득을 통합하면서, BEPS 방지 프로젝트에 참여하는 국가들을 대상으
로 하므로 ①과 ③의 방식을 모두 사용하고 있다.

4. 배분 요소와 배분 공식

가. 배분 요소의 선택과 배분 공식의 설계

공식배분법의 배분 요소는 정상가격원칙을 대체하는 성격을 지닌

기업을 통하여 간접적으로 회사 의결권의 과반수를 소유하거나 실질적인 영
향력을 행사할 수 있는 경우 지배력이 있다고 본다(일반기업회계기준 제4장
연결재무제표 4.5. 문단).

141) 사업 부문별 기업 소득 통합은 특정 관할권에서 수행되는 활동에 근접하게
과세표준을 조정하기 때문에 현행 국제조세 체제보다 더 간단할 수 있다. 하
지만 지원 및 서비스 활동과 같은 다국적 기업 내의 많은 기능이 여러 사업
부문에 서비스를 제공하여 사업 부문별 통합을 복잡하게 만드는 경우도 존재
한다[Thornton Matheson et al., 앞의 글(제3장 각주 59), pp. 285-286].

142) Id.

143) Id.

다.144) 배분 요소는 소득이 유래하는 곳의 경제적 지표로서 기능할 수 있어야 하고, 수량화하는 것이 가능해야 한다.145) 그리고, 배분 요소는 관찰하기 쉽고 조작이 용이하지 않아야 하며,146) 경제활동을 반영하되 안정적인 지표여야 한다.147) 또한 국가 간 공평한 과세권의 배분이 가능한 지표여야 한다.

이론상 여러 개의 요소로 구성된 배분 공식을 사용하는 것이 단일 요소로 구성된 배분 공식을 사용하는 것보다 상대적으로 안정적이다.148) 이러한 점을 감안하여 공식배분법에 자산, 급여, 매출액(sales)으로 구성된 3요소 공식을 사용하는 경우가 많다. OECD 이전가격지침은, 공식배분법의 배분 공식은 대개 원가(costs), 자산(asset), 급여(payroll)와 매출(sales)의 조합으로 이루어진다고 명시하고 있다(이전가격지침 1.17. 문단). 실제로 미국의 UDITPA, 캐나다는 자산, 급여, 매출액 3가지를 배분 요소로 사용하고 있다. EU의 CCCTB안은 자산, 노동, 매출액 3가지를 배분 요소로 사용하며 노동 요소에는 급여뿐만 아니라 근로자의 수가 포함된다.149) 큰 틀에서 EU의 CCCTB안도 3요소 공식을 사용하는 것으로

---

144) J. Clifton Fleming Jr., Robert J. Peroni and Stephen E. Shay, Formulary Apportionment in the U.S., International Income Tax System: Putting Lipstick on a Pig?, Michigan Journal of International Law 36(1) (Fall 2014), p. 18.; Itai Grinberg, Formulating the International Tax Debate: Where Does Formulary Apportionment Fit?, in The Allocation of Multinational Business Income: Reassessing the Formulary Apportionment Option, Series on International Taxation, Vol. 76, Wolters Kluwer (2020), p. 288.

145) Joann Martens Weiner, Company Tax Reform in the European Union-Guidance form the United States and Canada on Implementing Formulary Apportionment in the EU, New York: Springer (2006), p. 48.

146) Ilan Benshalom, 앞의 글(제1장 각주 3), p. 199.

147) Id., p. 200.

148) Joann Martens Weiner, 위의 글(각주 145), p. 48.

149) 배분 요소로 '근로자의 수'를 사용할 경우의 문제점은 이 글 제3장 제3절 II. 5.항 참조.

볼 수 있다. 그 외에도 산업별 특성에 따라 다른 배분 요소가 사용될 수
도 있다. 후술하는 라.항 업종별 특칙에서 상세히 살펴보겠지만, 캐나다
는 금융업의 경우 급여 외에 대출과 예금을 배분 요소로 사용하고 있고,
지하자원이 풍부한 알래스카는 자산, 생산지 매출액 외에 추출을 배분
요소로 사용하고 있다.

나. 배분 요소의 정의

(1) 자산

자산 요소에는 과세 연도 동안 배분할 수 있는 소득을 생산하는 데
사용된 자산, 개인 소유의 유형자산 또는 개인으로부터 빌린 자산이 모
두 포함된다.[150]

유형자산은 전형적인 형태의 자산이고, 기업이 이미 취득가격 등을
반영해서 작성해 놓은 회계장부, 재무상태표 등이 있으므로 비교적 그
가치를 평가하기가 쉽다.[151] 그리고 법적 소유권의 기준이 되는 명의 등
은 쉽게 변경할 수 있으므로,[152] 자산은 법적 소유권이 귀속되는 장소가
아니라 자산이 사용되고 있는 장소를 기준으로 세수를 배분한다.[153]

무형자산의 경우에는 배분 요소인 자산에 포함하지 않는 경우가 많
다.[154] 이론상 자산 요소에서 무형자산을 제외할 이유는 없지만, 무형자

---

150) Joann Martens Weiner, 앞의 글(제3장 각주 31), p. 20.; UDITPA Section 10.; 이
　　 글 제3장 각주 21 참조.
151) Thornton Matheson et al., 앞의 글(제3장 각주 59), p. 286.
152) Ilan Benshalom, 앞의 글(제1장 각주 3), p. 202.
153) Lawrence Lokken은 공식배분법에 비판적인 입장이지만, 만일 공식배분법이 실
　　 행된다면 자산만 고려해야 한다고 과거에 밝힌 바가 있다. 그 이유로 자산은
　　 3가지 요인 중에서 조작 가능성이 작다는 점을 들었다[Yariv Brauner, Formula
　　 Based Transfer Pricing, Vol. 42(10), Intertax (2014), p. 618].
154) John S. Brown, Formulary Taxation and NAFTA, 49(4), TAX Law Review (1994), p.
　　 765.

산은 무형자산이 귀속되는 장소를 결정하는 데 어려움이 있고,[155] 자산 요소에 포함할 경우 그 가치평가를 위해 발생하는 비용편익과 공식배분법의 이점을 퇴색시키는 측면이 있다는 점[156]을 고려하여 자산 요소에서 무형자산을 제외한다.[157]

(2) 급여

급여(payroll)는 기업 운영과 소득 창출과 관련하여 근로자의 노동 기여도를 반영하기 위한 지표이다.[158] 노동의 지표로는 급여와 근로자의 숫자를 사용하는 것이 가능하다.[159] 근로자의 숫자는 근로기준법 위반 등 법령 위반은 논외로 하고, 인위적으로 조작하기가 쉽다.[160] 그래서 노동의 지표로 급여 요소를 사용하는 경우가 많다.

급여 요소에는 노동과 관련된 모든 유형이 포함되기 때문에 그 범위가 매우 광범위하다. 급여에는 임금, 상여금, 수수료 등 근로자 개인이 노동을 제공한 대가로 받는 보수, 금원 등이 모두 포함되며,[161] 현물 보

---

155) Joann Martens Weiner, 앞의 글(제3장 각주 31), p. 52.

156) Id., p. 53.; 실제로 제약, IT 산업 등에서 무형자산은 매우 중요한 생산 투입물이지만 조작 가능성이 있다는 점을 고려하여 배분 요소에서 무형자산을 제외해 왔다. 그런데도, 무형자산의 가치가 고용(연구 및 개발 근로자) 또는 유형자산의 투자에서 파생되는 경우가 있으므로 무형자산의 가치를 100% 배제하는 것은 현실적으로 어렵다[Thornton Matheson et al., 앞의 글(제3장 각주 59), p. 287].

157) 일부 주에서는 컴퓨터 소프트웨어와 같은 무형자산을 자산에 포함하는 경우도 있으나, UDITPA는 위와 같은 이유로 공식배분법의 자산 요소에서 무형자산을 배제한다[Joann Martens Weiner, 위의 글(제3장 각주 31), p. 20].

158) Thornton Matheson et al., 위의 글(제3장 각주 59), p. 286.; 급여는 개인에게 지급되기 때문에 조작이 쉽지 않은 점을 들어, 급여 단일 요소만으로 구성된 공식을 주장하는 견해[Ilan Benshalom, 앞의 글(제1장 각주 3), p. 202]도 있다.

159) Thornton Matheson et al., 위의 글(제3장 각주 59), p. 286.

160) Id.; 이 글 제3장 제3절 II.항 참조.

161) UDITPA Section 14.; Joann Martens Weiner, 위의 글(제3장 각주 31), p. 21.; Ilan Benshalom, 위의 글(제1장 각주 3), p. 203.

상금과 다른 부가급여(social benefits)도 포함된다.[162]

급여 요소에 따른 과세권은 근로자가 노동을 제공한 국가에 있다. 만일 근로자가 과세기간 동안 1개 국가에서만 노무를 제공했다면 당연히 그 국가에서 임금을 지급한 것으로 간주한다.[163] 근로자가 2개 이상의 국가에서 노무를 제공하였다면 "근로자가 일하는 본거지(base of operation)"가 위치한 국가, 일하는 본거지가 없다면 "근로자를 통제하는 국가" 등에서 임금을 지급한 것으로 본다.[164]

(3) 매출액

매출액 요소는 제3자에 대한 유형자산의 매출액 및 서비스의 제공을 반영하기 위한 것이다. 자산 요소에서 설명하였듯이 무형자산은 무형자산이 귀속된 장소를 결정하기가 어렵고, 가치평가에 어려움이 있는 점 등으로 인해 매출액 요소에서도 고려되지 않는 경우가 있다.[165]

매출액은 매출 발생지를 '생산지 기준' 또는 '소비지 기준'으로 정할 수 있다.[166] 이익의 이전을 통한 세금 조작을 방지하기 위해서는 '소비지'를 기준으로 하는 매출액을 사용하는 것이 타당하다.[167] 소비자의 경

---

162) Joann Martens Weiner, 앞의 글(제3장 각주 31), p. 21.

163) Id.

164) 일하는 본거지, 근로자를 통제하는 장소가 없다면 근로자의 거주지를 임금이 발생한 곳으로 보는 것도 가능하다(Id.). 또는 근로자가 과세기간 동안 노무를 제공한 국가에서 보낸 시간을 계산한 후 각 국가별로 전체 급여를 그 비율에 따라서 배분하는 방안도 고려해 볼 수 있다(Jinyan Li, Global Profit Split: An evolutionary Approach to International Income Allocation, 50(3), Canadian Tax Journal (2002), pp. 847-848.; Cristoph Sommer, 앞의 글(각주 133), p. 138).

165) Kerrie Sadiq, 앞의 글(제3장 각주 180), p. 202.

166) Kimberly A. Clausing, Competitiveness, Tax Base Erosion, and the Essential Dilemma of Corporate Tax Reform, (6) BYU L. Rev. (2016), pp. 1,649, 1,676-1,677.; Susan C. Morse, 앞의 글(각주 131), p. 619.

167) Thornton Matheson et al., 앞의 글(제3장 각주 59), pp. 286-287.; Eugenio Grageda, Reallocating Taxing Rights: Is 'Market' the Answer?, Tax Notes

우에는 인위적으로 이동시키기가 쉽지 않으므로 소비가 발생한 곳을 변경하기가 어렵기 때문이다.[168]

2017년 기준으로 미국의 51개 중 8개 주에서만 3요소에 동일한 가중치를 부여한 매사추세츠 공식을 사용하고, 나머지 주들은 매출액에 2배 또는 3배의 가중치를 부여하는 공식을 사용하는 것으로 나타났다.[169] 매출액을 단일 요소로 사용하는 경우도 있다.[170] 최근 미국의 많은 주에서는 자산 및 급여 요소의 가중치를 줄이고, 매출액에 높은 가중치를 부여한 공식을 사용하는 경향을 보인다. 이처럼 매출액 요소가 차지하는 비중이 높아진 이유는, 급여나 자산 요소의 경우에는 과세권 배분을 고려하여 고의로 급여나 자산 가치를 부풀리는 등의 조작을 할 수 있기 때문이다.[171]

물론 매출액 요소도 과세권을 공평하게 배분할 수 있는 완벽한 지표라고 보기는 어렵다. 매출액 요소는 납세의무자가 조세피난처를 마치 소비지인 것처럼 꾸며서 거래구조를 짤 가능성이 있다는 점,[172] 상품·서비스의 소비지 식별의 기술적인 어려움[173] 등과 같은 현실적인 문제점이 있다. 예를 들어, 전자상거래는 판매 추적이 현실적으로 어렵다는 문제가 있다.[174] 소비지 기준 매출액 요소를 사용하는 Pillar 1의 Amount A는 소비자의 위치를 판단하는 기준인 매출귀속기준을 상세하게 정하고 있

International, Vol. 105, March 28 (2022), p. 1,543.
168) Thornton Matheson et al., 앞의 글(제3장 각주 59), pp. 286-287.
169) Id., p. 293.; 이 글 제3장 각주 41 참조.
170) Avi-Yonah와 Clausing의 공식은 미국의 주들에서 나타나는 특징을 반영하여 매출액을 단일 요소로 하는 공식의 사용을 주장한다[Kimberly A. Clausing, 위의 글(각주 166), pp. 1,649, 1,676-1,677].
171) 배분 요소로 급여나 자산 요소를 사용하는 경우에는 해당 주 내에 있는 직업과 자산에 영향을 줄 수 있다[Susan C. Morse, 앞의 글(각주 131), pp. 594-595].
172) Ilan Benshalom, 앞의 글(제1장 각주 3), p. 201.
173) Kerrie Sadiq, 앞의 글(제3장 각주 180), p. 204.
174) Id.

는데, Pillar 1 역시 소비지 식별이 어렵다는 위와 같은 맥락의 비판을 받고 있다.

위와 같은 비판에도 불구하고 매출액 요소가 중시되는 이유는 매출액 요소가 다른 배분 요소에 비해 낮은 조작 가능성으로 인하여 각 국가 간에 과세권을 더 가지고 오기 위한 조세 경쟁과 관련된 재정적 외부효과를 완화하거나 제거할 수 있기 때문이다.[175]

다. 가중치의 선택

공식에 여러 개의 요소가 포함되어 있다면 각 요소별로 가중치를 부여하여야 한다.[176] 각 요소에 얼마의 가중치를 부여할 것인가는 정책적인 판단에 달린 문제이다.[177] 가중치 선택에는 정답이 없으므로, 간명하고 직관적으로 이해하기 쉬운 가장 간단한 방법은 각 요소에 균등한 가중치를 두는 것이다.[178] 매사추세츠 공식이 이에 해당한다.[179]

요소별 가중치는 수요(소비)와 공급(생산) 측면을 고려하여 부여한다.[180] '매출액' 요소는 재화와 용역에 대한 수요(소비)를 반영하고, '노동'과 '자산'은 공급(생산) 과정을 반영한다. 공급과 수요에 동일한 가중치를 부여한다면, 자산 및 급여의 가중치가 각각 1/4, 매출액 가중치가 1/2이 된다.[181] 또는 위와 다른 방법을 사용해서 가중치를 부여하는 것도 가능하다.

---

175) Ruud De Mooij, Ms. Li Liu, Dinar Prihardini1, and Mr. Michael Keen, An Assessment of Global Formula Apportionment, IMF Working Paper 19/213, IMF (2019), p. 12.
176) Joann Martens Weiner, 앞의 글(제3장 각주 31), p. 19.
177) Id.
178) Id.
179) Id.
180) Id.; Alex Cobham and Simon Loretz, 앞의 글(제5장 각주 33), p. 7.
181) Joann Martens Weiner, 위의 글(제3장 각주 31), p. 19.

국가마다 처한 상황이 다르므로 다국적 기업의 과세대상소득에 대해서 각 배분 요소별로 얼마의 가중치를 부여할 것인가는 매우 중요한 문제이다.[182] 최근 매출액을 강조하는 경향이 있는데, 각 국가의 세수 배분이 적절히 될 수 있도록 적절한 배분 요소를 찾는 것은 매우 중요하다. 그 밖에 국제적 합의를 전제로 하여 선진국뿐만 아니라 개발도상국의 경제 활동이 동등하게 반영될 수 있는 가중치가 사용되어야 한다.

라. 업종별 특칙

3요소 공식은 제조업, 상품판매업(merchandising business)에 적용하기 위해서 개발되었기 때문에, 제조업, 상품판매업에 적합한 공식이다.[183] 자산, 급여, 매출액 요소는 제조업, 상품판매업의 특성을 반영하는 대표적인 요소이기 때문이다.[184]

실제로 공식배분법 적용 시 3요소 공식이 산업의 특성을 반영하지 못하여 다른 공식을 사용하는 경우가 있다.[185] 특히, 채굴업의 경우 몇 개 특정 국가에서 지하자원이 생산되는 특성이 있고, 금융업의 경우에는 재화를 금전으로 교환하는 활동을 하는 제조업과는 애초에 성격이 다르다

---

182) 캐나다 주 정부는 공식배분법의 요소로 급여와 총수입(매출액)의 2가지를 사용하고 있고, 각 요소에 1/2씩 동일한 가중치를 부여한다(Michael C. Durst, The Tax Policy Outlook for Developing Countries: Reflections on International Formulary Apportionment, Working Paper 32, ICTD (2015), p. 6.; Kerrie Sadiq, 앞의 글(제3장 각주 180), p. 186.; Thornton Matheson et a1, 앞의 글(제3장 각주 59), p. 294l. 이 경우에는 공급과 수요 측면에서 동일한 가중치를 적용하는 것으로 해석할 수 있다.

183) Cristoph Sommer, 앞의 글(각주 133), p. 141.

184) Id.

185) 미국과 캐나다의 각 주는 건설계약, 항공, 철도, 방송사업 등에 다른 공식을 사용한다(Id.; UDITPA Section 18.; §§ 403-413 of the Canadian Income Tax Regulations).

는 특성이 있다.[186] 그러므로 채굴업과 금융업에서 사용되는 공식을 검
토한다. 참고로, Pillar 1은 Amount A의 적용대상 업종에서 채굴업, 금융
업을 아예 제외하고 있다(〈표 3〉 참조).

(1) 채굴업

광업 및 석유와 같은 채굴업(extractive industries)은 독특한 특징이 있
다. 지하자원의 가장 두드러진 특징은 지하자원이 있는 장소가 고정되어
있고, 지하자원은 재생할 수 없는 고갈되는 자원이라는 점이다.[187] 또한
채굴업은 일반적으로 현지 고용이 잘 이루어지지 않고[188] 생산량 대부
분이 해외에서 판매된다는 특성이 있다.[189] 그래서 소비지 기준 매출액
을 배분 요소로 사용하는 매사추세츠 공식을 적용하면 지하자원을 채굴
하는 국가(생산지)는 채굴업의 수익을 거의 가져가지 못하게 된다.[190]

위와 같은 점에 비추어 보면, 소비지를 기준으로 하는 매출액 요소는
채굴업에 적절하지 못하다. 채굴업을 주된 사업으로 하는 국가는 일반적
인 배분 공식을 채택하는 경우 그 수입이 감소할 수밖에 없다.[191] 또한
현재 채굴업은 아프리카 등 몇 개 국가에 치중되어 있다. 그러므로 형평

---

186) Thornton Matheson et al., 앞의 글(제3장 각주 59), p. 296.

187) Phillip Daniel, Michael Keen and Charles McPherson, The Taxation of Petroleum
and Minerals: Principles, Problems and Practice, Washington, D.C. Routledge
(2010).; Thornton Matheson et al., 위의 글(제3장 각주 59), p. 297.

188) 채굴업은 해당 국가의 GDP, 외화 획득에 크게 기여하지만, 채굴업은 자본 집
약적인 산업이기 때문에 직접적으로 고용에 기여하는 바가 거의 없다
[Mckinsey Global Institute, Africa at work: Job creation and inclusive growth,
Mckinsey & Company (2012), pp. 49-50].

189) Thornton Matheson et al., 위의 글(제3장 각주 59), p. 297.

190) Id.

191) Id.; Erika Dayle Siu, Sol Picciotto, Jack Mintz and Akilagpa Sawyerr, Unitary
Taxation in the Extractive Industy Sector, In Taxing Multinational Enterprises as
Unitary Firms, edited by Sol Picciotto, 48-58, Brighton, UK: ICTD, Institute of
Development Studies (2017).

성 측면에서 특별한 고려가 필요하다. 위 문제점을 해결하기 위해서 채굴업이 세수에서 큰 비중을 차지하는 알래스카주, 캐나다 그리고 EU의 CCCTB 지침안에서 취하는 조치를 살펴본다.

알래스카주와 EU의 CCCTB 지침안은 배분 요소로 3가지를 사용하고, '소비지'가 아닌 '생산지' 매출액을 사용한다는 공통점이 있다.[192] 다만, 알래스카주는 석유와 파이프라인 회사의 수입을 매출액, 자산과 '추출(extraction)'을 배분 요소로 하여 배분하며,[193] 추출 요소에 지하자원을 포함해서 채굴업의 특성이 반영될 수 있도록 하였다.[194] 추출 요소는 석유 배럴의 총생산량(total production of barrels of oil)과 천연가스의 1/6 천 입방피트(one sixth of thousand cubic feet of natural gas)로 구성된다.[195]

한편, 캐나다는 '소비지 기준 매출액 요소'가 채굴업 고유의 특성을 반영하지 못한다는 지적이 있음에도 불구하고 소비지 기준 매출액 요소와 급여로 구성된 2요소 공식을 사용한다.[196] 대신 캐나다는 지방정부의 세수 감소를 보전하기 위해 해당 주에 재정균등화 교부세(federal capacity equalization grants system)를 지급한다.[197]

이처럼 채굴업 비중이 높은 주 또는 국가는 원천지의 과세권 강화를 위해서 생산 요소를 반영할 수 있도록 추출 요소를 배분 요소로 사용하거나[198] '생산지 매출액 요소'를 사용하고 있다.[199]

---

192) Ruud De Mooij et al., 앞의 글(제5장 각주 35), p. 4.; CCCTB Art. 42.
193) 15 Alaska Administrative Code § 20.500.
194) 15 Alaska Administrative Code § 20.500.
195) 15 Alaska Administrative Code § 20.500. (c).
196) Thornton Matheson et al., 앞의 글(제3장 각주 59), p. 297.; Erika Dayle Siu et al., 앞의 글(각주 191), pp. 23-24.
197) Thornton Matheson et al., 위의 글(제3장 각주 59), p. 297.
198) Id., p. 299.
199) Id.; Erika Dayle Siu et al., 위의 글(각주 191).

(2) 금융업

금융회사는 대부분 자산이 대출, 예금, 기타 자산으로 구성되어 있어서, 다른 자본 집약적인 업종에 비해 전체 자산에서 고정자산이 차지하는 비중이 매우 낮다.[200] 그리고 금융회사는 일반 제조회사와 달리 서비스 제공에 대한 수수료 부분만 수익으로 인식한다.[201] 그 결과 금융회사의 매출액은 낮을 수밖에 없다. 그러므로 금융업에 매사추세츠 공식에서 사용하는 자산 요소, 매출액 요소를 그대로 사용하는 것은 적절하지 못하다. 반면, 급여 요소의 경우 금융회사도 고용하는 근로자가 있으므로 급여는 사용이 가능한 배분 요소이다.

캐나다는 급여에 1/3 가중치를 두고, 대출과 예금에 2/3 가중치를 두는 공식을 사용한다.[202] 이때 대출과 예금은 매출액 대신에 사용하는 값이다.[203] 미국은 매출액 요소 대신 '총수입금액(gross receipts) 요소'를 사용한다.[204] EU의 CCCTB는 자산 요소에 금융 자산 가치의 10%를 더한 공식을 사용한다.[205]

마. 소결

공식배분법의 구성 요소인 ① 과세단위, ② 과세대상소득, ③ 배분 요소와 배분 공식에 관해서 살펴보았다. 앞에서 검토한 내용을 요약하면, ① 과세단위는 양적 기준(모회사가 보유한 자회사의 지분 비율 등)에 따라서 정하는 것이 분쟁의 소지가 적다. ② 과세대상소득을 정할 때는 공식배분법 시행에 참여하는 국가 간에 기업 그룹 수준에서 소득을 통합

200) Thornton Matheson et al., 앞의 글(제3장 각주 59), p. 296.
201) Id.
202) Id., p. 297.
203) Id.
204) Id.
205) CCCTB Art. 40.

하는 경우가 일반적이다. ③ 배분 요소는 경제활동을 반영할 수 있고 안정적이며 과세권을 공평하게 배분할 수 있는 지표여야 하는데, 이를 반영한 대표적인 배분 요소가 자산, 급여, 매출액이다.

그리고 배분 요소뿐만 아니라 가중치도 중요한 기능을 한다. 각 요소별 가중치의 선택은 정책적인 판단에 달린 것으로, 선진국과 개발도상국 간 적정한 과세권 배분이 가능하게끔 가중치가 책정되어야 한다. 일반적으로 3요소 공식이 널리 사용되지만, 3요소 공식은 제조업, 상품판매업에서 유래한 것이기 때문에 다른 산업에도 동일하게 위 공식을 사용하는 것은 오히려 공평한 과세권 배분을 저해할 수 있다. 채굴업, 금융업처럼 산업 고유의 특성이 뚜렷한 경우에는 변형된 공식을 사용하는 것이 타당하다.

III. 공식배분법으로 3요소 공식 제시

1. 공식배분법 도입에 관한 합의

공식배분법을 일방적으로 시행하는 것이 불가능한 일은 아니다. 앞에서 살펴본 캘리포니아주 사례가 이에 해당한다. 캘리포니아주는 미국 외 원천소득을 과세대상소득에 포함해서 일방적으로 과세하였다. 하지만, 단일한 공식으로 여러 나라에 과세권을 배분하는 공식배분법 체제의 안정적인 정착과 성공적인 시행을 위해서는 이에 관한 국제적인 합의가 전제되어야 한다.

공식배분법에서는 공식, 공식에 들어갈 배분 요소의 선정이 물론 중요하지만, 무엇보다 공식배분법을 도입하기 위한 최초의 합의를 얻는 과정이 가장 중요하다. 합의 주체의 구성은 전 세계를 관할권으로 해서 공식배분법을 도입하는 경우와 소득 수준이 유사한 인접 관할권 내에서 공식배분법을 도입하는 경우로 나누어서 살펴볼 수 있다. 인접 관할권

내에서 공식배분법을 도입할 때는 해당 관할권 내의 국가 간 합의가 있
으면 공식배분법의 도입이 가능하다.

2. 적용대상: 모든 다국적 기업 그룹

통신 기술 등의 발달로 현대 사회가 디지털화됨에 따라 동일한 장소
와 시간이 아니더라도 생산요소의 유기적인 결합이 가능해졌다. 그리고
이에 해당하는 대표적인 업종이 디지털 서비스 업종이다.[206] 그런데 디
지털 서비스 업종의 경계를 나누는 것이 현실적으로 불가능하다. 전반적
으로 모든 산업이 디지털화되어 가고 있다는 점은 개발도상국도 인정하
는 사실이다.[207] 그에 따라 어디까지가 일반 경제이고 어디부터 디지털
경제인지 그 경계를 구분하는 것이 실질적으로 불가능하다.[208]

디지털 서비스업의 경계를 구분하는 것이 쉽지 않다는 점은 Amount
A의 적용대상의 변천 과정으로도 뒷받침된다. 2019년 당시 Pillar 1은 디
지털 경제의 조세문제 해결이라는 목표에 맞게 적용대상을 '고도로 디지
털화된 사업'을 하는 다국적 기업으로 한정하였으나 여러 차례 논의를
거치면서 적용대상 업종(적용범위)이 채굴업과 규제대상금융업을 제외
한 모든 업종으로 확대되었다(〈표 3〉 참조). 공식배분법의 적용대상을
특정 업종(디지털 서비스업 등)으로 제한하는 것은 현실적으로 불가능하
다.[209] 그러므로 공식배분법의 적용대상을 모든 업종으로 하되, 채굴업,

206) OECD, 앞의 글(제1장 각주 5), para. 29.
207) G-24, 앞의 글(제2장 각주 109), p. 3.
208) Maarten Floris de Wilde, Comparing Tax Policy Responses for the Digitalizing Economy: Fold or All-in, Intertax, Vol 46(6) (2018), p. 466.
209) Pasquale Pistone, João Félix Pinto Nogueira, Betty Andrade and Alessandro Turina, The OECD Public Consultation Document "Secretariat Proposal for a 'Unified Approach' under Pillar One": An Assessment, Bulletin for International Taxation (2020.1.), p. 3.; ICRICT, 앞의 글(각주 87), p. 3.; G-24, 앞의 글(각주 87), p. 2.

금융업과 같이 그 산업 자체의 고유한 특성이 있는 경우에는 변형된 배
분 공식을 사용할 수 있도록 하는 것이 타당하다.

  공식배분법은 모든 다국적 기업 그룹을 적용대상으로 하는 것이 궁
극적인 목표이다. 그러므로 매출액 기준 등 인위적인 기준을 별도로 마
련하여 공식배분법의 적용을 받는 다국적 기업 그룹의 범위를 제한하고
축소할 필요가 없다.

  3. 세수의 배분

    가. 배분대상이익

  공식배분법의 배분 대상이 되는 이익의 범주를 어떻게 설정할 것인
지 생각해 볼 필요가 있다. 다국적 기업이 얻는 모든 이익은 다국적 기
업의 사업 활동의 결과이다. 그러므로 초과이익(잔여이익), 통상이익을
인위적으로 구분할 필요가 없다.[210] 배분대상이익을 초과이익으로 한정
하는 경우에는 초과이익 중 몇 퍼센트를 배분할 것인지 정하는 과정에
서 각 국가의 이해관계가 개입되기가 쉽다. 그러므로 현실을 있는 그대
로 반영할 수 있도록 다국적 기업의 '전체이익'을 배분 대상으로 하는 것
이 타당하다.[211]

    나. 배분 공식의 설계

    (1) 개관
  산업마다 지니는 고유한 특성이 있으므로 산업의 특성을 무시하고 동

---

210) ICRICT, 앞의 글(각주 87), p. 2.
211) Nana Ama Sarfo, Pillar 1 Carveout Chaos, Tax Notes International, January 13
    (2020), p. 134.

일한 배분 공식을 사용하는 것이 타당하지 않다는 점에 대해서는 이미 검토한 바 있다. 그러므로 이 항에서는 배분 요소를 중심으로 검토한다.

선진국과 개발도상국 간에 공식배분법의 배분 요소에 의한 배분은 상당히 비대칭적이라는 국제통화기금(International Monetary Fund, 이하 'IMF'라고 한다)의 연구 결과가 있다.[212) 왜냐하면, 선진국과 개발도상국은 인구의 크기가 다르기 때문이다.[213) 인구의 크기는 매출액과 인건비에 영향을 미친다. 또한 무형자산의 가치가 커졌기 때문에, 무형자산을 자산 요소에 포함한다면 무형자산을 많이 보유하지 않은 개발도상국은 자산 요소에서 불리할 가능성이 크다. 하지만, IF에서 진행한 Pillar 1 각 구성요소에 관한 서면공청회에는 위 예상과 달리 개발도상국에서 3요소 공식을 사용하자는 의견이 의외로 많이 제출되었다. 한편, 매출액 요소에서 이익을 얻는 국가가 선진국에 국한되는 것은 아니다. 노동 집약적인 산업이 주를 이루는 국가, 예를 들어 중국을 포함한 개발도상국들은 급여 요소에, 중국을 포함하여 소비 시장이 큰 미국이나 유럽 국가들은 매출액 요소에 높은 가중치를 부여하는 공식을 선호한다.[214)

그런데 이전가격세제의 주도권을 가지고 있는 국가는 미국이고, BEPS 방지 프로젝트도 OECD 회원국들이 주도적으로 추진하였으므로, 미국처럼 이미 자국에서 공식배분법을 사용하는 국가들과 시장이 큰 중국의 영향력이 크게 작용할 수밖에 없다. 합의를 위해 세수 배분 범위의 변화가 크지 않으면서,[215) 현실을 잘 반영할 수 있는 배분 요소의 선택이 필

212) IMF, Spillovers in International Corporate Taxation, IMF Policy Paper, 9 May (2014).; IMF, 앞의 글(제4장 각주 41).
213) IMF, 위의 글(제4장 각주 41).
214) Thornton Matheson et al., 앞의 글(제3장 각주 59), p. 289.
215) EU의 경우 현재 상황과 비교했을 때 CCCTB의 도입으로 인한 세수 배분의 변화 범위가 중요한 고려 항목이었다[Clemens Fuest, The European Commission's proposal for a common consolidated corporate tax base, 24(4), Oxford Review of Economic Policy (2008), pp. 725-726].

요하다. 구체적인 배분 공식으로 3요소 공식과 단일 매출액 요소를 사용한 공식을 고려해 볼 수 있는데 이에 관하여는 후술한다.

가중치의 경우 각 요소별로 동일한 가중치를 부여하는 것이 간단하면서도 분쟁의 소지가 적어 보인다. 그런데, 지방소득세 차원에서 사용하는 미국과 중국의 공식배분법은 매출액에 대한 가중치의 비중이 상대적으로 조금 높다. 기술의 발달로 로봇이 근로자를 대체하는 경우가 증가하고 있는 점, 미국과 중국은 매출액에 상대적으로 높은 가중치를 부여하는 점 등을 고려하여 매출액 요소에 약간 높은 가중치를 부여하는 것도 합리적이라고 생각한다.

(2) 3요소 공식의 타당성

어떤 배분 요소를 사용할 것인가는 선택의 문제이기 때문에 어느 정도 자의적일 수밖에 없다. 그런데 자산, 인건비, 매출액 3요소를 배분 요소로 사용하는 3요소 공식은 적어도 이론상 생산과 소비 측면을 모두 고려한 균형 잡힌 공식이라고 할 것이다.[216]

위와 같은 이유로 오래전부터 3요소 공식이 실제로 사용됐다. 미국의 UDITPA, 캘리포니아주의 공식배분법(통합과세방법, unitary taxation), 캐나다, 중국은 3요소 공식을 사용하였고, EU의 CCCTB(안), BEFIT(안)은 아직 시행되지는 않았지만, 지침안에 공식배분법의 배분 공식으로 3요소 공식을 정하고 있다.

각 배분 요소의 구체적인 내용은 제5장 제3절 II.항에서 상세히 살펴보았으므로 이 절에서는 생략한다. 그리고 매출액 요소에는 2가지 종류가 있지만, 일반적으로 매출액 요소는 인위적인 조작을 방지하기 위해서

---

216) Avi-Yonah 역시 배분 공식에 생산 요소도 포함되어야 하므로, 매출액 단일 요소 공식은 바람직하지 않다고 밝힌 바 있다[Reuven S. Avi-Yonah, The Case for a Destination-Based Corporate Tax (July 22, 2015), available at SSRN: https://ssrn.com/abstract=2634391].

'소비지 기준 매출액'을 사용하므로 이 절에서 의미하는 매출액 요소는 '소비지 기준 매출액'을 뜻한다. 디지털 경제에서는 기업이 어디에 소재하고 있는가는 과거와 달리 큰 의미가 없으므로,[217] 생산지 기준 매출액보다 소비지 기준 매출액을 사용하는 것이 타당하다. 그리고 소비지 기준 과세는 여러 가지 장점이 있다. 가장 큰 장점은 무엇보다 소득 이전 기회를 감소시키고 각 국가에서 세율을 인하하는 등의 조세경쟁을 완화한다는 점이다.[218] 또한 소비지 기준 매출액 요소는 상대적으로 덜 유동적이라는 장점이 있다. 연방제 국가들은 위와 같은 이유로 현재까지 소비지 기준 매출액 요소를 지방소득세를 부과하는 기준으로 활용해 온 것이다.

앞서 언급하였듯이, 선진국과 개발도상국 또는 저개발국 간에는 인건비, 자산 가치에서 차이가 크게 나기 때문에 3요소 공식을 사용한다면 저개발국에서 세수 손실이 발생할 가능성이 크다. 그런데도, BEPS 모니터링 그룹(BMG), G-24, "국제법인세 개혁을 위한 독립위원회(ICRICT)", OXFAM[219]은 Pillar 1에 관한 서면공청회에 3요소 공식과 유사하다고 보이는 글로벌 매출, 자산, 인건비와 사용자로 구성된 공식을 제안한 바 있다.[220] BMG는 2022년 7월 11일 자 Pillar 1 경과보고서에 대하여 3요소 공식을 사용하되, 매출에 1/3의 가중치를 부여하고 자산 및 인건비는 Pillar 1 경과보고서에서 제시하고 있는 RoDP 방법[221]을 적용하자는 의견을 제

---

217) Reuven S. Avi-yonah, Three steps forward, one step back? Reflections on "google taxes" and the destination-based corporate tax, Nordic Tax J. Vol. 2. (2016), p. 73.

218) Shafik Hebous and Alexander Klemm, Destination-Based Taxation: A Promising but Risky Destination, in Corporate Income Taxes under Pressure, IMF (2021), p. 277.

219) OXFAM은 영국에서 결성된 빈민구호단체이다. available at https://www.oxfam.or.kr/introduce/sub-introduce/group-introduction/

220) BMG, 앞의 글(각주 87), p. 1.; G-24, 앞의 글(각주 87), p. 3.; ICRICT, Response to the OECD Consultation on the possible solutions to the tax challenges of digitalisation (2019.3.4.), p. 3.; OXFAM, Response to the OECD public consultation on the possible solutions to the tax challenges of digitalisation (2019.3.6.), p. 5.

출하였다.[222] 3요소 공식을 사용해야 하는 이유로는 생산 요소와 소비 요소의 균형을 꾀할 수 있다는 점을 든다.[223]

물론 3요소 공식을 시행하는 과정에서 ① 각 국가의 인건비를 취합하는 방법, ② 자산 요소에 무형자산을 포함할 것인지 여부, 무형자산을 자산 요소에 포함한다면 그 가치평가를 어떻게 할 것인지, 무형자산의 귀속 장소를 어느 국가로 볼 것인지를 정해야 하는 문제가 남아있다. 이 역시 쉬운 일은 아니다. ① 인건비는 법인세 신고 시 손금에 산입되는 인건비 등을 활용하는 방안을 생각해 볼 수 있다. ② 무형자산의 경우에는 ⅰ) 무형자산의 가치가 상당히 크기 때문에 이를 자산 요소에서 제외하는 것은 실상을 제대로 반영하지 못하는 것이라는 견해[224]와 ⅱ) 무형자산은 유동성이 있고 무형자산의 가치를 평가하는 과정에서 조작가능성이 있으므로 자산 요소에 무형자산을 포함하는 것은 공식배분법을 사용하는 의미를 퇴색시킨다는 견해,[225] 즉 자산 요소에서 무형자산을 배제해야 한다는 견해가 팽팽하게 대립한다. 위 문제는 현실적으로 지금 당장 답을 내기는 어렵고 합의를 통해서 정할 수밖에 없다.

매출액, 자산은 연결재무제표를 충분히 활용한다. 비록 3요소 공식이 완벽하지는 않지만, 배분 요소 선택의 자의적인 측면을 배제한다는 것은 불가능하고, 3요소 공식을 실제로 입법화해서 사용한 국가들이 현존하며, 3요소 공식을 공식배분법으로 사용하는 것이 부적합하다는 명확한 증거가 없으므로 3요소 공식을 공식배분법으로 사용하는 것은 타당하다.

---

221) 이 글 제4장 제2절 Ⅲ. 3. 나. (5)항 참조.

222) BMG, 앞의 글(각주 88), p. 4.

223) BMG, 앞의 글(각주 87), p. 1.

224) BEFIT은 위와 같은 이유로 자산 요소에 무형자산을 포함한다(이 글 제3장 제3절 각주 122 참조. 중국이 '마케팅 무형자산'을 강조하는 것도 같은 맥락으로 볼 수 있다(이 글 제4장 제2절 Ⅲ. 1.항 참조).

225) UDITPA와 CCCTB의 3요소 공식에서 자산 요소에서 무형자산을 배제한 이유이다(이 글 제3장 각주 31, 제3장 각주 167 참조).

결론적으로 3요소 공식은 이론상 공급(생산)이나 수요(소비) 어느 한쪽에 치우치지 않는 공식이기 때문에 선진국과 개발도상국, 저개발국의 입장을 상대적으로 잘 반영할 수 있는 현실적으로 바람직한 공식이다.[226] 또한 각 배분 요소에 대한 가중치는 각 1/3씩의 가중치를 사용하거나, 공식배분법을 도입하기로 한 국가들의 특성을 고려하여 배분 요소별로 가중치를 조정하는 방안도 생각해 볼 수 있다.

IV. Pillar 1에 대한 대안

1. 개선된 공식배분법의 도입 필요성

OECD는 늦어도 2023년에는 Pillar 1을 시행할 예정이라고 발표하였으나, 2022년 12월 Amount B 초안을 공개하면서 2024년경에 Pillar 1을 시행하는 것을 목표로 한다고 발표했다.[227] 정상가격원칙의 문제점을 해결하기 위해 Amount A의 산정방법으로 공식배분법의 일종을 도입한 취지는 바람직하다. 그런데, Action Plan 1은 기존의 이전가격지침과는 다른 방법으로 과세권을 배분하기 때문에, Action Plan 1의 향후 전망을 예측하기는 어렵다.[228] 다만, Pillar 1의 복잡한 구조로 인하여 Pillar 시행 시 현재 국제조세 체계, 법인세 체계가 오히려 복잡해질 가능성이 크다.[229]

---

226) 실제로 EU가 CCCTB(안)의 배분 공식으로 3요소 공식을 채택한 이유는 EU 내의 생산국가와 소비국가 간 세수의 균형을 고려하였기 때문이다(이 글 제3장 제3절 II. 4.항 참조).

227) Wolfram F. Richter, Will Pillar 1 Trigger a Race to the Top on Corporate Tax Rates?, Tax Notes International, Vol. 106 (2022.4.18.), p. 397.; 기획재정부, 앞의 글(제4장 각주 153).

228) Joseph L. Andrus and Richard S. Collier, 앞의 글(제2장 각주 100), p. 551.

229) Maarten de Wilde, Towards a "2020s Compromise" in International Business

앞에서 검토하였듯이 공식배분법의 입장에서 보았을 때 Pillar 1에는 여러 가지 문제점이 있다. 앞에서 지적한 내용들을 보완하여 더 개선된 공식배분법을 도입해야 한다. Pillar 1에서 말하는 과세단위, 과세대상소득은 공식배분법의 과세단위, 과세대상소득 개념에 부합한다는 점을 제4장 제2절 V.항에서 검토하였다. 차이가 나는 부분은 배분대상이익과 배분 공식이다. 공식배분법에서는 배분대상이익을 '전체이익'으로 하는데, Pillar 1의 Amount A는 배분대상이익을 '초과이익'으로 한정한다. 배분대상이익을 '전체이익'으로 하는 것이 타당하다는 점은 앞에서 살펴보았다. 또한 3요소 공식이 공식배분법 모델로 타당하다는 점을 앞에서 살펴보았다. 그런데 Pillar 1은 서면공청회에서 3요소 공식을 채택하자는 주장이 있었음에도 단일 매출액 요소를 선택하였다.

그러므로 후술하는 2.항에서는 Graetz 공식 수정안으로 배분대상이익을 '전체이익'으로 하고, Pillar 1이 단일 매출액 요소를 선택하였으므로 이를 전제로 한 공식을 논의한다. 3.항에서는 3요소 공식을 논의한다. 그리고 그다음 절에서 Pillar 1, Graetz 공식 수정안, 3요소 공식을 비교해서 분석한다.

2. Graetz 공식 수정안

Graetz 공식 수정안은 Graetz 교수가 제시한 공식을 일부 수정한 것이다.[230] Pillar 1은 이미 단일 매출액 요소를 선택하였으므로, Graetz 공식 수정안은 '단일 매출액 요소 공식의 사용'이라는 기본 틀을 유지하면서, 이중과세 방지와 관련된 내용을 단순화한 것이다. 앞에서 Amount A의 문제점으로 ① 사용자 참여 접근법의 이론상 문제점, ② 복잡한 매출귀

Taxation: Reflections on an Emerging New Tax Paradigm, Bulletin for International Taxation (2022.4.), p. 213.

230) Michael J. Graetz, 앞의 글(제4장 각주 110).

속기준, ③ 이중과세제거 방법의 난해성, ④ 배분대상이익을 초과이익으로 제한하고 있는 점을 검토하였다. 그중 ①은 이론상 문제점으로, ①의 요지는 '사용자 참여 접근법'이란 개념을 도입하지 않고도 배분 요소로 매출액 요소를 사용하는 것에 문제가 없다는 것이다. 이에 관하여는 앞에서 충분히 검토하였으므로 이에 관한 논의는 생략한다. ② 역시 앞에서 개선방안까지 제시하였으므로 이하에서는 매출귀속기준을 단순화한다는 가정하에서 논의한다.

가. 배분대상이익 = 전체이익

Amount B의 문제점으로 ⅰ) 이중과세의 위험, ⅱ) 불분명한 Amount B의 적용대상을 검토하였다. 그런데, ④의 개선방안으로 배분대상이익을 '초과이익(잔여이익)'이 아닌 '전체이익'으로 한다면 현재 Pillar 1처럼 잔여이익과 통상이익을 구분해서 배분하지 않아도 되므로, 별도로 기본 마케팅과 유통활동에 관한 과세권(Amount B)을 배분할 필요가 없다. 즉, Amount A의 배분대상이익을 '전체이익'으로 한다면, Amount B를 별도로 배분하지 않아도 되므로, 이중과세의 위험 등 Amount B와 관련해서 지적되는 문제점들은 자동으로 해결된다. 그러므로 이 절에서는 ④에 관한 개선방안을 검토하면서 ③의 문제점까지 해결하는 방안을 검토한다.

(1) 초과이익 v. 전체이익

앞에서 공식배분법의 적용대상 업종에 제한을 두지 않는 것이 타당하다는 점에 관하여 논증하였으므로, Amount A의 적용대상그룹은 모든 다국적 기업 그룹이다. 다만, 채굴업, 금융업의 경우에는 별도의 공식을 사용하는 것이 타당하므로, 다국적 기업 그룹의 최종모회사의 영업부문(operating segments)이 구분된 경우에는 각 영업부문별로 비용과 수익을 배분한다.[231]

Pillar 1 모델규정 초안은 다국적 기업 그룹의 초과이익을 배분대상이익으로 한다. Pillar 1의 배분대상이익을 초과이익으로 제한하는 것은 현행 정상가격원칙을 유지하기 위함이다.[232] 그 외에 배분대상이익을 '초과이익'으로 제한하는 데 다른 특별한 이유는 없다. 다국적 기업 그룹의 전체이익을 배분대상이익으로 하여 Amount A를 정한다면, Pillar 1보다 배분 공식을 단순화할 수 있다.[233]

(2) 이중과세 방지

Pillar 1의 목적은 과세권을 재배분하는 것이다. 다국적 기업 그룹의 최종모회사를 'Y회사', Y회사의 거주지국을 '甲국가'라고 가정하자. Y회사가 개별 시장 소재국(乙국가)에 매출귀속기준에 따라서 Amount A를 배분하는 경우, 乙국가에 귀속되는 과세권(세수, ⓐ)은 乙국가에 배분되는 과세소득 × 乙국가의 법인세율이다.

한편, 乙국가에 Amount A가 배분됨에 따라 Y회사의 거주지국인 甲국가의 세수는 Pillar 1 시행 전보다 감소하게 된다. 이때 Y회사가 속한 다국적 기업 그룹 입장에서는 甲국가의 세수 감소분(ⓑ)보다 乙국가의 세수 증가분(ⓐ)이 큰 경우(ⓑ<ⓐ)에만 납부하는 세금이 증가한다.[234] 국가마다 법인세율이 다른 경우가 일반적이므로 ⓐ와 ⓑ의 값이 동일하지 않을 가능성이 크다. 즉, 저세율 국가에 귀속되던 Amount A가 고세율 국가로 이전될 때 세금이 추가로 발생한다.[235] 이 점에 착안하여 아예 처음부터 상쇄되는 세금 감소분을 배분 공식에 반영해서 공식을 단순화시킬 수 있다.

상쇄되는 세금 감소분을 처음부터 배분 공식에 반영하는 목적은 이

---

231) Id., p. 204.; IFRS 8.
232) Id., p. 205.
233) Id., p. 207.
234) Id., p. 201.
235) Id., p. 208.

중과세를 방지하기 위한 절차를 단순화하기 위함이다. 처음부터 공식에 상쇄되는 세금 감소분을 반영한다면 복잡한 MDSH, '이중과세방지' 등에 관한 규정236)을 별도로 마련하지 않아도 된다.237)

나. Graetz 공식 수정안238)

Graetz 공식 수정안은 세수 분배를 Pillar 1과 비슷하게 맞추면서도 공식을 훨씬 단순화한 것이다.

Graetz 공식 수정안을 살펴보기에 앞서, 후술하는 Graetz 공식 수정안과 Pillar 1의 차이점을 간략하게 짚고 넘어갈 필요가 있다. 우선 단일 매출액 요소를 사용한다는 점은 Pillar 1과 Graetz 공식 수정안에 차이가 없다. Graetz 공식 수정안은 적용 업종 및 적용대상그룹의 선정 기준, 배분대상이익을 전체이익으로 하는 점, 그에 따라 이중과세를 제거하는 방법에서 Pillar 1과 차이가 있다. Graetz 공식 수정안은 배분대상이익을 전체이익으로 하므로 Amount B는 필요하지 않다. 그리고 과세대상소득은 Pillar 1과 동일하게 정하는 것도 가능한데, 후술하는 Graetz 공식 수정안에서는 이미 작성된 자료를 활용한다는 점에서 재무제표상의 이익을 사용한다.

Amount A의 적용대상그룹(Y그룹)의 장부상 전 세계 이익의 100%를 각 국가에서 발생한 매출액 비율에 따라서 개별 시장 소재국에 배분한다(Amount A). Pillar 1은 배분대상이익을 '초과이익'으로 한정하였기에 배분율(시장기여분)을 '25%'로 정하였으나,239) Graetz 공식 수정안은 Pillar 1과 달리 배분대상이익을 '전체이익'으로 하므로 배분율을 100%로 하는 것이

---

236) OECD, 앞의 글(제1장 각주 5), pp. 148-151, para. 7.3.; OECD, 앞의 글(제2장 각주 66), Title 5, Art. 10.
237) Michael J. Graetz, 앞의 글(제4장 각주 110), p. 208.
238) Id., pp. 209-210.
239) 이 글 제4장 제2절 III. 3. 나. (4)항 참조.

합리적이다. 배분비율은 합의를 통해 조정하는 것도 고려해 볼 수 있다.

한편, 개별 시장 소재국에 Y그룹의 관계회사(Z회사)의 소득이 있다면, Amount A에서 Z회사의 소득을 차감(offset)한다. Pillar 1은 Amount A 산정 시 적용대상그룹의 전체 매출액에서 매출귀속기준에 따른 개별 시장 소재국에서 발생하는 매출액의 비율을 고려하는데,[240] 아래 수식에서 S/W는 Pillar 1의 개별 시장 소재국의 매출액 비율과 같은 개념으로 볼 수 있다. 다만, 개별 시장 소재국에서 발생한 관계회사의 소득을 미리 공제한다는 점에서 Pillar 1과 차이가 있다.

개별 시장 소재국의 적용대상그룹 과세표준

$$= (C \times f)\left(\frac{S}{W} - \frac{P}{T}\right)$$

C: 다국적 기업 그룹의 연결재무제표상 전세계이익
f: 100% 또는 다른 값
S: 적용대상그룹의 관할권 내 매출액
W: 적용대상그룹의 전 세계 매출액($= S$의 총합계)
P: 현지 세전이익
T: 전세계 P의 합계

〈출처: Michael J. Graetz, A Major Simplification of the OECD's Pillar 1 Proposal, Tax Notes International, Vol. 101, January 11 (2021), pp. 209-210 참조하여 일부 수정〉

Amount A의 적용대상그룹의 직전 과세연도 연결재무제표 매출액이 7억 5천만 유로를 초과한다면, Z회사의 소득을 상계하기 위해서 Y회사의 국가별보고서(CbCR)[241]를 사용한다. 연결재무제표상 매출액이 7억 5천만 유로를 초과하는 경우에는 국가별보고서 제출의무가 있기 때문이다.

---

240) 이 글 제4장 제2절 III. 3. 나. (4)항 참조.

241) 국제조세조정법 제16조, 같은 법 시행령 제33조부터 제35조까지.; 통합기업보고서(consolidated worldwide reports)상으로는 특정 관할에서의 기업별 이익(entity-by-entity profits)을 알기 어렵기 때문에 국가별보고서를 사용하는 것이 적절하다[Michael J. Graetz, 앞의 글(제4장 각주 110), p. 209].

국가별보고서에는 각 조세 관할권별 소득, 세금 및 사업 활동의 배분 내역과 조세 관할권에 있는 관계회사, 비관계회사 수익이 모두 기재되어 있다.[242] CbCR상 현지 세전이익의 총합계(T)에서 Z회사의 CbCR상 현지 세전이익(P)의 비율을 공제한다.[243] Amount A의 적용대상그룹의 전 세계 매출액이 7억 5천만 유로 미만일 경우에는 별도로 국가별 보고서를 만들어서 제출해야 한다.

요약하자면, Graetz 공식 수정안을 활용하기 위해서는 현행 국가별보고서 제출의무자의 적용 범위의 확대가 선행되어야 한다. 위와 같은 배분 공식을 사용한다면 조세확실성을 도모함과 동시에 조세 분쟁의 가능성을 줄일 수 있을 것으로 생각된다.

3. 3요소 공식

단순한 3요소 공식을 쓴다면 배분 공식은 EU의 CCCTB 지침안을 따르면 될 것이다.[244] CCCTB 지침안과 차이가 있는 부분은 근로자의 숫자는 고려하지 않는 점이다. 위에서 가정한 배분대상이익을 '전체이익'으로 하는 점, 모든 다국적 기업 그룹을 적용대상으로 하는 점 등은 3요소 공식에도 동일하게 적용된다.

개별 시장 소재국 A의 적용대상그룹 과세표준

$$= \left(\frac{1}{3} \frac{Sales^A}{Sales^{Group}} + \frac{1}{3} \frac{Payroll^A}{Payroll^{Group}} + \frac{1}{3} \frac{Assets^A}{Assets^{Group}} \right) * Con'd\ Tax$$

---

242) OECD, Transfer Pricing Documentation and Country-by-Country Reporting, Action 13: 2015 Final Report, OECD/G20 Base Erosion and Profit Shifting Project (2015.10.), pp. 29-30.

243) Id.

244) 이 글 제3장 제3절 II.항 참조.

다국적 기업 그룹의 연결과세표준을 구한 후 매출액, 자산, 인건비 3
가지 요소에 따라서 분배한다. 각 배분 요소의 내용은 앞에서 검토하였
으므로 생략한다. 위 공식에서 자산 요소는 일단 유형자산만 포함하는
것으로 하고, 무형자산 포함 여부는 합의를 통해서 정한다. 3요소 공식
도 다국적 기업 그룹의 구성기업이 개별 시장 소재국에 납부한 세금이
있다면 이중과세를 방지하기 위해서 세액공제를 해야 한다.[245]

4. 소결: Pillar 1과 Graetz 공식 수정안·3요소 공식 비교

Graetz 공식 수정안은 Graetz 교수가 제시한 공식과 '적용대상 업종'에
서 차이가 있다. Graetz 교수가 제시한 공식은 적용대상 업종을 '자동화
된 디지털 서비스', '소비자 대상 기업'으로 한정하지만, Graetz 공식 수정
안은 적용대상 업종을 '모든 업종'으로 한다. 또한 Graetz 교수는 적용대
상그룹을 매출액이 7억 5천만 유로를 초과하는 그룹으로 보고 Pillar 1과
동일한 수익성 기준을 적용하였으나, Graetz 공식 수정안은 모든 다국적
기업 그룹을 적용대상으로 하므로 매출액 기준과 수익성 기준을 별도로
두고 있지 않다.

Graetz 공식 수정안의 배분 공식은 Pillar 1과 마찬가지로 단일 매출액
요소를 사용한다는 점에서 공통점이 있으나, 그 외 내용은 Pillar 1과 차이가
있다. Graetz 공식 수정안의 적용대상그룹은 모든 다국적 기업 그룹이다.
Graetz 공식 수정안은 배분대상이익을 '전체이익'으로 하므로 Amount B를
별도로 배분하지 않아도 된다. Graetz 공식 수정안은 Pillar 1과 달리 배분
공식에 처음부터 이중과세를 방지하기 위한 내용을 포함해서 공식을 단순
화하였다.

단순한 3요소 공식은 Pillar 1과 '적용대상 업종', '적용대상그룹', '배분

---

245) CCCTB Art. 25.

대상이익', '배분 공식'을 달리한다. 3요소 공식은 모든 업종을 적용대상 업종으로 하며, 모든 다국적 기업 그룹을 적용대상그룹으로 한다. 그리고, 배분대상이익은 다국적 기업 그룹의 전체이익으로 연결재무제표상의 매출액을 활용한다. 그리고 3요소 공식은 Pillar 1과 달리 매출액, 인건비, 자산을 모두 고려한다는 점에서 차이가 있다(〈표 5〉 참조).

V. 결론

Pillar 1은 BEPS 방지 프로젝트의 목적과 달리 적절한 과세권 배분 기능을 하지 못하고 있다. 또한 BEPS 방지 프로젝트는 '가치 창출'이란 개념을 도입하고 있는데, 이전가격지침에 공식배분법의 도입을 전면으로 인정하였다면, '가치 창출'이란 개념을 도입할 필요가 없었을 것이다.

다음으로 Pillar 1의 구성 요소인 Amount A는 과세연계점을 형성하기 위해서 '사용자 참여 접근법'을 과세권 배분 기준의 하나로 사용한다. 그런데, '사용자 참여'라는 개념이 명확하지 않으며, 매출귀속기준을 보더라도 '사용자 참여'에 해당하는 '데이터 생성'과 관련된 내용은 그렇게 많지 않다. 또한 Pillar 1에서 사용하는 '소비지 기반 접근법'은 '가치 창출'과 '가치 교환'을 혼동한다는 점에서 문제가 있고, 디지털 경제의 사용자 참여도가 비디지털 경제의 사용자 참여도와 크게 다르지 않다. 결론적으로 Pillar 1에 도입된 '사용자 참여 접근법'이 지니는 의미는 크지 않다. 그 외에도 Amount A는 복잡한 매출귀속기준의 사용, 이중과세제거 방법의 난해성, 아무런 근거 없이 Amount A를 초과이익으로 제한한다는 문제점이 있다.

Amount B에 관하여서는 이중과세의 위험이 있다는 점, Amount B의 적용대상이 불분명하다는 점을 살펴보았다. 다국적 기업 그룹의 '전체이익'으로 한다면, Amount B를 별도로 둘 필요가 없으므로 Amount B의 문제점은 어느 정도 해결될 수 있다.

제4절 Pillar 1, Graetz 공식 수정안, 3요소 공식의 비교·분석

아래 〈표 5〉는 Pillar 1, Graetz 공식 수정안과 3요소 공식을 비교·분석한 것이다. 각 배분 공식마다 지니고 있는 특징, 장단점이 있다. Pillar 1은 Amount A에 공식배분법의 일종이라고 할 수 있는 배분 공식을 도입하였다는 점에서 의미가 있다. Graetz 공식을 일부 수정한 Graetz 공식 수정안은 Pillar 1의 문제점으로 지적되는 MDSH 및 '이중과세제거'의 복잡성을 어느 정도 해소하였다는 점에서 의미가 있다.

Graetz 공식 수정안과 3요소 공식은 모든 다국적 기업 그룹을 적용대상으로 한다. Pillar 1이 매출액 기준과 수익성 기준으로 공식배분법의 적용대상그룹을 정하는 것은 이론적으로 아무런 근거가 없기 때문이다.

그리고, 배분 공식에서 가장 중요한 것은 배분 요소라고 할 것이다. 특별한 사정이 없는 한 특정 배분 요소에 치우치지 않고 공급(생산)과 수요(소비) 측면을 모두 고려하여 과세권을 배분하는 3요소 공식이 타당하다. 3요소 공식의 타당성은 제5장 제3절 III.항에서 상세하게 논증한 바 있으므로 이 절에서 이에 관한 구체적인 논의는 생략한다. Pillar 1과 Graetz 공식 수정안은 배분 요소로 단일 매출액 요소를 사용하고 있으므로, 선진국, 개발도상국, 저개발국 간의 균형 있는 과세권 배분 기능을 수행하고 있다고 평가하기가 어렵다.

〈표 5〉 Pillar 1, Graetz 공식 수정안과 3요소 공식 비교

	Pillar 1	Graetz 공식 수정안	3요소 공식
적용 대상 업종	·모든 업종 ·제외: 채굴업, 규제대상 금융업	·모든 업종	

적용 대상 그룹	·매출액 기준(전 세계 매 출액 200억 유로 초과) 및 수익성 기준 충족	·모든 다국적 기업 그룹	
배분 공식	·단일 매출액 요소 공식	·단일 매출액 요소 공식 ·금융업, 채굴업 등에는 변형된 공식 사용	·3요소 공식 ·금융업, 채굴업 등에는 변형된 공식 사용
배분 대상 이익	·Amount A의 배분대상 이익을 초과이익으로 제한 ·Amount B 별도 설정	·전체이익 ·Amount B를 둘 필요가 없음	
특징	·복잡한 매출귀속기준 ·복잡한 MDSH ·복잡한 이중과세제거	·매출귀속기준의 단순화 ·Pillar 1 보다 단순한 Amount A 산정방법 ·배분 대상을 초과이익 으로 한정하지 않고, 상 계되는 현지 이익까지 함께 고려 ·조세확실성 도모(Pillar 1 의 세이프 하버 공식을 단순화시킬 수 있음)	·매출귀속기준의 단순화 ·균형 잡힌 배분 공식
장점	·공식배분법의 도입을 시도	·Pillar 1의 단순화	·Pillar 1의 단순화 ·적절한 과세권 배분
단점	·복잡성	·단일 매출액 요소 사용	·무형자산 포함 여부에 관한 논의 필요*

주: * 이 글 제5장 제3절 Ⅲ. 3. 나. (2)항 참조.

제6장
결 론

이 글에서는 이전가격세제의 역사를 통해 독립기업원칙과 공식배분법이 어떠한 관계에 있는가를 살펴보았다. 독립기업원칙이 이전가격세제에서 지배적인 규범으로 확고하게 자리를 잡았지만, 공식배분법이 실정법에서 사라진 적은 없다. 잔존하고 있는 공식배분법의 입법례, 최근 공식배분법에 관한 논의를 촉발한 BEPS 방지 프로젝트의 Pillar 1을 살펴본 후 이전가격지침에 공식배분법을 전면으로 인정해야 하는 이유를 논증하였다. 그리고 Pillar 1을 대체할 공식배분법으로 3요소 공식을 제시하였다.

먼저 제2장에서는 다국적 기업의 BEPS 전략과 이전가격세제의 역사적 의의, 독립기업원칙이 실패한 이유를 살펴보았다. 다국적 기업은 이전가격세제를 BEPS 전략으로 활용한다. 이전가격세제는 다국적 기업을 바라보는 시각과 관련이 있는데, 이 시각에는 '개별기업 접근법'과 '그룹 접근법'의 견해 대립이 있다. 현행 이전가격세제는 다국적 기업 그룹 내 기업 간 내부거래를 통해 조세를 회피하는 것을 막기 위하여 다국적 기업 그룹 내 각 기업을 독립 당사자로 보고 독립 당사자 간에 이루어졌을 거래를 기준으로 하여 이전가격을 산정한다. 즉, 현행 이전가격세제는 '개별기업 접근법'에 이론적 근거를 두고 있는 독립기업원칙에 입각하여 설계되어 있다. 비록 독립기업원칙이 Oil Base 판결 이후 이전가격세제의 지배적 규범으로 확고하게 자리를 잡았지만, BEPS의 시작 역시 독립기업원칙에서 비롯되었다. 독립기업원칙으로 다국적 기업의 BEPS 현상을 해결하기가 현실적으로 어려우므로, 독립기업원칙의 대안으로 '그룹 접근법'에 입각한 공식배분법이 제시되고 있다. 공식배분법은 전 세계에 있는 개별 기업의 특수관계 기업들의 사업을 연결하여 소득을 계산한 다음 일정한 수식에 따라서 다국적 기업이 활동하는 국가에 소득을 분배하는 방법을 말한다.

제3장에서는 공식배분법이 잔존하고 있는 입법례를 살펴보았다. 20
세기 초에 전 세계적으로 개별 기업회계를 사용하게 되면서 공식배분법
에 대한 관심이 낮아졌다. 이를 반영하듯 OECD는 1979년, 1995년 이전가
격지침에 독립기업원칙에 대한 대안으로 공식배분법을 인정하지 않는다
고 명시하였지만, 공식배분법이 사라진 적은 없다. 연방제 국가인 미국,
호주, 캐나다는 지방소득세를 부과하는 형태로 공식배분법을 사용하였
다. 공식배분법에 관한 논의는 2008~2009년 글로벌 금융위기로 각 국가
에 조세 수입 부족 현상이 발생하고, 다국적 기업의 BEPS 현상이 부각되
면서 촉발되었다. 그 예로 Pillar 1 청사진 보고서에서는 "Amount A를 산
정하기 위해서 formulaic approach를 사용한다."라는 표현을 사용하는 점
을 들 수 있다. 그 이후에 발간된 2022년 이전가격지침에서는 공식배분
법을 허용하지 않는다는 기존의 입장을 고수하고 있으나, Amount A의
산정방법은 공식배분법의 정의에 부합하므로 공식배분법으로 해석하는
것이 타당하다. 그리고 미국, 호주, 캐나다의 배분 공식이 동일하지는 않
지만, 3요소 공식은 오래전부터 사용됐고 중국도 3요소 공식과 매우 유
사한 방식으로 과세권을 배분한다는 점을 살펴보았다. 그리고 국제적 공
식배분법이라고 할 수 있는 EU의 CCCTB(안), BEFIT(안)도 3요소 공식을
사용한다.

제4장에서는 BEPS 방지 프로젝트와 Pillar 1을 살펴보았다. BEPS 방지
프로젝트의 핵심은 디지털 경제의 조세문제를 다루는 Action Plan 1이고,
Action Plan 1의 핵심 축이 Pillar 1이다. 디지털 경제에서는 동일한 장소와
시간이 아니더라도 생산요소의 유기적인 결합이 가능해지므로, 각 국가
에 있는 기업들이 서로 다른 독립된 기업이라는 가정이 불가능해진다.
그 결과 독립기업원칙을 적용하기가 어렵기 때문에 Pillar 1이 나온 것이
다. Pillar 1은 Amount A, Amount B, 조세확실성으로 구성되고, Pillar 1의
Amount A는 공식배분법의 구성 요소인 ① 과세단위, ② 과세대상소득,
③ 배분 요소와 배분 공식을 모두 갖추고 있다. 그러므로 Amount A는 공

식배분법이라고 해석하는 것이 타당하다. 정상가격 산출방법으로 해결하지 못하는 문제점을 해소하기 위하여 Amount A 산정방법으로 공식배분법을 도입하였다는 점에서 그 취지는 바람직하나, 종래 공식배분법의 입장에서 보았을 때 Pillar 1에는 여러 가지 문제점이 있다.

제5장에서는 종래 공식배분법의 입장에서 Pillar 1을 비판하였다. Pillar 1을 비판하기에 앞서 공식배분법에 대한 비판의 부당성과 공식배분법의 이점에 대한 분석을 통해 이전가격지침에 공식배분법을 인정해야 하는 이유를 논증하였다. 공식배분법을 비판하는 논거로는 공식배분법의 자의성, 전 세계적인 합의 도출의 어려움 등을 든다. 공식배분법의 자의성은 공식배분법의 기본 전제를 비판하는 것이므로 타당하지 않다. 배분요소의 선택에는 어느 정도 자의성이 수반될 수밖에 없고, 결국 합의를 통해서 해결할 수밖에 없다. 공식배분법에 대한 비판 중에서 국제적인 합의를 도출하기 어렵다는 비판은 어느 정도 설득력이 있다. 현실적으로 합의 도출에 어려움이 있는 것은 맞지만, 현재 진행 중인 Pillar 1처럼 전 세계의 합의를 얻는 경험이 쌓인다면 향후 공식배분법에 대한 전 세계적인 합의 도출이 가능할 것이다. 그리고 공식배분법은 무엇보다 다국적 기업의 입장에서 존재하지 않는 비교대상 분석에 불필요한 시간과 노력을 소모하지 않아도 된다는 큰 이점이 있다. 공식배분법을 비판하는 논거들은 설득력이 부족하므로 이전가격지침에 공식배분법을 전면으로 인정해야 한다. 그렇게 된다면, Amount A의 산정방법을 공식배분법으로 보더라도 이전가격지침과 모순되지 않게 된다.

Pillar 1은 국제적 이중과세의 위험이 있고, Amount A의 적용범위가 주관적이고 자의적이다. 그 외에도 Amount A는 매출귀속기준이 너무 복잡하고, "이중과세제거" 방법이 너무 난해하며, 그 범위를 초과이익으로 제한하고 있다는 문제점이 있다. 또한 Pillar 1의 구성 요소인 Amount B는 이중과세의 위험이 있고, 그 적용대상이 불분명하다.

이러한 문제점을 해결하기 위해서 Pillar 1을 대체할 공식배분법이 필요하다. Pillar 1을 대체할 공식배분법은 우선 배분대상이익을 '초과이익'이 아닌 '전체이익'으로 해야 한다. 이 경우 '초과이익'과 '통상이익'을 별도로 구분해서 과세할 필요가 없으므로 Amount B를 별도로 설정할 필요가 없다. 그 결과 Amount B에 관한 문제점은 자동으로 해결이 된다. 배분 공식은 Pillar 1이 단일 매출액 요소를 사용하고 있으므로, 이를 전제로 하여 이중과세 방지 등을 고려하여 공식을 단순화하는 방안도 함께 살펴보았으나, 배분 공식에서 무엇보다 중요한 것은 배분 요소이다. 3요소 공식은 매출액, 자산, 인건비를 모두 고려하므로, 이론상 공급(생산)이나 수요(소비) 어느 한쪽에 치우치지 않는 공식이다. 적어도 매출액 비중이 단일 매출액 요소 공식보다 낮다. 그러므로 선진국과 개발도상국, 저개발국의 입장을 상대적으로 잘 반영하고, 균형 있는 과세권 배분을 위해 3요소 공식을 사용해야 한다.

이상으로 이 글에서 논의한 내용을 정리하여 보았다. 향후 변화하는 국제조세 체제에 공식배분법적인 내용이 많이 도입될 것이라 예상된다. 이 글이 한국의 공식배분법에 관한 연구에 미력하게나마 도움이 될 수 있기를 바라면서 이 글을 마친다.

참고문헌

〈국내문헌〉

[단행본]

김영순, 『국제조세 트렌드』, 지평(2021).
마쓰이 요시히로·미야자키 유코, 『국제조세법』, 세경사(2017).
이경근·서덕원·김범준, 『국제조세의 이해와 실무』(개정2판), ㈜영화조세통람(2014).
이창희, 『국제조세법』(제1판), 박영사(2016).
_____, 『국제조세법』(제2판), 박영사(2020).
_____, 『세법강의』(제20판), 박영사(2022).
임승순, 『조세법』(제20판), 박영사(2020).
클라우스-디터 보카르트, 『EU법 입문』, 전남대학교 출판부(2014).

[논문]

김범준, "고정사업장 과세의 해석상 쟁점 및 정책적 과제-2010·2017년 OECD 모델조약 이후의 동향과 전망-", 「사법」, 통권 60호, 사법발전재단(2022).
김석환, "공식분배법에 따른 이전가격 과세방식에 대한 소고", 「조세법연구」, 제14집 제2호, 한국세법학회(2008).
김신언, "디지털세의 최근 입법동향과 우리나라 세제개편 방안", 「조세법연구」, 제27집 제2호, 한국세법학회(2021).
김정홍, "BEPS 이행 다자협약의 현황과 전망", 「조세학술논집」, 제34집 제1호, 한국국제조세협회(2018).
김태형, "감사원의 '정상가격 산출기준 운용실태' 감사에 관한 연구", 「감사논집」, 제35호, 감사연구원(2020).
김해마중, "고정사업장 제도에 관한 연구-조세조약상 고정사업장의 기능과 요건, 전망에 관하여-", 박사학위논문, 서울대학교 대학원(2016).

김행선·윤태연, "주요국 지방재정조정제도 연구", 「정책연구보고서」, 7호, 한국지
　　방세연구원(2017).

노미리, "Cross-border 기업구조조정에 있어서 이월결손금의 활용-EU합병지침,
　　CCTB/CCCTB 지침안의 내용으로-", 「조세학술논집」, 제37집 제2호, 한국
　　국제조세협회(2021).

류지민, "미국 판례법상 주세(州稅) 넥서스(Nexus) 판단에 적용되는 심사기준의
　　전화에 관한 연구-South Dakota v. Wayfair, Inc. 판결을 중심으로-", 「조세
　　학술논집」, 제35집 제1호, 한국국제조세협회(2019).

박관규, "재정연방주의의 특징과 함의: 캐나다를 중심으로", 「2017 경인행정학회
　　동계학술대회 자료집」, 경인행정학회(2017).

박정우·권현구, "연결납세제도의 도입방안에 관한 연구," 「세무회계연구」, 제15
　　권, 한국세무회계학회(2004).

배준호, "일본 연결납세제도의 도입과 운영, 한국에 주는 시사점", 「일본학보」,
　　제61권, 한국일본학회(2004).

변혜정, "디지털 경제에서의 조세: OECD/G20 성명서 주요 내용과 앞으로의 과
　　제", 「KISO저널」, 제45호, 한국인터넷자율정책기구(2021).

신태욱, "공식분배법을 활용한 관세평가 제4방법 적용의 개선방안", 「관세학회지」,
　　제18권 제2호, 한국관세학회(2017).

안종석, "주요국의 조세제도-호주 편-", 한국조세연구원(2012).

_____, "BEPS 프로젝트의 이해: 주요 내용과 시사점", 「재정포럼」, 2016년 5월호
　　(제239호), 한국조세재정연구원(2016).

_____, "BEPS 2.0: 주요 내용과 시사점", 「재정포럼」, 2020년 6월호(제288호), 한국
　　조세재정연구원(2020).

안지희, "주요국의 재산세 과세표준 평가체계에 관한 연구", 「한부연」, 2019-13,
　　한국부동산연구원(2019).

오세경, 최근 디지털세 논의 동향과 시사점(업데이트), 「오늘의 세계경제」, Vol.
　　21, No. 14-1, 대외경제정책연구원(2021).

오 윤, "이전가격과세상 비교가능성에 관한 연구", 「조세법연구」, 제13집 제3호,
　　한국세법학회(2007).

_____, "연결납세제도와 법인세법", 「조세법연구」, 제16집 제3호, 한국세법학회
　　(2010).

이강원, "중국의 행정구역과 지명 개편의 정치지리학-소수민족지구를 중심으로
　　-", 「한국지역지리학회지」, 제14권 제5호, 한국지역지리학회(2008).

이상엽·박수진·유현영·이형미·조승수, "우리나라의 조세조약 체결 현황 분석 및

정책적 시사점", 한국조세재정연구원(2017).

이의영, "이월결손금 공제제도에 대한 연구 – 기업인수·합병에 대한 규율을 중심으로 – ", 「조세법연구」, 제16집 제3호, 한국세법학회(2010).

이재호, "이른바 BPES 대책 다자조약 체제에서의 우리나라의 정책방향", 「서울법학」, 제24권 제1호, 서울시립대학교 법학연구소(2016).

_____, "잔여이익분할방법상 결합이익의 기본개념과 적용조건", 「조세학술논집」, 제35집 제3호, 한국국제조세협회(2019).

이창희 외 5인, "세정정보화 및 전자상거래 세제제원방안", 「정책연구」, 99-05, 정보통신정책연구원(1999).

제3장 제1절 각주 21, "법인지방소득세 안분기준 개편 방안 – 디지털 콘텐츠 사업을 중심으로 – ", 「기본과제」, 2018-03호, 한국지방세연구원(2019).

조필제·김준호, "필라 1 소비지 소득과세 규정의 개요 및 쟁점", 「조세학술논집」, 제38집 제2호, 한국국제조세협회(2022.6.).

최용환·홍욱선, "디지털 경제의 국제조세 과세원칙 개정논의와 향후 과제 – 미국 바이든 세제개혁 및 OECD 2 필라 IF 합의를 중심으로 – ", 「조세학술논집」, 제37집 제3호, 한국국제조세협회(2021).

허미정, "미국 남북전쟁 시기 연방소득세법 제정과 전후 그 적용의 변화", 「미국사연구」, 제51집, 한국미국사학회(2020).

홍승현·김윤지·권나현, "호주의 재정제도", 「정책분석」, 12-02, 한국조세연구원(2012).

황남석, "더블 아이리시 구조와 실질과세원칙", 「조세법연구」, 제24집 제3호, 한국세법학회(2018).

[기타]

국세청, 「해외세정전문가 양성교육 연구보고서 – 호주 – 」(2018).

_____, 「2016 APA 연차보고서」(2017).

_____, 「2017 APA 연차보고서」(2018).

_____, 「2018 APA 연차보고서」(2019).

_____, 「2019 APA 연차보고서」(2020).

_____, 「2020 APA 연차보고서」(2021).

기획재정부, "OECD/G20 BEPS 프로젝트 최종 보고서 발간", 보도자료(2015.10.6.).

_____, "디지털세 국제 논의 최근 동향", 보도자료(2019.10.30.).

_____, "디지털세 합의안, 포괄적 이행체계(IF) 총회에서 130개국의 지지 확

보", 보도자료(2021.7.2.).

_____, "디지털세 필라 1·2 최종 합의문 공개-'23년부터 디지털세 본격 도입될 전망-'", 보도자료(2021.10.9.).

_____, "필라1 주요 구성요소별 OECD 서면공청회 개시", 보도자료(2022. 2.7.).

_____, "디지털세 필라1 진행상황 보고서 공개", 보도자료(2022.7.12.).

_____, "OECD 필라1 Amount B 서면공청회 개시", 보도자료(2022.12.9.).

김용준, "디지털세 Pillar 1 동향과 향후 전망에 관한 토론문", 「진선미 국회의원 세미나 자료집」, 서울과학종합대학원대학교·조세금융신문(2022.9.28.).

김정홍, "디지털세 Pillar 1 동향과 향후 전망", 「진선미 국회의원 세미나 자료집」, 서울과학종합대학원대학교·조세금융신문(2022.9.28.).

뉴시스, "홍남기, '디지털세, 필라 1·2 결합하면 세수 소폭 플러스'", 2021.10.14.자 기사.

삼일아이닷컴, "이달의 Global 조세동향" (2017.10.).

외교통상부, 「알기쉬운 조약업무」, 외교통상부 조약국 조약과(2006).

임동원, "연결납세제도의 적용범위 확대에 대한 검토", 「KERI Brief」, 19-13, 한국경제연구원(2019).

전원엽, "디지털세 Pillar 1 동향과 향후 전망에 관한 토론문", 「진선미 국회의원 세미나 자료집」, 서울과학종합대학원대학교·조세금융신문(2022.9.28.).

주OECD대표부, 「다국적기업의 조세회피 프로젝트 최종 결과정리」(2015).

최혜령, "디지털세 '필라' 도입, 2024년으로 1년 연기", 동아일보, 2022.7.13.자 기사.

한국조세재정연구원, "이전가격문서화 관련 BEPS 프로젝트 주요 권고사항 및 국내외 입법동향", 한국조세재정연구원 세법센터(2016).

금융감독원 홈페이지, https://www.fss.or.kr/fss/main/contents.do?menuNo=200665.

기획재정부 홈페이지, https://www.moef.go.kr/lw/taxtrt/mltAgremnPrgs.do?menuNo=7050200.

주OECD 대한민국 대표부 홈페이지, https://overseas.mofa.go.kr/oecd-ko/brd/m_20809/view.do?seq=1135872

[외국 문헌]

Alan M. Rugman and Lorraine Eden, Multinationals and Transfer Pricing, Routldege (2017).

Alex Cobham and Simon Loretz, International Distribution of the Corporate Tax Base:

Implications of Different Apportionment Factors under Unitary Taxation, ICTD Working Paper 27 (2014).

Alex Cobham, Petr Janský, Chris Jones and Yama Temouri, Assessing the Impact of the C(C)CTB: European tax base shifts under a range of policy scenarios, GUE/NGL European Parliamentary Group & tax justice network (2017).

Alistair Pepper, Thomas D. Bettge, and Jessie Coleman, Amount B: The Forgotten Piece of the Pillar 1 Jigsaw, Tax Notes International, Vol. 107 (2022.7.11.).

Alistair Pepper, Jessie Coleman, and Thomas D. Bettge, Why It's Still Not Time for Global Formulary Apportionment, Tax Notes International, Vol. 107 (2022.8.22.).

Andrés Báez Moreno and Yariv Brauner, Taxing the Digital Economy Post BEPS... Seriously, 58(1), Columbia Journal of Transnational Law (2019).

Ángel Sánchez Sánchez, The Apportionment Formula under the European Proposal for a Common Consolidated Corporate Tax Base, European Taxation (2018.6.).

Angelo Nikolakakis, International Aligning the Location of Taxation with the Location of Value Creation: Are We There Yet!?!, Bulletin for International Taxation, November/December (2021).

António Martins and Daniel Taborda, BEFIT and Formulary Apportionment: Should Intangibles Be Included in the Formula?, EC Tax Review, 2022-3 (2022).

Antony Ting, The taxation of corporate group under consolidation: an international comparison, Cambridge University Press (2013).

Assaf Harpaz, The OECD Unified Approach: Nexus, Scope, and Coexisting With DSTs, Tax Notes International, December 9 (2019).

Axel Cordewener, EU Budgetary Reform and Tax Harmonization: Becoming Brothers in Arms, EC Tax Review, 2022-2 (2022).

Bharat N. Anand and Richard Sansing, The Weighting Game: Formula Apportionment as an Instrument of Public Policy, National Tax Journal 53 (2000).

Bronwyn J. F. McNeill, California's Recent Legislation on Unitary Taxation and Barclay's Bank PLC v. Franchise Tax Boards of California, 48(1), The Tax Lawyer (1994).

Clemens Fuest, The European Commission's proposal for a common consolidated corporate tax base, 24(4), Oxford Review of Economic Policy (2008).

Cristoph Sommer, Separate Accounting or Unitary Apportionment?, Josef Eul Verlag GmbH (2011).

Daniel Gutmann and Emmanuel Raingeard de la Bletiere, CC(C)TB and International Tax, EC Tax Review, 2017-5 (2017).

Danuše Nerudova and Veronika Solilova, The Impact of the Introduction of a CCCTB in the EU, Vol. 54, Iss. 3, Intereconomics, Hamburg (May 2019).

Devereux Michael and Simon Loretz, The Effects of EU Formula Apportionment on Corporate Tax Revenues. Fiscal Studies 29 (2008).

Erik Roder, Proposal for an Enhanced CCTB as Alternative to a CCCTB with Formulary Apportionment, Max Planck Institute for Tax Law and Public Finance Working Paper 2012-01, World Tax Journal (2012).

Erika Dayle Siu, Sol Picciotto, Jack Mintz and Akilagpa Sawyerr, Unitary Taxation in the Extractive Industry Sector, Working Paper 35, ICTD (2015).

_____, Unitary Taxation in the Extractive Industy Sector, In Taxing Multinational Enterprises as Unitary Firms, edited by Sol Picciotto, 48-58, Brighton, UK: ICTD, Institute of Development Studies (2017).

Eugenio Grageda, Reallocating Taxing Rights: Is 'Market' the Answer?, Tax Notes International, Vol. 105, March 28 (2022).

Fei Gao and Antony Ting, Is Arm's Length Profit Split Methodology Morphing into a Formulary Apportionment Hybrid: The Chinese Example, in The Allocation of Multinational Business Income: Reassessing the Formulary Apportionment Option, Series on International Taxation, Vol. 76, Wolters Kluwer (2020).

Franklin C. Latcham, Worldwide Combination and the Container Case: A Perspective on Unitary Taxation, International Tax & Business Lawyer, 2(1) (1984).

Gert Greve, The Arm's-Length Principle Ignores the Economic Reality of Modern MNEs, Tax Notes International, Vol. 104, November 15 (2021).

Graeme S. Cooper, Building on the Rubble of Pillar one, Bulletin for International Taxation, November/December (2021).

Hubert Hamaekers, Arm's length - How long?, in International and Comparative Taxation: Essays in Honour of Klaus Vogel 29, 30 (Kees van Raad ed. (English ed.)), Kluwer Law International (2002).

Ian F. Dykes and Louise H.Keegan, The OECD Pillar 1 Blueprint: Why Amount B Matters, Bulletin for International Taxation (2021.3.).

Ilan Benshalom, The Quest to Tax Financial Income in a Global Economy: Emerging to an Allocation Phase, 28 Virginia Tax Review (2008).

International Monetary Fund (IMF), Spillovers in International Corporate Taxation, IMF Policy Paper, 9 May (2014).

_____, Corporate Taxation in the Global Economy, IMF Policy Paper, Washington, D.C. (2019).

Itai Grinberg, User Participation in Value Creation, British Tax Review, Issue 4 (2018).

_____, Formulating the International Tax Debate: Where Does Formulary Apportionment Fit?, in The Allocation of Multinational Business Income: Reassessing the Formulary Apportionment Option, Series on International Taxation, Vol. 76, Wolters Kluwer (2020).

J. Clifton Fleming Jr., Robert J. Peroni and Stephen E. Shay, Formulary Apportionment in the U.S., International Income Tax System: Putting Lipstick on a Pig?, Michigan Journal of International Law 36(1) (Fall 2014).

J. Gregory Ballentine, BEPS, Economic Activity, and Value Creation, Tax Notes International, Vol. 105 (2022.3.28.).

Jan van de Streek, A Common (Consolidated) Corporate Tax Base (CC(C)TB), in The European Tax Law, Wolters Kluwer (7th ed., 2019).

Jay Forester and Mike Drumm, Income Tax Nexus: No Physical Presence Necessary, Franchise Law Journal, Vol. 37, No. 1 (2017).

Jerome R. Hellerstein, State Taxation-Corporate Income and Franchise Taxes, Boston and New York: Warren, Gorham & Lamont (1983).

Jinyan Li, Global Profit   Split: An evolutionary Approach to International Income Allocation, 50(3), Canadian Tax Journal (2002).

_____, China's Rising (and America's Declining) Influence in Global Tax Governance? (2021).

_____, The Legal Challenges of Creating a Global Tax Regime with the OECD Pillar 1 Blueprint, Bulletin for International Taxation (2021.2.).

Joan Virginia Allen, The Container Corp. Case: The Unitary Tax in the United States and as Perceived by the International Community, 18 Int'l L. 127 (1984).

Joann Martens Weiner and Jack M. Mintz, An Exploration of Formulary Apportionment in the Europe Union, 42(8), European Taxation (2002).

Joann Martens Weiner, Formulary Apportionment and Group Taxation in the European Union: Insights from the United States and Canada, Working paper No. 8/2005, Brussels (2005).

_____, Company Tax Reform in the European Union-Guidance form the

United States and Canada on Implementing Formulary Apportionment in the EU, New York: Springer (2006).

Joe Garrett, Amber Rutherford, Olivia Schulte, and Sherfón Coles-Williams, Income Tax Nexus Limitations in a Post-Wayfair World, Tax Notes State, Vol. 100 (2021. 5.24.).

Johanna Hey and Arne Schnitger, Group approach and separate entity approach in domestic and international tax law, General report, Cahiers De Droit Fiscal International Studies on International Fiscal Law, Vol. 106A, International Fiscal Association (2022).

John S. Brown, Formulary Taxation and NAFTA, 49(4), Tax Law Review (1994).

Joseph L. Andrus and Richard S. Collier, Transfer Pricing and the Arm's-Length Principle After the Pillars, Tax Notes International, Vol. 105 (2022.1.31.).

Julie Roman Lackner, The Evolution and Future of Substantial Nexus in State Taxation of Corporate Income, Boston College Law Review, Vol. 48 (2007).

Karen S. Hreha and Peter A. Silhan, Tax Base Differences Between Worldwide and Water's Edge Methods of Unitary Taxation: A Survey of Fortune 500 Companies, BEBR, July (1987).

Kerrie Sadiq, A Framework for Assessing Business Sector Formulary Apportionment, in The Allocation of Multinational Business Income: Reassessing the Formulary Apportionment Option, Series on International Taxation, Vol. 76, Wolters Kluwer (2020).

Kimberly A. Clausing, Competitiveness, Tax Base Erosion, and the Essential Dilemma of Corporate Tax Reform, (6) BYU L. Rev. (2016).

Kimberly A. Clausing and Yaron Lahav, Corporate tax payments under formulary apportionment: Evidence from the financial reports of 50 major U.S. multinational firms, Journal of International Accounting, Auditing and Taxation 20 (2011).

Maarten de Wilde, Towards a "2020s Compromise" in International Business Taxation: Reflections on an Emerging New Tax Paradigm, Bulletin for International Taxation (2022.4.).

Maarten Floris de Wilde, Comparing Tax Policy Responses for the Digitalizing Economy: Fold or All-in, Intertax, Vol 46(6) (2018).

Martin A. Sullivan, Which Companies Could Be Caught In the Pillar 1 Net?, Tax Notes International, Vol. 104, October 25 (2021).

Massimo Agostini, U.S. Perspective of Worldwide Unitary Taxation, Penn State International Law Review: Vol. 7: No. 2 (1989).

Mckinsey Global Institute, Africa at work: Job creation and inclusive growth, Mckinsey & Company (2012).

Melanie Dewi Astuti, Three Approaches to Taxing Income from the Digital Economy-Which Is the Best for Developing Countries?, Bulletin for International Taxation (2020.12.).

Michael C. Durst, The Tax Policy Outlook for Developing Countries: Reflections on International Formulary Apportionment, Working Paper 32, ICTD (2015).

_____, Developing Country Revenue Mobilisation: A Proposal to Modify the 'Transactional Net Margin' Transfer Pricing Method, Working Paper 44, ICTD (2016).

_____, A Simplified Method for Taxing Multinationals for Developing Countries: Building on the 'Amount B' Proposal to Repair the Transacional Net Margin Method, Working Paper 108, ICTD (2020).

Michael J. Graetz, A Major Simplification of the OECD's Pillar 1 Proposal, Tax Notes International, Vol. 101, January 11 (2021).

Michael Lang et al., Introduction to European Tax Law in Direct Taxation, Linde (6th ed., 2020).

Michael Smith, Group Notes Concerns With Amount A Tax Certainty Under Pillar 1, Tax Notes International, Vol. 106 (2022.6.20.).

Mitchell B. Càroll, Taxation of Foreign and National Enterprises, Vol. IV: Methods of Allocation of Taxable Income (1933).

Nana Ama Sarfo, Pillar 1 Carveout Chaos, Tax Notes International, January 13 (2020).

Nancy Foran and Dahli Gray, The Evolution of the Unitary Tax Apportionment Method, The Accounting Historians Journal, Vol. 15, No. 1 (Spring 1988).

Niall Casey and Jasna Voje, Group approach and separate entity approach in domestic and international tax law, EU report, Cahiers De Droit Fiscal International Studies on International Fiscal Law, Vol. 106A, International Fiscal Association (2022).

Note, Multinational Corporations and Income Allocation under Section 482 of the Internal Revenue Code, 86 Harv. L. Rev. (1976).

OECD, Transfer Pricing and Multinational Enterprises, Report of the OECD Committee on Fiscal Affairs (1979).

_____, Transfer Pricing Guidelines for Multinational Enterprises and Tax Administrations (1995).

_____, Model Tax Convention on Income and on Capital (2008).

_____, Transfer Pricing Guidelines for Multinational Enterprises and Tax Administrations (2010).

_____, Model Tax Convention on Income and on Capital (2010).

_____, Action Plan on Base Erosion and Profit Shifting (2013).

_____, Addressing the Tax Challenges of the Digital Economy, OECD/G20 Base Erosion and Profit Shifting Project (2014).

_____, Guidance on Transfer Pricing Documentation and Country-by-Country Reporting, OECD/G20 Base Erosion and Profit Shifting Project (2014.9.).

_____, BEPS Project Explanatory Statement: 2015 Final Reports, OECD/G20 Base Erosion and Profit Shifting Project (2015).

_____, Neutralising the Effects of Hybrid Mismatch Arrangements, Action 2: 2015 Final Report, OECD/G20 Base Erosion and Profit Shifting Project (2015).

_____, Aligning Transfer Pricing Outcomes with Value Creation, Actions 8-10: 2015 Final Reports, OECD/G20 Base Erosion and Profit Shifting Project (2015).

_____, Addressing the Tax Challenges of the Digital Economy, Action 1: 2015 Final Report, OECD/G20 Base Erosion and Profit Shifting Project (2015.10.).

_____, Measuring and Monitoring BEPS, Action 11: 2015 Final Report, OECD/G20 Base Erosion and Profit Shifting Project (2015.10.).

_____, Transfer Pricing Documentation and Country-by-Country Reporting, Action 13: 2015 Final Report, OECD/G20 Base Erosion and Profit Shifting Project (2015.10.).

_____, Developing a Multilateral Instrument to Modify Bilateral Tax Treaties, Action 15: 2015 Final Report, OECD/G20 Base Erosion and Profit Shifting Project (2015.10.).

_____, Model Tax Convention on Income and on Capital (2017).

_____, Transfer Pricing Guidelines for Multinational Enterprises and Tax Administrations (2017).

_____, Background Brief-Inclusive Framework on BEPS (2017.1.).

_____, Tax Challenges Arising from Digitalisation – Interim Report 2018: Inclusive Framework on BEPS, OECD/G20 Base Erosion and Profit Shifting Project (2018).

_____, Revised Guidance on the Application of the Transactional Profit Split Method, Inclusive Framework on BEPS: Action 10, OECD/G20 Base Erosion and Profit Shifting Project (2018.6.).

_____, Addressing the Tax Challenges of the Digitalisation of the Economy – Policy Note, OECD/G20 Base Erosion and Profit Shifting Project (2019.1.).

_____, Public Consultation Document, Secretariat Proposal for a "Unified Approach" under Pillar One, 9 October 2019 – 12 November 2019 (2019.10.).

_____, Statement by the OECD/G20 Inclusive Framework on BEPS on the Two-Pillar Approach to Address the Tax Challenges Arising from the Digitalisation of the Economy – January 2020, OECD/G20 Inclusive Framework on BEPS, Paris: OECD (2020.1.).

_____, Tax Challenges Arising from Digitalisation – Report on Pillar One Blueprint: Inclusive Framework on BEPS, OECD/G20 Base Erosion and Profit Shifting Project (2020.10.).

_____, Statement on a Two-Pillar Solution to Address the Tax Challenges Arising From the Digitalisation of the Economy (2021.7.1.).

_____, Statement on a Two-Pillar Solution to Address the Tax Challenges Arising from the Digitalisation of the Economy (2021.10.8.).

_____, Transfer Pricing Guidelines for Multinational Enterprises and Tax Administrations (2022).

_____, Public Consultation Document, Pillar One-Amount A: Draft Model Rules for Nexus and Revenue Sourcing, 4 February 2022 – 18 February 2022 (2022.2.4.).

_____, Public Consultation Document, Pillar One-Amount A: Draft Model Rules for Tax Base Determinations, 18 February 2022 – 4 March 2022 (2022.2.18.).

_____, Public Consultation Document, Pillar One-Amount A: Draft Model Rules for Domestic Legislation on Scope, 4 April – 20 April 2022 (2022.4.4.).

_____, Public Consultation, Progress Report on Amount A of Pillar One, 11 July – 19 August 2022 (2022.7.11.).

_____, Progress Report on Amount A of Pillar One, Frequently asked questions (2022.7.).

_____, Progress Report on the Administration and Tax Certainty Aspects of Pillar One, OECD/G20 Base Erosion and Profit Shifting Project (2022.10.6.).

_____, Public Consultation Document, Pillar One-Amount B, 8 December 2022 - 25

January 2023 (2022.12.8.).

Oliver Treidler and Tom-Eric Kunz, Why the OECD Should Take a Stance on the European Commission's BEFIT Proposal, Tax Notes International, Vol. 103, July 12 (2021).

Pasquale Pistone, João Félix Pinto Nogueira, Betty Andrade and Alessandro Turina, The OECD Public Consultation Document "Secretariat Proposal for a 'Unified Approach' under Pillar One": An Assessment, Bulletin for International Taxation (2020.1.).

Peter J. Wattel, Otto Marres and Hein Vermeulen, European Tax Law, Wolters Kluwer (7th ed., 2019).

Phillip Daniel, Michael Keen and Charles McPherson, The Taxation of Petroleum and Minerals: Principles, Problems and Practice, Washington, D.C. Routledge (2010).

Reuven S. Avi-Yonah, The Rise and Fall of Arm's Length: A Study in the Evolution of U.S. International Taxation, Virginia Tax Review, Vol. 15 (1995).

_____, Three steps forward, one step back? Reflections on "google taxes" and the destination-based corporate tax, Nordic Tax J. Vol. 2. (2016).

_____, The International Tax Regime at 100: Reflections on the OECD's BEPS Project, Bulletin for International Taxation, November/December (2021).

Reuven S. Avi-Yonah, Kimberly A. Clausing and Michael C. Durst, Allocating Business Profits for Tax Purposes: A Proposal to Adopt a Formulary Profit Split, 9 FLA. TAX Rev. (2009).

Reuven S. Avi-Yonah and Ilan Benshalom, Formulary Apportionment: Myths and Prospects-Promoting Better International Policy and Utilizing the Misunderstood and Under-Theorized Formulary Alternative, World Tax J. 3, no. 3 (2011).

Reuven S. Avi-Yonah and Haiyan Xu, Evaluating BEPS, 10 Erasmus L.REV.3 (2017.8.).

Reuven S. Avi-Yonah and Zachee Pouga Tinhaga, Formulary Apportionment and International Tax Rules, In Taxing Multinational Enterprises as Unitary Firms, edited by S. Picciotto, 67-74, Brighton, UK: Institute of Development Studies (2017).

Reuven S. Avi-Yonah, Young Ran(Christine) Kim, and Karen Sam, A New Framework for Digital Taxation, 63 Harv. Int'l L.J. (2022).

Richard Krever and François Vaillancourt, The Allocation of Multinational Business Income: Reassessing the Formulary Apportionment Option, Series on

International Taxation, Vol. 76, Wolters Kluwer (2020).

Richard Krever and Peter Mellor, The Development of Centralised Income Taxation in Australia, 1901-1942, in Studies in the History of Tax Law, Vol. 7, 363, 375 (Peter Harris & Dominic de Cogan eds., Hart Publishing 2015).

_____, History and Theory of Formulary Apportionment, in The Allocation of Multinational Business Income: Reassessing the Formulary Apportionment Option, Series on International Taxation, Vol. 76, Wolters Kluwer (2020).

Richard Pomp, Report of the Hearing Officer, Multistate Tax Compact Article IV [UDITPA] Proposed Amendments, Faculty Articles and Papers. 568 (2013).

Richard S. Collier and Ian F. Dykes, On the Apparent Widespread Misapplication of the OECD Transfer Pricing Guidelines, Bulletin for International Taxation (2022.1.).

Robert Goulder, The Cost of Change: Pillar 1 Reduced to the Back of a Napkin, Tax Notes International, Vol. 103 (2021.7.5.).

Robert Khuon Wiederstein, California and Unitary Taxation: The Continuing Saga, 3 Ind. Int'l & Comp. L. Rev. 135 (1992).

Ruud De Mooij, Ms. Li Liu, Dinar Prihardini1, and Mr. Michael Keen, An Assessment of Global Formula Apportionment, IMF Working Paper 19/213, IMF (2019).

Ryan Finley and Stephanie Soong Johnston, OECD Digital Economy Proposal, Tax Notes International, October 14 (2019).

S. Soong Johnston, U.S. Offers Key to Unlock Scope Issue in Global Tax Reform Talks, Tax Notes (12 Apr. 2021).

Sebastian Beer and Geerten Michielse, Strengthening Source-Based Taxation, in Corporate Income Taxes under Pressure, IMF (2021).

Sergio André Rocha and Allison Christians, Tax Sovereignty in the BEPS Era, Series on International Taxation Vol. 60, Wolters Kluwer (2017).

Sergio André Rocha, The Other Side of BEPS: "Imperial Taxation" and "International Tax Imperialism", in Tax Sovereignty in the BEPS Era, Series on International Taxation Vol. 60, Wolters Kluwer (2017).

Shafik Hebous and Alexander Klemm, Destination-Based Taxation: A Promising but Risky Destination, in Corporate Income Taxes under Pressure, IMF (2021).

Shu-Chien Chen, Tax Avoidance in the Sales Factor: Comparison between the CCCTB Directive and USA'S Formulary Apportionment Taxation, Vol. III, Issue II, Indian Journal of Tax Law (2017).

Shu-Chien Jennifer Chen, The Study for the Tax System of Cross-border Corporate Reorganizations-Focusing on the EU Merger Tax Directive for Considering the Future Direction in Japan, Journal of Accountancy, Economics and Law, No. 14 (March 2020).

Sol Picciotto, Towards Unitary Taxation of Transnational Corporations, Tax Justice Network, 9 December (2012).

_____, Problems of Transfer Pricing and Possibilities for Simplification, International Centre for Tax and Development Working Paper No. 86 (2018).

_____, Developing Countries' Contributions to International Tax Reforms, ICTD Blog, 28 November (2019), available at https://www.ictd.ac/blog/developing-countries-contributions-international-tax-reform-oecd/

Stefan Greil and Lars Wargowske, Pillar 1 of the Inclusive Framework's Work Programme: The Effect on the Taxation of the Digital Economy and Reallocation of Taxing Rights, Bulletin for International Taxation (2019.10.).

Stephen J. Lusch, State Taxation of Cloud Computing, 29 Santa Clara High Technology Law Journal 369, Vol. 29(2) (2013).

Susan C. Morse, Revisiting Global Formulary Apportionment, 29, Virginia Tax Review (2010).

Thornton Matheson, Sebastian Beer, Maria Coelho, Li Liu and Oana Luca, Formulary Apportionment in Theory and Practice, in Corporate Income Taxes under Pressure, IMF (2021).

Ulrich Schreiber, Remarks on the Future Prospects of the OECD/G20 Programme of Work-Profit Allocation (Pillar One) and Minimum Taxation (Pillar Two), Bulletin for International Taxation (2020.6.).

United Nations, Practical Manual on Transfer Pricing for Developing Countries (2021).

_____, Model Double Taxation Convention (2017).

_____, Model Double Taxation Convention (2021).

Walter Hellerstein, A US Subnational Perspective on the "Logic" of Taxing Income on a "Market" Basis, Bulletin for International Taxation, April/May (2018).

Wolfram F. Richter, Will Pillar 1 Trigger a Race to the Top on Corporate Tax Rates?, Tax Notes International, Vol. 106 (2022.4.18.).

Yariv Brauner, Formula Based Transfer Pricing, Vol. 42(10), Intertax (2014).

_____, Between Arm's Length and Formulary Apportionment, in The Allocation of Multinational Business Income: Reassessing the Formulary Apportionment

Option, Series on International Taxation, Vol. 76, Wolters Kluwer (2020).

[기타]

ATAF Sends Revised Pillar One Proposals to the Inclusive Framework (2021.5.12.).

Deloitte, available at https://www2.deloitte.com/kr/ko/pages/tax/solutions/Transfer-pricing. html?icid=top_Transfer-pricing.

European Commission, Proposal for a Council Directive on a Common Corporate Tax Base(CCTB), COM(2016) 685 Final.

_____, Proposal for a Council Directive on a Common Consolidated Corporate Tax Base(CCCTB), COM(2016) 683 Final.

_____, Communication Form the Commission to the European Parliament and the Council, Business Taxation for the 21st Century, COM(2021) 251 Final.

Ernst & Young, LLP, Comments on Public Consultation Document "Addressing the Tax Challenges of the Digitalisation of the Economy" (2019.3.6.).

European Commission, 'European Corporate Tax Base: Making Business Easier and Cheaper', press release, March 16, 2011, https://ec.europa.eu/commission/presscorner/detail/en/IP_11_319.

Finley, Pillar 1 Profit Formula Should Approximate Arm's-Length Standard, Tax Notes Today, 25 November (2019).

G-24, Comments of the G-24 on the public consultation document "Addressing the Tax Challenges of the Digitalisation of the Economy" (2019.3.).

_____, Comments of the G-24 on the OECD Secretariat Proposal for a Unified Approach to the Nexus and Profit Allocation Challenges Arising from the Digitalisation (Pillar 1)(2019.11.9.).

HM Treasury, Corporate tax and the digital economy: position paper (HM Treasury Position Paper) (March 2018). available at https://assets.publishing.service.gov.uk/government/uploads/system/uploads/attachment_data/file/689240/corporate_tax_and_the_digital_economy_update_web.pdf.

ICRICT, Response to the OECD Consultation on the possible solutions to the tax challenges of digitalisation (2019.3.4.).

_____, Comments on OECD Pillar One Proposal (2019.11.11.).

Internal Revenue Service, Announcement and Report concerning Advance Pricing Agreements (2022).

International Institute for Sustainable Development, available at https://www.iisd.org/articles/policy-analysis/what-stake-mining-sector-global-digital-tax-reforms.

KPMG, available at https://home.kpmg/kr/ko/home/services/tax/transfer-pricing-services.html.

Macfarlanes, available at https://blog.macfarlanes.com/post/102ho6d/pillar-one-assessing-the-asset-management-carve-out.

Multistate Tax Commission, available at http:/www.mtc.gov/The-Commission/Multistate-Tax-Compact.

National Tax Agency, MAP Report (2021).

OXFAM, Response to the OECD public consultation on the possible solutions to the tax challenges of digitalisation (2019.3.6.).

PwC (2019.3.6.), available at https://www.dropbox.com/s/zrj1e14mdxd7fmv/OECD-Comments-Received-Digital-March-2019.zip?dl=0&file_subpath=%2FPWC.pdf.

PwC, available at https://www.pwc.com/kr/ko/tax/transfer-pricing.html.

Royal Commission on Taxation (Justice David Ferguson, chair), Second Report of the Royal Commission on Taxation 83, 84 (5 February 1934).

State of California Franchise Tax Board, available at https://www.ftb.ca.gov/file/business/income/income-for-businesses.html#Gross-income.

State Taxation Administration People's Republic of China, China Advance Pricing Arrangement Annual Report (2019).

Tax Journal, US Suggests Safe Harbour Regime for OECD Pillar One Proposal (11 Dec. 2019), available at https://www.taxjournal.com/articles/us-suggests-safe-harbour-regime-for-oecd-pillar-one-proposal.

Tax Justice Network Africa, Submission to the OECD public consultation document: secretariat proposal for a "unified approach" under Pillar one (2019.11.8.).

The BEPS Monitoring Group, Comments on the OECD Secretariat Proposal for a 'Unified Approach' under Pillar 1 (2019.11.).

——————————————, Comments on Pillar 1 Draft Model Rules for Nexus and Revenue Sourcing (2022.2.18.).

——————————————, Comments on Progress Report on Amount A of Pillar One (2022.8.19.).

The Coalition for a Prosperous America, Comment in the Pillar One-Amount A: Draft

Model Rules for Tax Base Determinations (2022.3.4.).

The South African Institute of Chartered Accountants, Comments on the Unified Approach under Pillar One (2019.11.12.).

Tove Maria Ryding, BEFIT-the need for an ambitious proposal, Eurodad (2022.3.1.).

US Treasury Department, Presentation by the United States to the Steering Group of the Inclusive Framework Meeting (2021), available at https://www.politico.com/f/?id=00000178-b389-d098-a97a-f79960510001.

USCIB, Comments on the OECD Public Consultation Document "Pillar One-Amount A: Draft Model Rules for Nexus and Revenue Sourcing" (2022.2.17.).

US-ASEAN, Industry Submission on the Progress Report on Amount A of Pillar One Consultation by the OECD (2022.8.19.).

찾아보기

■ 노미리

사법시험 49회(2007), 사법연수원 39기(2010)
서울대학교 경영대학(부전공 법학) (경영학사, 2006)
서울대학교 대학원 법학과 석·박사 통합과정 (법학박사, 2023)
現) 동아대학교 법학전문대학원 교수

공식배분법의 입장에서 바라본 Pillar 1 비판

초판 1쇄 인쇄 ┃ 2023년 12월 19일
초판 1쇄 발행 ┃ 2023년 12월 29일

지 은 이   노미리

발 행 인   한정희
발 행 처   경인문화사
편   집   유지혜 김지선 한주연 이다빈 김윤진
마 케 팅   전병관 하재일 유인순
출판번호   제406-1973-000003호
주   소   경기도 파주시 회동길 445-1 경인빌딩 B동 4층
전   화   031-955-9300   팩   스   031-955-9310
홈페이지   www.kyunginp.co.kr
이 메 일   kyungin@kyunginp.co.kr

ISBN   978-89-499-6756-1 93360
값 19,000원

서울대학교 법학연구소 법학 연구총서

● 학술원 우수학술 도서
▲ 문화체육관광부 우수학술 도서